高等职业教育
人才培养模式及创新研究

史勤波　著

中国原子能出版社

China Atomic Energy Press

图书在版编目（CIP）数据

高等职业教育人才培养模式及创新研究 / 史勤波著.
--北京：中国原子能出版社，2023.8
ISBN 978-7-5221-2966-2

Ⅰ. ①高… Ⅱ. ①史… Ⅲ. ①高等职业教育–人才培
养–培养模式–研究–中国 Ⅳ. ①G718.5

中国国家版本馆 CIP 数据核字（2023）第 171195 号

内 容 简 介

本书首先对高等职业教育人才培养模式进行概述，然后针对高等职业教育实践教学管理展开研究，包括高等职业教育实践教学管理的体系建设、组织机构建设、管理机制的建立，以及高等职业教育实践教学管理中的指导与控制。在上述章节内容的基础上，接下来重点针对高等职业教育中的现代学徒制人才培养模式、产教融合人才培养模式、校企合作人才培养模式进行了全面、细致的研究与分析。此外，还探讨了高等职业教育人才培养与创业就业。

本书可以为高等职业教育的实践工作提供相应的理论指导，对于学者们进行高等职业教育的相关研究工作也具有一定的参考价值。

高等职业教育人才培养模式及创新研究

出版发行	中国原子能出版社（北京市海淀区阜成路 43 号　100048）
责任编辑	王　蕾
责任印制	赵　明
印　　刷	北京天恒嘉业印刷有限公司
经　　销	全国新华书店
开　　本	787 mm×1092 mm　1/16
印　　张	15.625
字　　数	289 千字
版　　次	2023 年 8 月第 1 版　2023 年 8 月第 1 次印刷
书　　号	ISBN 978-7-5221-2966-2　　定　价　**78.00 元**

前　言

　　高等职业教育是国家社会经济发展的重要基础,其在培养数以万计的专门人才、贯彻科教兴国和人才强国的战略中发挥了不可或缺的作用。随着社会经济的迅速发展,我国对于人才的需求越来越多,尤其是高级技术人才的缺口越来越严重,社会对于高等职业教育的需求更加迫切。自改革开放以来,我国在高等职业教育事业方面的发展取得了巨大的成就。在这几十年里,我国的高等职业教育质量不断提高,为社会输送了大批优秀的技术型人才,为我国的经济发展和现代化建设作出了突出贡献。与此同时,高等职业教育的迅速发展还有力地促进了我国高等教育的大众化进程,使接受高等教育不再只是少数人的权利,促进了社会公平。

　　当前,国家把大力发展职业教育作为我国社会经济的重要基础和教育工作的战略重点,在政策和资金方面给予高等职业教育大力支持。这些对于高等职业教育工作者来说既是鼓励也是挑战。我们只有不断学习新的知识、提升自身素质、学习最先进的教育理念并结合高等职业教育的教学实践提出科学合理的教学方法,在实践中不断创新和完善教学方法、提升教学质量,才能更好地促进高等职业教育的发展。为此,作者在参阅大量相关著作文献的基础上,精心撰写了本书,希望可以为高等职业教育的实践工作提供相应的理论指导,对于学者们进行高等职业教育的相关研究工作也具有一定的参考价值。

　　本书共有六章。第一章作为全书开篇,首先对高等职业教育人才培养模式进行概述,包括高等职业教育人才培养模式的内涵、问题与改革策略、发展成果。第二章针对高等职业教育实践教学管理展开研究,包括高等职业教育实践教学管理的体系建设、组织机构建设、管理机制的建立,以及高等职业教育实践教学管理中的指挥与控制。在上述章节内容的基础上,第三章至第五章重点针对高等职业教育中的现代学徒制人才培养模式、产教融合人才培养模式、校企合作人才培养模式进行了全面、细致的研究与分析。第六章为本书的最后一章，主要探讨了高等职业教育人才培养与创业就业，涉及高等职业教育人才职业生涯规划、高等职业教育人才就业能力培养、高等职业教育人才创新创业能力的提升。

在本书的撰写过程中，作者参阅了许多学者的相关研究成果，并引用了其中的一些观点，在此表示衷心的感谢。由于作者水平有限，时间较为仓促，在撰写过程中难免存在疏漏，还请专家学者和广大读者不吝指正，以便本书日后的修改与完善。

作　者

目　录

第一章　高等职业教育人才培养模式概述

高等职业教育人才培养模式一直以来都是人们研究的对象，研究的内容包括培养目标、培养的质量与评价等。在本章我们将重点介绍高等职业教育人才培养模式和我国高等职业教育人才培养模式存在的问题以及改革的措施，并将着重介绍我国高等职业教育人才培养所取得的一系列发展成果。

第一节　高等职业教育人才培养模式的内涵

一、人才培养模式的内涵

人才培养是指对人才进行教育、培训的过程[①]。高等职业教育的首要功能就是进行人才培养，其根本任务就是为企业的生产发展培养专门性的应用型人才。

（一）人才培养模式

人才培养模式是指在一定的教育思想和教育理论的指导下，为实现培养目标（含培养规格）而采取的教育教学组织形式和运行方式[②]。在具体的教育活动当中，人才培养具有明显的系统性和计划性。它包括许多要素，如教学组织形式、教学计划模式、专业设置模式、知识发展方式等，各个要素之间互相联系，彼此关系密切，具有一定的内在的逻辑关系。它们都是人才培养过程中为实现培养目标而带有一定方向性的管理内容。

（二）人才培养模式的构成要素

不同的培养模式具有不同的构成要素，目前学界还没有形成统一的看法。

[①] 周建松，唐林伟. 中国高等职业教育研究十年：2001—2010 [M]. 杭州：浙江大学出版社，2012.

[②] 刘福军，成文章. 高等职业教育人才培养模式 [M]. 北京：科学出版社，2007.

但即使众说纷纭，仍然有一些相同的要素存在于不同的培养模式之间，那就是培养目标、培养内容、培养过程、培养评价和培养制度等。

1. 培养目标

关于培养目标的表述，有多种说法。《教育大辞典》认为培养目标是各类学校对人才发展所提出的要求，包括人才的培养方向、培养规格、业务培养要求等内容。培养目标的制定受到多方面因素的影响，如社会对人才的需求、学生自身发展的条件、具体生活环境的制约等。

人才培养目标是指培养者对所要培养出人才的质量和规格的总规定。其具体内容是为满足社会发展的需要，培养全面发展的人才。具体来说，培养全面发展的人才应该体现在以下几个方面。

第一，将公民培养成既享受权利又履行义务的人。

第二，要有明确的目标或者方向，确定培养出的人才终究为谁服务；

第三，培养要全面，不能只注重于某一方面，要对人从身体和精神两个方面进行培养。

第四，尊重个性差异，培养出的人才也应该和而不同。

第五，必须考虑多方面的需要，即培养出的人才不仅可以谋生，而且会休闲，懂得追求和满足自身物质和精神方面的需要。

第六，具备现代生活的特点，能够与现代社会相适应，不断发挥自己积极进取、团结协作的精神。

2. 培养内容

学校人才培养的内容主要是通过课程来实现的。学校的课程不仅包括教师在教室教的课程，而且还包括与课堂教学有关的课外活动、校园文化等。

课程表中所规定的课程是人才培养内容的主体。其编制主要分为三个层次，即制订课程计划、制定课程标准和编写教材。值得注意的是，课程编制如果处理不好，就会出现一系列的问题，因此，应该做好以下几个方面：一是做好课程安排，具体到学期的课时以及每一周的课时；二是各门课程的具体内容如何编制；三是如何做到各门课程之间的有机统一；四是课程结构应具有灵活性，以满足学生的不同的个性需求。只有将这些问题处理好，课程编制工作才算是比较出色的完成。除此之外，教师要有意地组织一些课外活动，与校方一起构建充满正能量的校园文化，因为课外活动与校园文化也是培养内容的一部分。

3. 培养过程

培养过程是指为了实现培养目标，借助于教材，以一定方式从事教学活动的过程[1]。人才培养模式的本质属性就是培养过程，它的构成要素也包括多个方面，如专业设置、课程体系、培养途径和培养方案等。

（1）专业设置

专业设置是指按照社会分工的需要，以及产业结构的发展而设置的学科门类，它对各专业名称进行划分，体现了人才培养的最终方向。

（2）课程体系

课程体系是指教学内容按一定的程序组织起来的系统和教学内容及其进程的总和[2]，是人才培养活动的载体。构成课程体系的指标主要包括结构的平衡性、课程体系的类型和总量、课程体系的综合化程度、设置机动性和发展的灵活性。

（3）培养途径

培养途径是指借助一定的载体实施人才培养的活动，培养途径的方式灵活多样，包括教学途径和非教学途径、基本途径和综合途径等。基本途径就是被社会普遍认可的教学方式和实践活动；综合途径就是产学研结合的一体化培养途径；非教学途径是指除正常的教学活动之外的一切被称为"隐性课程"的教育环境，比如校园文化、课余活动、社会实践等[3]。

（4）培养方案

培养方案是对人才培养模式的具体实施形式，它主要包括三个方面的内容，即培养目标的定位、教学计划和非教学途径的安排。培养目标的定位是指对人才培养方向、培养规格的确定；教学计划是指对教学活动的具体安排。教学计划是培养方案的重要组成部分，由三个部分构成，包括课程的设置、学时学分结构和教学过程的组织[4]。

4. 培养评价

培养评价是指按照一定的标准对培养人才的质量与效益进行科学判断的一种方式。培养评价在整个的人才培养中具有重要的意义，它能够对培养目标、制度、过程进行监控，并及时进行反馈与调节。根据培养评价，人们都能及时对人才培养的目标重新定位，纠正教学计划中存在的问题，重新优化组合课程体系，探索更符合教学要求的组织形式，不断完善培养模式。人才培养从输进到输出都是一个不断完善的过程，每一个环节都不能出现任何差

① 刘书瀚，白玲. 校企合作应用型人才培养模式理论与实践［M］. 天津：南开大学出版社，2014.
② 潘懋元. 新编高等教育学［M］. 北京：北京师范大学出版社，1996.
③ 谢健. 高校复合应用型人才培养模式研究［M］. 北京：经济科学出版社，2019.
④ 蔡炎斌. 高等职业教育人才培养模式研究［M］. 长沙：湖南人民出版社，2006.

错，否则就不能保证输出人才的质量。具体来说，应该从以下三个环节严格把关。

第一，在输入环节，通过严格的考试来选拔有潜能的学生进入学校。

第二，在培养过程中，一方面要通过考试的方式对学生学业成绩进行评价；另一方面还要采取一些方式对学校的教师、课程、教学条件等进行评价。

第三，在输出环节，学校要对合格的人才颁发毕业证书和学位证书，通过这种方式来证明他们的学业成绩。由于教育与社会联系紧密，在设定各种评价标准时，社会的要求应该得到充分反映。

5. 培养制度

培养制度在所有的人才培养模式的构成要素中是最活跃的因素。它是有关人才培养的重要规定、程序及其实施体系，是人才培养工作能够正常进行的前提条件。其内容主要包括三类，即专业设置制度、日常教学管理制度和修业制度。培养制度具有统一的标准，便于集中管理，但是缺乏灵活性。在当前的高等职业教育领域，主要实行学分制。学生在学习时有较大的自主权，可以实行弹性学制。但是学分制也存在一定弊端，这主要是由于缺乏统一的质量标准而造成的。

以上的五个要素并不是相互分割的，他们彼此之间存在着一定的联系。在这里，我们需要搞清楚以下几对关系。

第一，人才培养模式与人才培养目标之间的关系。二者是包含与被包含的关系。人才培养模式包含人才培养目标，人才培养模式要想顺利地进行下去，就必须要制定完善的培养目标。可以说，人才培养目标是人才培养模式系统中的核心要素。

第二，人才培养模式与人才管理制度的关系。后者是前者的重要组成部分，但不能说是全部。人才培养模式中包括"主辅修制、双学位制、本硕连读制"等教学管理制度，但并不能说这些制度与人才培养模式的制度等同。

第三，人才培养模式与人才培养过程之间的关系。人才培养过程是人才培养模式的实现过程，可以说，人才培养模式贯穿整个人才培养活动的始终，它与专业结构、课程设置、教学计划和教学方式方法等概念之间是包容与被包容的关系。

第四，人才培养模式与人才培养途径之间的关系。人才培养途径是为了实现培养目标而借助一定方式的过程。培养模式是为实现人才培养目标而按照一定的标准展开的过程。两者强调的侧重点并不相同。前者强调"通过什么"，而后者强调"按照什么"。在当代高等教育的发展中，培养途径已基本定型，一般都是在课堂教学、社会实践、科学实验与学术活动四种载体中选择，而培养模式是会变化的，它具有构造、解释和预测等功能。

　　人才培养的范围应该分为学校和社会两种，通常所说的人才培养是指学校的人才培养。教师在培养活动开始之前就预先设立了一个目标，为了实现这一目标，使用某种培养手段，以使学生的身心发生变化。培养过程的完成是以学生的身心发展水平达到了教师预先设立的目标为标志的。由此可见，在人才培养过程中，培养目标和培养措施是两个必不可少的重要因素[①]。

二、高等职业教育人才培养模式

　　人才培养模式改革是高等职业院校为了培养适应社会的人才而做出的努力。随着经济的发展，社会越来越需要专门性的应用型的人才，因此，高等职业教育人才培养模式越来越受到人们的重视。

（一）高等职业教育人才培养模式的内涵

　　云南农业大学的刘福军教授认为，高等职业教育人才培养模式既具有共性又具有特殊性。它是在一定培养目标的指引下，遵循相关的教育思想而采取的人才培养活动的组织样式。它应该包括以下几个方面的内容。

　　第一，有明确的目标，高等职业院校应该明确自己的培养目标，即为了培养应用型人才。这一目标的建立，既是为了满足社会发展的需要，也是其自身发展的依据。

　　第二，包含一定的教育思想。高等职业教育也需要在一定的教育理论指导下进行，包括教育学说和教育主张等。

　　第三，人才培养活动应该涉及多方面的内容，既要包括课堂内的教学活动，也要包括课外活动。高等职业教育具有自身的特殊性，因而在课程体系、教学形式、教学方式等方面，也具有一定的特殊性。

　　第四，人才培养模式是由多种要素共同参与的。各种要素之间相互联系，相互作用，形成了集体成员之间不同的组织和运行方式，这就决定了其不同的组织效率。

（二）高等职业教育人才培养模式的基本特征

　　1999 年 11 月，教育部召开了第一次全国高职高专教学工作会议，第一次正式提出高职高专教育人才培养模式，其标志就是《关于加强高职高专教育

　　[①] 刘力. 高职人才培养模式新探 以软件技术专业为例［M］. 北京：中国水利水电出版社，2009.

人才培养工作意见》文件的制定和执行，文中指出高职高专教育人才培养模式应该具备六个基本特征。

第一，把社会发展的需求当作培养目标，主要培养学生的技术应用能力和素质拓展能力。

第二，把培养一线需要的高等技术实用型人才作为根本任务，使他们能够适应生产、建设、管理的需要。

第三，高等职业院校毕业的学生必须具备一定的理论知识，拥有较强的技术应用能力。

第四，提高高等职业教育教学质量的关键就是为学生尽量地配备"双师型"（既是教师又是工程师、会计师等）教师。

第五，教学计划中应该适当加大安排实践教学的比例，使学生在掌握理论知识的基础上，增强自己在实践中的应用能力。

第六，在人才培养中，应该注重采用产学结合、校企合作的方式。

第二节　高等职业教育人才培养模式的问题与改革策略

近几年来，高等职业教育飞速发展，招生人数和学校规模都有所扩大。高等职业教育引起了更多人的重视，人们对它的改革也在持续深化当中。"一个基本适应我国社会主义现代化建设需要的高等职业教育新体系初步形成"。高等职业教育的快速发展必然会带来一系列的问题，这些问题对学校、对社会都会产生一定的负面影响。本节就对我国高等职业教育人才培养模式存在的问题以及相应的解决措施进行具体的介绍。

一、高等职业教育人才培养模式存在的问题

目前，我国高等职业教育领域在人才培养模式上存在的问题归结起来主要有以下几个方面。

（一）定位不准确

高等职业教育人才培养模式的前提就是对培养目标进行准确的定位。要想制定正确的培养目标，就必须要充分了解社会发展的需要，深入分析行业变革对培养目标的需求的变化。但是从目前的发展情况来看，社会对高等职业教育人才培养目标的认识普遍存在偏差。这里我们主要从学校、政府、社会三个方面进行讨论。

1. 从学校方面来看

从高等职业学校的教学实践来看，许多学校都不能准确定位培养目标，在课程设置、教学内容、教学方法等方面带有明显的盲目性，许多学生的特长并没有发挥出来，因而他们也不能形成所谓的"一技之长"。

2. 从政府的角度来看

政府盲目地推进高等教育大众化进程，体现在高等职业院校上就表现为不断地扩大招生人数，这对高等职业院校来说，远远超出了他们的实际承受能力。

3. 从社会方面来看

社会对高等职业教育培养的目标以及培养的过程并不清楚。人们对高等职业教育的认识还停留在比较肤浅的程度，大部分人只知道高等职业院校的录取分数线比本科低，与本科教育的区别只有层次高低方面的不同。

（二）思想教育不到位

许多高等职业院校只是一味地强调学生的专业知识，却忽略了学生其他方面的发展，如道德水平、价值观念、心理情感和意志品格等，这种状况很难培养出当今知识经济时代所需要的复合型人才。虽然高等职业院校也会对学生的思想进行一定的教育，但在实际工作中仍存在着不少问题。这些问题主要表现在以下几个方面[①]。

1. 思想工作针对性不强

目前，许多高等职业院校对学生进行思想政治教育的时候都是采用比较集中的方式，即召集所有的学生一起进行统一的教育。这种方式虽然有可能会对学生的思想产生一定的影响，但是这种集中的教育方式难免会有应付的嫌疑。它并不能对所有的学生都产生作用，因为我国高等职业院校学生的来源是非常复杂的，包括技校生、中专生、职中生、高中生等，他们的知识水平、思想道德水平、政治意识和知识技能接受能力等方面都存在着一定的差异。在这样的情况下，进行统一的思想教育是不合理的，高等职业院校必须要具体问题具体分析，根据不同层次的学生的具体状况来确定相应的思想教育方式和方法。

2. 思想工作联系实际不够

我国高等职业教育发展的时间并不长，在很多方面都做得不够完善，学校对学生的具体思想状况和知识水平还并不能进行充分了解，从而对学生的

---

① 傅伟. 高等职业教育人才培养模式探究 [M]. 重庆：西南师范大学出版社，2014.

多方需求无法给予正确的引导和帮助。

3. 思想工作效果不理想

我国高等职业教育对学生的思想工作并没有取得令人满意的成果。高等职业教育学生在思想道德方面的水平并没有显著提高。因此，必须将高等职业教育学生的思想工作落到实处，提高思想教育工作的有效性。

（三）师资队伍力量相对薄弱

我国高职院校的师资队伍力量整体上相对薄弱，主要表现在以下几点。

1."双师型"教师紧缺

高等职业教育中的"双师型"教师是培养实用型人才的重要保障，但是在实际情况中，"双师型"教师所占的比例非常小，仅占教师总数的 26.6%。除此之外，在许多高等职业院校教师队伍的水平都是参差不齐的，许多教师都缺乏最新的教学理念和教育策略，缺乏特色鲜明的优秀"双师"素质教师。

2. 教师类型失衡

许多高等职业院校的教师实际操作能力都不强，往往只是拥有较多的理论知识。所以，要想提高教师队伍的整体水平，就必须要适度扩大教师规模，注重引进高层次的人才，全面发展，重点突破，均衡教师结构类型。

3. 教师队伍的整体素质偏低

在高职高专院校中，研究生、专科生学历者比例偏低，本科生学历的教师人数最多，呈现出中间大、两头小的结构，研究生以上、本科生和专科生三者的比例为 8:80:9。

4. 职称结构不合理

从统计数据看，具有高级职称的教师数量偏低，专业带头人奇缺。教授、副教授、讲师和助教以下职称的比例是 5:31:46:18。这样的师资队伍构成难以适应学术专业的发展和科研水平的提高。

（四）服务地区经济发展的力度不够

高等职业教育主要就是为了满足当地社会经济发展需要而展开的人才培养活动，具有鲜明的地方性。因此，作为与社会经济的发展紧密联系的高等职业教育，必须在社会需要和岗位需要的前提下，不断调整自己的人才培养目标。实践表明，高等职业教育对区域经济发展起到了重要的作用。但是，由于绝大多数高等职业教育院校是通过改革、改建和改制而来的，深受过去办学习惯的影响，所以，它与区域经济的合作关系并不是十分密切[①]。双方之

---

① 刘力. 高职人才培养模式新探 以软件技术专业为例 [M]. 北京：中国水利水电出版社，2009.

间还存在一定的矛盾，如专业的建设与发展难以适应职业结构频繁变动的矛盾。

（五）质量评价方式有待完善

当前，我国并没有相关的政策制度来规范高等职业教育，在人才培养方面，还是较多地遵循传统文化课程，并没有体现出自己的特色。我国高等职业教育的评价方式主要有两种，即同行互评和教育界人士的检查评估。社会上的其他行业和部门并没有参与进来。在高等职业院校内部，一般由教务部门负责监督、检查工作。这样一来，教学质量控制效果全凭办学者自己掌握。它所带来的后果有以下两个方面。

第一，学校与社会脱离，不能及时掌握外界的就业信息。这样一来，学校很难制定满足社会发展需要的人才，不能在人才培养过程中通过体制机制的创新和培养模式的改进迅速地给予反应，从而不能为高等职业教育毕业生的就业提供正确的方向。

第二，很难突破本身固有的教学模式和教学理念，不利于培养创新型人才，不利于学生能力的长期发展。

（六）教育质量不高，就业渠道不畅

多年来，我国高等职业教育得到迅速发展，并为我国社会经济的发展培养了大量人才。但是我们也必须清楚地看到高等职业教育的教学质量偏低，毕业生的就业率也并不高。造成这种现象的原因具体包括以下几个方面。

第一，不重视学生的实践能力。高等职业教育的教学内容在课程的设置上仍然是以理论课程为主，实践课的安排非常少，学校并没有真正以培养技术应用能力和职业素质为办学目标来设计学生的知识、能力和素质结构，过度地强调理论知识而忽视了对学生实践能力的培养。

第二，高职院校仍然以"填鸭式"的教学方式为主。在教学的过程中，老师仍然占据主导地位，学生只需要做到"认真听"就可以，素质教育没能落到实处，理论和实践并重的教学方法没有广泛应用。

第三，高职院校毕业生的就业率较低，整体来说，就业渠道不畅。这是由多方面的原因造成的，一方面是社会对高职院校的毕业生存在偏见；另一方面是高等职业院校的专业设置和课程体系结构存在较大的盲目性，导致许多专业的毕业生供大于求，毕业生的就业很难得到保障。

第四，学科专业建设水平不高。

二、改进高等职业教育人才培养模式的策略

鉴于我国高等职业教育领域还存在一系列的问题，许多人都对解决这些

问题进行了积极有益的探索。到目前为止，关于改进我国高等职业教育人才培养模式的策略主要有以下几个方面。

（一）确立以人为本的教育思想

"以人为本"在中国已经有几千年的历史，在儒家思想中就有所体现。随着时代的演变，以人为本的内涵也在不断地发生变化。如今，以人为本，重在强调对人个性价值的尊重。体现在教育当中就表现为坚持以学生为本，尊重每个学生的个性与特长，承认每个学生都具有自主性与创造性。

高等职业教育的教学改革也要遵循以人为本的原则，重视培养学生动手操作能力和素质教育，加强学生综合素质的培养。同时，要在这一原则的指导下，注重学生的个性发展和个性教育，充分发挥学生的自主性和创造性，为他们个性化学习创造更大的空间。当然，尊重学生的个性并不表示对学生放任不管，教师在学生学习上还要严格把关。

人才培养模式改革中涉及的课程分层分类教学、选修制、校园文化建设、弹性学制等改革措施都是以人为本教育思想的具体体现。确立以人为本的教育思想是改革高等职业教育人才培养模式的基础和前提，也是高等职业学校实现培养目标所必须遵循的依据[①]。

（二）加大高职教育经费投入

我国高等职业院校发展的时间短，再加上社会对高职院校的偏见，使得高职院校从一开始就面临着资金严重不足的问题。要想对高职院校培养人才的模式进行改革，就必须加大政府对高等职业教育的经费投入。

目前，我国多数市级政府对高等职业院校投入严重不足，使得高等职业院校很难进一步发展，很难培养更多、更好的技术应用型人才，这样严重影响了地方的经济发展。在这种情况下，政府应改革投入体制，加大在高等职业教育方面的财政经费投入，为高等职业教育创造良好的环境[②]。

（三）以市场需求为导向

高等职业教育是高等教育的一个组成部分，它自身也具备一定的特点，其专业方向必须以市场为指导，具有较强的职业针对性。高等职业院校最大的特点就是以市场作为基点，市场需要什么样的人才，高等职业院校就应设置相应的专业。为了培养市场发展需要的人才，各高等职业院校应该充分做好市场调查，根据市场的实际需要，培养满足社会发展的人才。对于大都有

---

① 董玮. 深化教学改革 创新人才培养模式 [J]. 淮北职业技术学院学报，2018，17（01）：31-32.

② 罗长虹，罗德海. 高等学校中长期人才发展规划纲要 2010—2020 贯彻实施手册 [M]. 北京：北京大学出版社，2010.

的专业，要对专业的质量严格把关，做到以质取胜，正确把自己的专业做成品牌专业；对人无我有的专业，要办出特色来，体现具有特色的培养目标、培养模式、教育方式方法、教学管理、师资队伍、专业建设理念，从而形成有办学特色的高等职业学校。

（四）坚持为区域经济服务思想

高等职业教育的最终目的是为社会、为地区提供应用型技术人才。在我国，由于地域广阔，经济发展水平存在着很大的差异，各地对劳动力的需求也极不平衡。这就要求各地的高职院校要根据当地的实际情况来设置相应的专业和课程体系。在高等职业教育人才培养模式改革的过程中，构建与地域经济发展相适应的人才培养模式才是改革中最根本的措施[1]。高等职业院校只有设置与本区域行业相关的专业，才能做到为企业服务，为区域的经济发展服务。因此，高职院校应深入行业或企业一线，广泛开展调查研究，根据调查的实际情况对未来的人才发展需求进行科学的预测，进而与用人单位共同寻求人才培养规格的准确定位，一方面有助于高等职业院校形成适合自己的人才培养模式；另一方面也有利于实现高等职业教育为区域经济服务的目的。

（五）改革评价机制

高等职业教育人才培养模式是否能够顺利地进行，实现最终的培养目标，都需要有关部门对其客观地进行评价。这里客观评价应该是参照了综合的系统评价指标。当前对高等职业院校的评估，一般都是同行互评以及教育界相关人士的检查评估，社会其他行业的人并没有参与进来。这样的评估方式很难使高职院校看到自身存在的弊端，不利于突破之前固有的人才培养模式，不利于学生的个性化发展；除此之外，学校与社会联系不密切，很容易导致学校与社会脱轨，不能及时了解社会发展的最新动态、了解行业的需求、了解人才质量规格，从而导致学校不能根据社会发展的最新需要，设置相应的专业，培养应用型的人才。

要想真正建立科学合理的高等职业教育评价机制，必须注意以下两个方面。

1. 实施多元评价

目前，高等职业教育人才培养模式的评价机制还比较单一。因此，要想从根本上改变这种评价机制，就必须要实行多元化的评价模式。不论评价的

---

① 罗长虹，罗德海. 高等学校中长期人才发展规划纲要 2010—2020 贯彻实施手册［M］. 北京：北京大学出版社，2010.

主体是谁，在评价的过程中，教育部门评估、学校学生自评以及用人单位鉴定都是构成高等职业教育人才培养评估最重要的三项指标。从目前教育发展的情况来看，社会对高职院校的评价还很难实施。但是，从社会经济和教育的发展规律方面来看，高等职业教育人才培养应建立毕业生、教育部门和用人单位三方共同参与的评价机制，这样才能保证高等职业教育的最佳水平。如果三方对于评价结果存在争议，就说明高职教育存在一定的问题，那么大家就要共同想办法来解决问题，发挥评价的积极作用。

2. 建立周期性评估制度

评估工作不是一时兴起而进行的，要想保证高职教育的质量，就必须实行周期性的评估制度。在评估政策上，要时刻把就业作为最终评估的指导方向，把就业率作为评价结论的主要依据。同时，要公布每年的统计数据，使不同的学校之间有一个横向的比较，通过比较来找出自身的问题。评估和定期公布教育状态数据，有利于实现优胜劣汰，达到优化教育资源的目的。评估制度的健全是对改进高等职业教育人才培养模式制度方面的保障。

第三节　高等职业教育人才培养模式的发展成果

"高等职业教育"这一概念早在清朝末年的时候就出现了，只是在当时称作"高等实业学堂"。民国时期，政府的专科学校、专门学校等也均属高等职业教育范畴。我国高等职业教育从出现到如今已经有了一百多年的发展历史，在这一百多年的时间里，不断变革，不断发展完善，取得了一定的成果。

目前我们所说的高等职业教育人才培养模式主要是根据人才培养过程的不同来进行分类的，主要可分为以就业为导向的人才培养模式、订单式人才培养模式、产学研结合的人才培养模式等几种类型[①]。

一、以就业为导向的人才培养模式

职业教育最终的培养目标就是为企业输送人才，使毕业生学有所用，如果高职院校的毕业生不能找到工作，就说明学校的人才培养模式是失败的。近年来，随着社会经济的发展，我国就业岗位不断增加，但是就业难度也不断加大。所以，许多高职院校都开始发展以就业为导向的人才培养模式。下

---

① 赵居礼，唐忍雪. 高职院校市场营销专业人才培养模式的创新与实践 [M]. 西安：西北大学出版社，2014.

面对这种模式进行具体的介绍。

（一）以就业为导向人才培养模式的基本条件

传统的高等职业教育人才培养模式总是参照本科的课程设置进行的，与就业的联系并不是很密切。这样必然会造成所培养的人才难以顺利地实现就业，造成人才的大量浪费。为了改变这种情况，必须建立一种与传统高等职业教育模式不同的，且符合高等职业教育发展规律的，适应以就业为价值取向的人才培养模式[①]。

（二）以就业为导向人才培养模式的特征

1. 根据就业需要设置专业

评价一所学校的专业设置得是否合理，主要是看其培养的毕业生能否适应劳动力市场的需求与变化，如果毕业生能够适应市场的需要，就说明该学校设置的专业是合理的，是符合以就业为导向的指导思想的。学生的就业与劳动力市场的需求情况和社会经济的发展状况密切相关，高职院校在设置专业、建立人才培养模式时，对就业前景好的优势专业，应进一步加大帮扶力度，使该专业成为学校的品牌专业；对生源不足、就业困难的专业要进行改造，使其向就业市场广阔的专业转化。

2. 根据就业需要开设课程和组织教学

毕业生最终是要走向社会，参加岗位工作的，因此，高职院校在以就业为导向思想的指导下，就必须强化教育的应用性、技能性和实践性，也就是要做到理论与实践相统一。合理的高等职业教育除了要培养学生的专业知识之外，还要组织学生参加相应的实践性教育活动，形成一个以综合能力培养为主体、突出技能和岗位要求为目的的课程教育体系。这样学校就能够为社会提供符合要求的毕业生，为学生毕业后直接上岗提供了有利条件。

（三）以就业为导向人才培养模式的局限性

以就业为导向人才培养模式尽管可以拉近学校与企业之间的距离，但是仍然存在着一些问题。学校要想培养以就业为导向的人才，就必须要注重培养学生实际动手的能力，但是在大多数的高职院校，想要做到实际操作，常常缺乏一定的条件。除此之外，高职院校还时常缺乏具有动手能力强的双师型教师，他们的能力水平对学生动手操作的能力的培养具有重要的作用。目前，国内高等职业教育的教学活动中，相当一部分专业教师存在着理论水平高、动手能力较差的现象，对新形势下的就业观认识还不够深刻，这种情况

①孙进. 高职复合型人才协同培养的创新与实践 [M]. 北京：中国建筑工业出版社，2018.

很不利于学生的实际操作能力和就业思想观念的培养。

高职院校学生的就业问题已经引起了社会的关注。学生的就业常常受到多方面因素的影响，包括家庭、制度、社会、文化等。学生就业除了自身拥有的专业知识之外，个人的就业态度也非常重要。高职院校毕业的学生必须调整好自己的心态，摆正择业观，这样才能增大就业机会，提高就业率，推动以就业为导向的人才培养模式的进一步发展。

二、订单式人才培养模式

订单式人才培养模式，是指校企双方在互相合作的基础上，为学生提供明确就业方向的一种人才培养模式。这种模式有利于加强学校与企业的信任，调动学校培养人才的积极性，是最近几年我国高等职业教育领域中人才培养模式改革与探索的新热点[①]。

（一）订单式人才培养模式实施的基本条件

订单式人才培养模式的前提是学校必须承接到企业的人才培养订单，才能实施订单式培养的教育活动，如果没有接到企业的人才订单，开展这种人才培养模式是没有任何意义的。学校在设置专业的时候，要尽量同其所在区域经济结构的调整、产业的发展相结合，增强其为区域经济发展服务的功能。除了课程设置之外，学校还要注意毕业生的质量，只有及时培养出符合企业要求的高素质人才才能吸引到企业的订单，双方的合作才有可能。

（二）订单式人才培养模式的特征

1. 学校与企业签订人才培养协议

订单式人才培养模式开展的前提就是学校与企业签订订单协议，双方只有签订了人才培养协议（即"订单"），才真正形成一种法定的委托培养关系。在协议中，校企双方的职责都有明确的规定，这对人才培养的质量具有一定的保障。这种人才培养模式，一方面，要求学校对企业深入调研，了解企业需求，设置相对应的专业和课程体系，为学校理论技术教学的适用性提供现实参照；另一方面，企业对人才的需求主要体现在"订单"的数量上，它既包括单个订单的人才培养数量，又包括学校共同实施订单教育的用人单位的数量。前者的数量越大，则学校的办学效益越高，后者的数量越大，则说明学校的发展前景越好。

---

① 赵居礼，唐忍雪. 高职院校市场营销专业人才培养模式的创新与实践 [M]. 西安：西北大学出版社，2014.

只有在校企双方互相满意的前提下才能签订人才培养协议，订单式人才培养才能实现。在确立订单的基础上，校企双方要签订人才培养协议。订单培养协议明确校企双方的职责后，学校须按企业要求培养人才，企业则要接纳合格的订单人才。

2. 校企双方共同制订人才培养计划和培养人才

订单式的人才培养模式的最大特征就是校企双方共同制订人才培养计划和培养人才。不论是学校还是企业，都必须根据区域经济的发展状况、市场的需求和高等职业教育教学规律，来共同制订符合三方（校方、企业、学生）利益的培养计划。这种人才培养计划能够有效加强校企双方之间的合作，减少学生就业后的岗位适应时间，具有很强的职业针对性。订单式人才培养模式的基本出发点是以就业为导向，校企双方共同关注的焦点就是培养人才的质量。为了让企业获得满意的人才，企业和学校必须共同对人才培养质量进行评估，以确保人才培养的优质高效。

3. 企业按照协议安排学生就业

在订单式人才培养教育完成后，校企双方必须严格履行"订单"约定，校方保证输送人才的质量，企业对你合格的学生进行就业安排。按订单规定就业是订单式人才培养模式的一个重要特征，也是与其他人才培养模式的最大区别。

（三）订单式人才培养模式的局限性

订单式人才培养模式虽然加强了校企双方之间的合作，但是在实际过程中，校企双方之间常常存在一定的矛盾，因此，订单式人才培养模式具有明显的局限性。这种局限性主要体现在以下三个方面。

第一，校企双方之间不能制定长远的规划，在缺乏政府政策的支持下，双方的合作动力不足，订单式的人才培养模式目前还没有形成有效的运行机制。

第二，在订单式人才培养中，学校不能全面地培养学生，完全根据"订单"的要求培养人才，使得企业一旦发生变故，学校培养的人才，将不能有效适应其他企业的发展要求，容易造成人才的浪费。

第三，学校在"订单"的约束下组织教学内容和教学计划，这样的做法势必会造成学生在知识结构上的狭窄和单一，不利于学生的全面发展。

三、产学研结合人才培养模式

产学研结合人才培养模式是建立在学校与企业合作的基础上，以培养学生的专业素质、应用操作能力和就业竞争力为主，以合作开发与研究实际技术问题为辅，利用学校和企业不同的教育环境和教育资源的一种人才培养模式。这种人才培养模式，主要是对学校资源和企业资源进行充分利用的过程，学校主要培养学生的理论知识，企业主要培养学生的技能，在双方共同的努力下，培养出用人单位需要的综合型人才。产学研结合人才培养模式也是以毕业生能够成功就业作为最终目标的，它注重将理论与实践结合起来，能够充分利用各方的资源，实现资源的优化配置。

（一）产学研结合人才培养模式实施的基本条件

产学研结合人才培养模式实施的基本条件：产学研结合人才培养模式的目的是把教学、科研与生产结合起来，组织学生深入企业，培养学生的实践能力和创新精神。学校一方面要加强与企业之间的联系，深入调查企业的发展需求，为他们提供需要的技术型人才；另一方面要帮助师生解决在产学研结合过程中所遇到的困难和问题，使产学研结合人才培养模式得到长足发展。

（二）产学研结合人才培养模式的特征

1. 专业设置和教学内容与企业的需求相吻合

产学研结合人才培养模式的专业和课程体系的设置都应该根据用人单位的需求来进行，只有专业设置和教学内容与企业的需求相吻合，才能处理好学校与用人单位之间的关系，保证学生的就业。

在教学内容方面，学校和企业可以共同协商，针对企业的岗位需求，从培养学生的实际能力入手，明确专业理论课和专业技能课。值得注意的是，一定要重视培养学生的实践能力。关于基础课程，只要是"够用"就可以了，不需要学习太深的理论知识。

2. 建立校企联合的办学体制，注重培养学生的实践能力

产学研结合人才培养模式实行的最基本前提就是学校和企业的联合。学校加强与企业的合作，可以利用企业的优势，建立校办工厂，使学校既成为企业的合作伙伴，又成为学校学生的实习基地，为学生实践能力的提高提供锻炼的平台。

3. 教学与科研紧密结合，向企业提供智力支持

产学研结合人才培养模式不同于其他人才培养模式的一个重要特征就是科学研究。向企业提供高水平的智力成果是高等职业教育产学研结合人才培养模式的重要内容。学校在深入了解企业生产发展需要的基础上，针对企业的技术需要，为企业提供相应的技术服务和智力支持，提高企业的经济效益。通过这样的方式，学校的智力因素也可以转化成科技成果，提高学校师生的

学习和研究热情，同时，也有利于发展和巩固企业与学校长期合作的意向。

（三）产学研结合人才培养模式的局限性

产学研结合人才培养模式在运行过程中也存在一定的局限性，主要表现在以下几个方面。

第一，学校与企业之间是一种互惠互利的合作关系，双方存在利益冲突的隐患。

第二，企业对人才的需求是随着企业经济发展、企业结构调整而变化的，但是人才的培养需要一定的时间，一旦企业对人才的需求有变化，学校很难在短期内为其提供相应的人才。

第三，产学研人才培养模式的保障机制并不完善，我们国家还没有出台相关的政策法规来明确这种模式下企业和高校应该具体履行哪些责任和义务，这样很容易导致双方在出现问题时，找不到解决问题的依据，从而陷入僵局。

除此之外，一些高职院校还探索出了其他形式的人才培养模式，也具有一定的特色和侧重点，在此就不做具体的论述了。

第二章 高等职业教育实践教学管理

　　教学管理就是对学校在教学过程中投入的各种人力、物力、财力、时间和信息等因素进行合理组织，使它们发挥出最大的效益。实践性和职业性是高等职业教育教学最主要的特点，因此，高等职业教育实践教学管理在高等职业教育中占有重要的位置。科学合理的实践教学管理，对于促进高等职业教育的发展具有十分重要的意义，它不仅能够有效地提高高等职业教育人才培养的质量和适应性，还可以促进高等职业教育教学改革的深化。为此，本章主要对我国高等职业教育实践教学管理的组织机构、管理机制的构建，以及教学管理中的指挥与控制行为进行相应的研究。

第一节　高等职业教育实践教学管理的体系建设

　　体系主要是指一些相关的事物相互联系、相互制约而构成的整体。在我国高等职业教育中，院、系两级相互协调的实践教学管理体系是高等职业学校普遍建立的一个体系。在实践教学的管理体系中，一般都是分层管理，由学院教务处或单独设立的实践教学管理处负责全院日常实践教学的宏观管理、实训基地的建设等；每个系具体负责本系有关专业的实践教学管理，包括本系所属的实验室、实训室以及校外实训基地的建设与管理；每个专业则负责本专业的实践教学安排、管理与调控。以下对实践教学管理体系中的制度体系、教学文件体系和质量评价体系进行相应的论述。

一、制度体系建设

　　我国高等职业教育的实践教学管理中，其制度体系是一种宝塔形的体系，从高到低可分为三个层次：一是涉及整个学院实践教学宏观管理方面的制度；二是实践教学运行过程管理方面的制度；三是操作性制度，有教师用和学生用两类。这一制度设计使得管理制度具有针对性和具体性，便于执行与操作。

在制度体系的建设中，要注意对一些不成文的约定俗成的做法进行相应的调整和改革，使其不对整个实践教学体系的建设和实践教学效果产生较大影响。比如，一般的排课方法都是每两节课一个单元。但是，在实践中，高职院校中专项技能训练和综合技能训练这两类课就不符合这种传统的排课方法，因此，将这两门课集中在数天或数周上。这样安排便解决了传统排课模式所带来的一些弊病，一些技能训练不再被分割得支离破碎，反而有利于学生更熟悉地掌握专业技能，提高职业能力。

二、实践教学质量管理体系建设

（一）高职院校质量评估体系的构建

1. 我国高职院校教育质量评估存在的问题

（1）高职教育评估中行政干预偏重

现阶段我国高职教育评价体系政府参与明显，这一现象在具体的评价过程中既有优点也有不足。如果政府能够利用自身权威性的身份，将各方力量对高职院校教育的期待与需求及时传递给教育评价机构，便能够有效推动评价标准的制定和评估工作的快速进行。但是我国经济形势的不断变化也影响着教育评价工作的进行，经济发展越来越要求有更多的专业技术型人才，因此企业将发展的目标指向了高职院校教育领域，所以要建立新的教育评价主体，这一主体要体现社会就业对于教育的需要而不只是体现政府力量作用于教育的影响。如果能够丰富教育评价过程中的主体参与，教育评价过程将更有针对性，学校也能更信任其评价结果，以此来改进学校专业领域的设置和课程结构，同时，不同主体之间的协调能建立符合大多数人利益的评价标准。

最初我国教育评价活动是由政府带头进行的，这一决定对于改进高职院校教育状态来说是正确的。但是，我国教育评价活动的开始时间落后于西方国家，来不及进行系统的知识理论研究就将评价体系应用于高职院校，在实践操作的过程中存在评价技术无法解决的问题，因此需要我国专业学者进行深入的研究和学习才能解决。目前我国处于政府领导下的教育评价状态，对于高职院校改进教育是有一定进步作用的。由于传统观念和现实需要，国家对高职教育的行政干预被普遍接受，高职院校高度服从国家管理。但质量评估缺乏科学可靠的理论指导，评估工作停留在表面，无法深入到教学内部，无法真正检测教学质量，会减少人们对于第三方教育评价机构评估结果的信任度。

由于政府教育部门直接主导高职院校的教育发展方向，所以对于高职院校教育进行质量评价离不开政府。如果政府能够减少参与教育评价过程，社会和群众力量就有机会对评估机构提出自己的建议和需求，使教育评价工作真正走向专业化发展。另外，如果能为高职院校寻找到新的教育资金投入者，高职院校就能走出政府的附属部门的范畴，有效减少高职院校模式化发展的现象。同时对教育评价过程应该建立相应的独立监督机构，不能让同一主体反复干预正常的教育评价工作，教育评价工作本身应该是客观的，不应成为某一部门的主观性的思想反映，应该加强社会力量参与到教育评估工作过程中，反映民众的意见和需求。

我国目前对于高职教育的评价仍处于初期发展阶段，在不断变换政策的过程中难免存在一定问题，如果政府能将教育评价所用的高职院校专业统计数据和具体的评价计划、评价流程公布于众，会大大增加人们对教育评价结果的信服力，要改变目前教育评价工作的死循环模式，应该将评价机构对于高职院校的检测结果定期向社会公示，给予学生和社会一定的参考性。如果能够根据社会意见形成新的教育评价模式，会加强高职院校与社会和企业之间的交流，增加高职院校发展特色化专业的可能性。

（2）社会中介机构发展空间小

我国为提高教育评估结果的专业性，专门建立了针对学校专业和课程设置等方面进行评价的教育评估机构，机构内部是学习各专业时间较长并取得一定研究成果的相关领域的学者，将这些人聚集在一起共同对高职院校进行评价具有较强的专业性。

在世界其他国家中也采用第三方机构对高职院校教育进行评价的制度，但是经过各国实际评价操作经验的总结，如果不能控制政府教育部门的权力使用，第三方评价机构无法发挥其真实的评价作用，同时社会力量和企业对于高职院校教育的需求也无人关注。原来对高职院校进行质量评价的部门是政府教育机构，属于国家性质的评价机构，现在进行质量评价的是第三方社会性的教育评价机构，二者在高职院校心中的威信力是不一样的，高职院校对于政府和社会机构评价的重视程度是不一样的。如果我们能够增加第三方评价机构评估的专业性，使其对社会评估部门的信任超过政府评价部门，高职院校就会开始重视社会评价结果对学校教育专业的进步启示，在第三方评价机构的评价过程中能够认真准备评价材料。我国目前教育评价机构还是从属于政府门下，如果不能改变这一现状，第三方评价机构的评价结果还是不会被人们信任，在不同程度上还会带有政府意志和个人色彩，需要尽快找到教育评价机构能够负担自身费用的评价方式，促进其内部改革让其尽快独立于政府部门之外。

在我国，第三方教育中介机构是针对高职院校教育专业的评价机构，虽然其有政府资金投入作为保障，但还是需要自己开拓业务，政府部门是不对评价机构提供业务信息的。所以，我国目前评价机构如果不能有充足的运行资金和运营业务，就会走向倒闭。针对这一现状，评价机构自身应该不断进行改进，在减少资金消耗、提高资金利用率的同时，应该不断向外拓展业务，和其他机构、社会群体展开合作，教育评价机构不能因为资金的短缺而成为某一部门的附属品，使人们不信任其教育评价结果。我国政府会接受高职院校的评价任务，政府对于这些评价任务主要采取给予评价机构进行评价，但是有相当一部分的教育评价机构规模小、长期服务过程中与政府部门接触少，就像小型的私立评价机构是接触不到政府提供的评价项目的。能接受政府提供的评价项目的教育评估部门都是本身与政府有一定关系的，这一类机构服务于政府教育部门，其自身发展有政府资金作为支持，运行稳定，但其与社会的教育力量接触较少，只有其能改变发展思路，才能够承担起社会和学校赋予其的责任使命。在这种状况下私立的教育评价机构只能依靠自身去发展，如果政府能改善私立教育评价机构的发展现状，这些私立教育评价机构在提高自身的评价水平和技术的同时，还能够解决政府和学校之间教育政策传达时效性的问题。

总的来看，我国目前教育评价体系发展的现状是大型教育评价机构没有专业评价实力，已经成为政府的下属部门，专业的私立教育评价机构没有发挥空间，各个社会群体无法了解高职教育发展的真实水平。如果我国目前的教育评价机构不能摆脱政府的控制，那么距离我国形成完善的教育评价体系还有一段时间。

（3）评估标准单一化

我国针对高职教育评价体系的不同发展阶段会出台相应的评价方案和评价文件，现阶段的教育评价方案是对各种类型的高职院校进行统一的成绩性评价，不针对高职院校开展的个性化民族性的专业展开其他的评价，也不在乎所评价的高职院校教育基础处于同行业中的何种水平，这种方式在一段时间内保证了我国教育评价体系的平稳运行。但是也导致了一定的问题，高职院校的特色化专业得不到有效的评估，高职院校培养人才的方向只能根据评价机构得出评估结果，导致目前各高职院校所培养出的人才学习内容一致且发展方向一致，学生缺乏个性化的职业发展特性。目前，针对教育评价的标准应该进行改进，政府和社会相关机构如果不能将教育评价的标准立足于高职院校本身，那教育评价标准还是缺乏针对性，要在充分了解各高职院校历史文化底蕴和相关专业变动的基础上，将各高职院校进行基本分类，这一步骤是必须进行的，因为分类之后不同类型之间才会有参照比较，同一类型的可以采用相同的评价标准。在我国后来颁布的教育文件中有相关理念符合我们将要建立的教育评价标准的概念，里面提出要建立起适合的评价标准就要先从评价的目的考虑起，对高职院校教育进行评价本身就是为了帮助高职院校找到自身教育的不足之处，帮助社会和企业找到符合自身要求的技术人员，共同促进国家经济利益的整体提升。

在世界各国之中教育评价体系较为发达的是美国，之所以美国的教育事业如此发达，是因为美国的经济基础较好且有足够的资金投入教育领域，并且在不同的发展时期采取了合适的政策，以美国不同种族自治为基础，各地区教育政策和教育评价制度都根据地区经济状况、受教育情况和民族文化的不同采取不同标准，各地区的教育评价政策都能有效促进高职教育的发展。我们可以从美国成功的教育评价体系中学习经验，如果我国政府能够减少对教育评价过程的干预，评价机构能够根据高职院校历史文化渊源和专业设置的不同采取不同的评价政策，就能改变我国目前高职院校专业向同一方向发展的现状。

我国目前发展高职教育评价体系不能再将评价标准固定化，应该根据各个学校的特点发扬优势和地域文化，结合世界各国经过实践检验的先进教育理念，不断完善我国的评价体系和教育体系。如果我国政府不能够建立不同层次、不同类型的学校评价标准，那高职院校培养人才还是固定的模式化，不能体现人的个性特点，我国教育评价体系仍旧会停滞不前。

（4）评估经费分配不公平与不足

世界各国的第三方教育评价机构都是以政府的项目性投资为主要的资金来源，同时政府还要参与高职教育评价目标的制定，教育评价机构便会自然而然成为政府的下属部门。在这一过程中，第三方评价机构会出现由于政府资金没有及时注入其内部而产生的问题。如果政府对给予评价机构的资金合理使用，就能减轻评价机构之间对于评价项目的竞争，有利于将教育评价资源平均分配给各个评价机构。目前政府需要改变资金投放政策，不能因为大学等级高低不同就投放不同的资金，会给各个大学造成一定的发展负担，也不利于地区教育资源均衡分配。

从我国发展高职教育评价体系至今，存在以下特点：政府承担评价机构的所有支出，在让评价机构没有后顾之忧的同时也对评价行为产生干扰，使第三方评价机构的评价行为不能起到真正的作用。目前我国针对高职教育评价体系最应该做出的改变是：减少政府对于第三方评价机构的控制，对于评价机构，应该丰富其资金来源。因为目前给予第三方评价机构的资金都是由固定部门的官员进行下放，在这一过程中由于人是具有随意性的，并且人的思想可能会受到其他因素的干扰随时发生变化，使其不能坚持原本的正道思想，会导致将国家教育评价资金占为己有的现象。在官员内部建立合理的评价资金监督机制和立法规定，能够减少人员的不正当行为，保障评价机构的鉴定结果，对高职院校改进教育有促进作用。

如果政府对于我国教育评价机构投入的资金充足，那公益性的评价机构和商业性的评价机构就没有本质上的区别了，二者都是对高职院校教育和专业进行技术评估的组织，不会使教育评价活动由于资金不足而被迫在本质上产生变化。由于第三方教育评价机构评价过程中资金支出较多，所以如果没有政府部门的支持评价机构大多运行不动。我国对教育评价过程中的资金支出进行了改动，对于被评价一方大多数对象是高职院校，对其收取一定的服务费用来减轻评价机构的资金压力。如果将第三方评价机构的评估人员工资不由评价机构给予而转由政府为其开工资，能够大大减轻评价机构运行的负担，这样评价机构就只需要负责每次评价出行的费用和中间产生的成本，教育评价机构就不需要依附于任何资金方，成为真正独立于任何势力之外的检验评价机构。解决了第三方评价机构的资金问题，就会减少许多公益性的评价机构经营失败的现象，成为真正对高职院校、对社会有用的教育评价机构。

（5）评估结果存在主观性

如果不能对学校提供的评价材料的真实性做出有效的判断，下一步工作就无法进行，再加上教育评价机构的专业人员并不认真检查相关文献，那教育评价检查的文件内容可能并不符合高职院校专业本身，妨碍社会对于高职院校教育专业性的认识。如果政府能够将高职院校具体的教育信息公开给第三方评价机构，就能够有效减少评价过程中信息传递的麻烦，能够保证学校提供的评价材料的真实性，同时确保评估结果的有效性。在我国教育评价过程的进行中应该将各主体之间消息传递的时间缩短，同时应该禁止各方面专业人员的随意发挥，尽量将所有评价条款落实于书面，增加教育评价结果的可信度。但是，如果能将评价过程控制得松紧适度，评估人员既能在一定限度内发挥自己的主观意识，评价标准又有相关规范。

社会上普遍认为学校将第三方评价机构需要的学校内部的相关材料准备

好后，评价机构的评估人员不能在规定的评价时间内阅读完学校提供的专业材料，这样对于学校专业的评价就是片面的，但是目前的高职教育评价现状就是如此。如果学校不提供详细的专业记录资料，就视为学校不配合教育评价工作，但是学校将多年的专业历史资料拿出来后，也给教育评价工作增加了一定难度。如果对高职院校专业的评价检查工作不能够更加高效地完成，是变相地给评价人员增加更多工作压力，也是增加评价过程中的难度。对高职院校进行某一方面的评价是有具体的时间限制的，所以不可能详细地去看学校提供的所有材料，评价机构只能根据学校提供资料的详细程度来评价学校是否具有专业性。但是在这一过程中也产生了一个弊端，即高职院校有可能在教育评价的过程中提供虚假的信息材料，从而在评价结果中得到一个较高的满意度。

在我国评价机构评估学校的过程中发现了一些问题，评价机构针对学校的不同专业会聘用不同的评价人员，这些人员多是临时组成的评价小组，评价人员之间缺乏配合，评估过程会出现一定重复的现象，评估工作效率被降低。如果评价机构事先不与学校沟通评价标准，其评价结果可能不满足于学校对于其本身专业的要求，所以应该和学校预先进行沟通制定出评价标准。同时，一种教育评价标准不应该适用于所有被评价的学校，学校内部会有特色化的民族课程等特殊的地方，针对这些部分不应该采用模式化的规定标准，如果不能及时改正评价结果，则会出现不贴合真实情况的现象。

2. 我国高职院校教育质量评估体系改革与创新

（1）转变政府职能，加强宏观调控

我国从发展高职教育改革以来，将高职教育的一切工作都视为与行政工作同等地位，对为高职院校教育进行教育评价的工作也是非常重视。对于教育评价工作和高职教育发展如此重视还有另一个原因，就是高职教育发展的主管部门和教育评价标准制定的部门都是政府，一旦有政府参与的活动就必须严谨对待。让政府参与高职院校教育活动的各个方面，既有好处也存在不足，因为我国目前的经济政策是希望加大社会市场对于经济的自主调控力，这种经济发展理念也影响着我国教育发展的过程，提倡政府减少对于高职院校教育活动的干预。政府可以参与教育活动，但只是合作总体政策流程的把控者，不能深入教育评价过程的具体环节，政府如果想要有效地发挥自己的教育权力，制定真正对于高职院校有作用的教育政策和教育评价标准即可，增加社会其他力量对于高职院校教育活动的参与，提高民众对于教育结果的信任度。所以，针对目前各方主体都认识到了政府应该减少教育评价活动中参与性的问题，政府应该采取一些措施进行改进。能够采取的具体措施主要在以下几个方面。

一是政府减少具体过程中的行为干预。政府属于高层领导机构，每天日常工作事务繁多，不应纠结于某一问题的细小方面，政府管理的主要对象应该是运行规则，而不是监管教育评价机构和高职院校本身。政府应该进行的是做好大框架的运行规则的制定，具体的教育评价权力应该给予专业的部门，自己进行间接的监督即可。这样政府的工作精力就能放在更多重要的项目上面，不参与复杂的评价工作也能够避免评价过程中人员的一些不正当行为，提高公民对于政府权威性的信任。另外，如果政府部门担心自己将权力外放之后，会完全失去对高职教育的管理权，可以提前采取对教育评估流程进行法律规范的方式，也可以对教育评价的结果留有自己解释的权利。

二是为避免第三方评价机构产生不正当的评价行为，扩大对高职院校进行评价工作的主体。政府部门不仅要对我国高职教育领域进行管理，我们生活中的方方面面都有政府管理的痕迹，所以，政府对高职院校教育进行评价这一行为是符合其权利规定的，政府肯定是众多高职院校教育评价主体中最重要的一方。随着我国经济形势中社会力量的影响越来越大，教育评价活动中如果没有社会力量的参与也会减少一定信服度。所以，社会力量和公益机构开始对教育领域追加资金投入，也希望能够享受通过高职院校教育带来一定的利益需要，因此想要保持政府是唯一的教育评价主体的现状是不可能的，只有越来越多的利益主体参与高职院校教育活动的过程中，高职院校教育的效果才能得到普遍提高。既然各方社会力量都已经对高职院校教育进行了一定的前期投入，在教育管理和教育评价的过程中各主体都应该有一定的决策权力，高职院校教育所得的结果也应均衡地满足各利益主体的不同需要。所以，政府将教育评价的权力分配给其他机构，给予了社会和企业不断发展的自信心，同时对于自身和其他主体的权力可以给予立法保障，政府既能减轻工作压力又能使评价工作更有效率。

（2）加快高职教育评估法制化进程

如果不将高职教育评价的具体过程以法律条文的方式进行明确规定，机构之间的评价行为就会过于随意化，第三方评价机构的独立地位和权利也得不到合法保护。如果高职院校的评价标准仅由评估机构制定对于高职院校不公平，所以政府需要派遣专业学者帮助第三方评价机构制定评价标准，同时将评价标准用法律条文的形式固定下来，减少评价过程中主观性的想法发挥。第三方评价机构身上还有代替政府对高职院校教育过程进行监督的作用，如果不将这一权利在法律上给予规定，在执行过程中就会缺乏说服力和威信力。如果法律无法保障评价机构评价过程的公正、公开和透明，那么评价活动便会被其他不可预见的势力所影响，只有一切评估行为依靠法律规定进行，群众对于评价机构的评估结果才会更加信任。将评价过程法律化可以从以下几个方面入手：一是用评价章程规定好评估人员每日的工作内容、工作检查标准、工作范围；二是将评估过程的具体流程以条文形式固定下来，评估人员在进行检测时可以明确照此执行；三是增加对评价过程中边界性行为的界定，减少评价过程中各方力量的摩擦。同时，不能只制定法律评价政策而不去照做执行，加强对评价法规执行过程中的监督，使评价的法律法规真正有效落实。

考虑我国现在的关于高职教育评估的法律数量少和配套法律不足的情况，加快高职教育评估法律建设应从两方面入手。一方面是要从我国现实情况出发，执行我国现行的高职教育评估政策①。另一方面是丰富教育评价过程中不同流程的法律规定。制定教育评价法规与制定教育评价标准一样，都需要先根据高职院校的教育专业和课程对高职院校进行一定的分类，在分类指标的基础上，根据教育层次的不同对高职院校评价工作进行不同的法律规定，同时要考虑到地方学校的特色化专业和民族课程，对此要进行一部分特殊规定。在制定相关教育评价法规时要考虑到，有从属关系的部门应该有更针对性的法律去规定，同时不同部门之间应该协作共同完成教育评价过程。制定教育评价法规的部门也需要制定一些补充条例解释具体的法规政策，因为教育法规里面全部都是专业名词，社会民众和工作人员理解起来有一些困难。建立细则化的解释规章后能够减轻评价人员的工作任务，使教育评价工作更具严格性和信任感，也有利于我国教育评价工作取得阶段性的进步。

（3）不断改进高职教育评估方法和评估技术

加强对一个技术种类进行深入的研究，需要从两方面入手。

第一，是基础知识的学习，而后才是实践手段的练习，如果改进教育第三方评估技术不经过系统的理论知识的学习，技术就是架空的，评价方法在应用过程中会不符合高职院校的专业要求，评价结果不能反映高职院校教育的真实水平。我国开始认识到教育的重要性是在西方国家已经在教育领域取得一定进步以后，所以我国对高职教育的评价标准的理解还存在一些不足。但是我国教育历史丰富，与高职教育评估方法相关的其他学科在我国已经有

① 孙绵涛. 教育改革与教育效能论坛 第 1 辑 [M]. 重庆：重庆大学出版社，2021.

较长的发展历史，我们可以通过阅读教育史料并结合当代各方面力量对教育需求的新趋势建立完备的教育评估方法。

目前我国已经实施的高职教育评价的方法还存在以下几方面不足：一是评价一门专业学科仍然只依据此门学科的相关检验标准。评价一门学科时如果不能结合相关其他专业的质量标准，其评价结果是不全面不专业的，评价应该从多角度和不同主体的需求入手，这样才能检验出该专业的真正教育质量；二是第三方评价机构在招收人员进行评价时，没有严格的人员收录标准，有的新招入的专业检验人员根本不具备此专业的理论知识，已有的检验人员跟不上时代形势改变自己的理念，一直采用最原始的传统检验方案，这对于一些新兴的专业来说是不公平的；三是弄清楚教育过程中的几个利益主体，根据不同主体对于教育结果的需要建立教育评价的标准，因为高职院校教育本身就是要满足不同群体对于其结果的需要，如果评价标准没有实际意义，那么评估结果也不具备参考性；四是身处于大城市和县城地区的高职院校同一专业的检验标准也应该不同，因为二者之间本来就存在较大的基础性差距，所以在建立评价标准时，应该对学校所处地域进行一定调查。

第二，要针对具体的评价方向和内容进行规定的详细评价。我国在一开始进行教育评价工作时就提出评价针对的方向和对象要具体，不能对高职院校教育的一整块进行评价，评价工作不细致评价结果就不具备参考性。同时，我国在进行教育评价工作之前还会派专业的技术人员对高职院校的教育专业数据进行一定统计，以数据为基础制定相应的详细评价方案，在初期采取这样的方式取得了较为可信的评价结果。但是，在教育评价活动进行的过程中，评价人员逐渐发现影响教育过程的因素有很多，许多影响因素带有很大的主观特点，是不能通过数据分析进行控制的，因此，针对初期的教育评价发展来说单纯某一方面的详细教育数据无法真正对评价工作有参考作用。所以，针对无法进行简单量化的教育影响因素采取衡量化的指标，如果这些影响因素是人的主观精神和能力，就可以具体对这一部分人进行分析研究，先确定人的影响能力的最大限度和最小范围，再来进行教育评价数据的统计，这种属于定量性的评估方式，将二者针对的不同方面协调起来能够对教育活动中的因素进行可信任的数据建模。

（4）积极培育独立的中介评估机构

世界各国都在针对本国的高职教育做出不同程度的改变，世界性的进步也为我国建立教育评价体系提供了积极的借鉴作用，要想检验高职院校教育改革方案是否针对上一次有所提升，就需要对高职院校教育质量进行评价。

经过我国长期的评价活动实践，总结发现可以通过利用法律规定评价过程中各评估主体的行为和评价流程，建立第三方的监督机构来监督评价机构的行为，减轻政府部门对于教育评价过程的干预，能够使对高职院校的教育检验评价更加科学和专业。其中主要进行评价工作的中介机构可以是政府组织建立的机构，也可以是社会力量组成的私立评价机构，目前还新兴起了一种由高职院校内部教师和专业学者组成的评价机构。但是，无论采取哪种性质的评价机构进行评估都需要确立其独立性地位，确保其运行过程中各项物资和资金储备充足。中介性的评价机构是处于政府和高职院校之间的部门，其地位的独立性也决定了它是连接二者的桥梁，向政府及时报告高职院校教育的不足之处，向高职院校传达政府最新的教育政策理念，通过自身的特殊性质建立起完备的教育质量评价体系。

不能只对教育评价过程的外部进行规定，在内部建设方面也应该进行优化。建立评价队伍时要聘用不同方面的具有专业性的学者和教授，对参与评估的人员受教育水平和职业操守进行严格的规定，因为评估的对象本身就是高职教育学校，如果评价人员不了解高职院校内部的基本运行规律和知识教育结构，也无法深入校园内部进行教育测评。针对这种状况，我国应该将行业准入制度延续到教育评价活动中，想要进入专业教育评价机构从业需要考取相应的资格证明，这样才能严格控制评价队伍的平均教育水平。如果不能及时执行这种资格证明制度，教育评价行业会加剧混乱情况，本来评估人员受教育层级并不高，但是因为其从事对高职院校教育的评价工作，社会上不知情人士就会抬高其身份地位盲目相信其说的话，所以应该建立严格的教育评价行业的准入制度，每隔一段时间对专业评价人员进行审查和培训。

（5）对不同层次的高职院校实行分类评估

由于目前国家能投入高职院校的资金数量有限，如果不对高职院校进行类别的划分，资金就不能有合理的使用方向，高职院校之间便采取不正当方式去争夺政府的款项，所以政府要做到对于学校内部情况非常了解，可以掌握每笔款项究竟适合于哪类学校。国家在进行改革的过程中意识到了高职院校分类的重要性，因此建立了专业队伍去各个高职院校内部考察，了解高职院校的教育历史，建立分类的标准，这样政府就能够保障资金使用是有效的，同时对高职院校进行评价的第三方机构也能够加深对高职院校的了解。目前我国高职院校教育是由政府和社会共同参与，所开办的学校类型比较多，我国各地区政府对于区域内的学校还会采取不同的政策，所以，如果不及时对高职院校类型和扶持标准做出统一规定，高职院校和社会都会产生不满情绪。

对高职院校进行分类的具体规则要服从国家文件的相关要求和高职院校内部的具体情况，如果不能将适配的教育资源分配于适合的学校，学校就会因为资金不足不能提供企业所需要的技术人员，学生也得不到公平的受教育环境，学校之间原本的差距就会被越拉越大。对高职院校进行划分的好处还可以避免高职院校都向同一种类型发展，那样其他方面的专业就会出现断层，对于这一专业的教学很难再延续下去，在高职院校分类的前期调查中还可以增加对高职院校民族特色专业的挖掘，带动学校招生人数的增长等。在高职院校分类标准制定完毕后，对于理科类院校可以增加试验设备投入，对于文科类院校可以增加藏书投入，各有针对地发挥自己的长处使学校有更长远的发展前景。

根据学校办学的大小和直属部门层级的不同，对于高职院校进行划分时需要实地考察，了解不同高职院校是否有核心特色的教育课程，是否可列为民族特色学校，掌握高职院校是否是国家采取重点政策去培养的院校，是否是民间力量创办的小型院校，等等。如果不考虑学校的大小和教师的能力水平，只考虑学校服务的对象，可以将高职院校分为职业类和普通教育类，职业类是针对企业的就业缺口，培养具有专业技术的实践型学生，普通教育类是学生学习其他的实践性不强的专业。在这个过程中如果政府不能将教育资金均衡地分配于各个学校，只依据办学场地规模来投入资金则会影响高职院校内部的运行秩序，不能真正发展平等的教育，导致高职院校之间教育成果会相差较大。

还可以根据学校对某一学科的精深程度、入学学生的文化层次和学校专业设置的类型，将学校分为某学科研究型大学、中等还是高等类的学校、侧重于文科类还是理科类的院校。

第一类学校主要是对于一个方面有比较多的学者聚集于此，学校这一学科本身就有历史研究记录，再通过学校的设备室和图书库对这一学科研究比较通透。

第二类学校主要是根据学生年龄和文化层次对学生教授基本知识的同时，还要让学生学习技术操作[①]。

第三类是根据学校擅长的专业偏向于哪方面，将处于同一大类中的专业聚集在一起，因为每一个专业想要学得精通都不是只学习一个门类就可以。对大学进行各种分类并不是要将高职院校排出贵贱等级，而是增加公众和政

---

① 钱源伟. 社会素质教育论 [M]. 广州：广东教育出版社，2001.

府对于大学内部的了解，可以根据分类的不同采取不同的评价和管理政策。

将各个高职院校根据不同的标准建立分类体系对于社会和教育评价机构开展工作来说都十分有利，各个高职院校之间教育基础、历史文化底蕴和发展方向本就不同，所以不能用相同的评价标准去衡量。对高职院校教育进行分类也能够促进国家政府对教育工作的有效管理，这样政府就能够根据对高职院校数据的统计，了解高职院校教育过程中的设备和资金需要，不会出现重复投入和缺设备却久久得不到解决的现象，能够增加高职院校对于政府的信赖度。同时根据高职院校教育分类的不同制定个性化评价标准，使教育评价的结果更具针对性，让高职院校能够根据评价结果制定自身的教育改进目标和长期建设方案，再结合高职院校的地区特色，就能形成与其他高职院校不同的特殊专业，增加在整个行业的教育吸引力。而且，在原来的评价标准下高职院校之间会不断攀比，最终培养的人都走向了同一种发展方向，各高职院校在发展的过程中逐渐没有什么区别。对高职院校进行教育分类能够使高职院校认清自己的定位，跟自己比较，不断提高自身的教育特色。

（6）将评估结果与财政拨款挂钩

如果不将第三方教育评价机构的评价结果与政府的教育投入资金相联系，高职院校在改进教育时就会缺乏动力。高职教育学校虽然有政府投入发展资金，但是政府的资金毕竟有限，而且一个地区内高职院校众多，政府每次拿出来的资金总数是一定的，所以高职院校如果想要额外发展一些教育项目引进教育设备也需要自己筹措一部分资金。目前我国高职教育院校的经费来源主要有政府专项资金、社会慈善机构捐款和成功企业家的捐款等，在一定程度上丰富了高职院校资金来源的渠道。对高职院校内部课程和专业进行改革是一个不断前进的过程，同样也应该将对高职院校教育质量进行教育评价发展成一个长久的持续的教育行为。

在之前政府没有介入高职教育活动的过程中，随着政府将资金投入高职院校，便开始了对高职院校教育过程和教育结果的干预，目前也要规划好政府投入资金的时间和数量，高职院校也要做好资金使用计划，将资金的使用过程透明化。而且，在世界其他国家发展教育时都需要先对教育进行投入，投入的部门通常是与教育结果有很大影响的各方群体，他们希望通过为教育投入资金使教育的结果更符合其实际发展的需要。

我国高职学校更新学校内的教学设备、聘用教授级教师和学校内部行政管理的各项开销资金主要来自政府、教育慈善机构的捐款和企业的项目投入，在这几种资金来源中，政府对学校教育的教育投入是占大部分的，但是就国家每年对各种项目的投资总数来说，对学校的投入只是其中的一小部分，因为目前生产领域是能有效提高国家收入和人民生活水平的部分，所以国家的大部分资金会流入生产部门。

在这种情况下如果政府投入学校的资金不能得到有效的利用，高职院校不能很好地改进教学方式，便会使得教育不能满足社会对于专业人才的需要。所以，高职院校目前想要发展教育主要可以从两方面入手：

一是为自身寻找新的教育改革经费的投入者，二是将有限的资金进行最大限度的使用。

目前，各国之中只有英国教育资金的使用最有效率，英国建立的资金使用制度具有很高的实用价值，其政府设立两个教育管理机构，针对学校教育类型的不同，投入不同的教育款项，其核心理念就是将涉及资金的项目根据一定标准分配到不同部门去管理，减少过程中的成本。

（二）高职院校质量监控体系的构建

1. 我国高职院校教育质量监控存在的问题

（1）高职院校教学质量监控标准存在的问题

我国高职院校的教学质量监控体系还存在着一系列问题，主要有以下三个方面：目标缺乏系统性、标准不一、职责不清[①]。

① 高职院校教学质量监控的目标缺乏系统性

在分析部分高职院校教学质量监控的目标后发现，许多高职院校设置的监控目标缺乏一定的系统性，主要表现在以下四个方面。

第一，总目标与分目标之间没有相关性，关系尚未得到厘清，人力、财力及物力等物质资源没有得到合理的规划，无法统筹各个部门和教学单位开展教学质量监控工作。

第二，目标不具体。总体上看，各校的教学质量监控目标都存在形式化现象，监控工作浮于表面、流于形式，只是走过场，并未真正落到实处，获取到的信息无法保证其准确性，执行力不足。

第三，目标分散。部分高职院校采取的依旧是传统的教学质量监控体系，注重知识的输入和输出，忽视了教学过程的监控。

第四，目标缺乏系统性。由于没有系统的目标，高职院校的教学质量监控体系过分注重教学的监控，忽视了实践环节部分。

---

① 张振. 高职高专院校教学质量内部监控体系研究［M］. 徐州：中国矿业大学出版社，2017.

② 高职院校教学质量监控的标准被异化

我国部分高职院校实行绩效管理，强调课程的评价体系，通过对教师进行评价，充分发挥评价的鉴定功能，并对评价对象进行量化和排名。这种做法并不符合教学质量监控体系的指导原则，将教学质量监控看作高职院校实施管理的工具，无法实现教学质量监控的诊断功能、激励功能、改进功能和导向功能，在一定程度上异化了高职院校教学质量的监控标准。如此一来，教师的发展也受到了阻碍，无法充分发挥教师的明辨能力，不利于教学质量的提高。

③ 高职院校教学质量监控的岗位职责标准模糊

为切实做好高职院校的教学质量监控工作，有关部门和人员必须按照责任义务严格落实相关工作，更好地开展相关监控活动，不断提高教师的积极性，提升教学质量。但实际情况是，高职院校制定的教学质量监控体系中的各人员岗位职责并未充分明确，没有遵循"全员、全过程、全方位"的基本原则。工作人员没有正确认识到自身的职责，只将教学监控活动局限于师生之间，无法促进教学质量监控的发展。教学质量监控工作本应贯穿整个教学过程，但由于监控目标不明确，导致信息的搜集和反馈不及时，评教制度、评价制度等都不够完善，没有真正把教学质量监控活动落到实处，并且带有极强的主观性，难以将监控工作贯彻执行。

（2）高职院校教学质量监控运行存在的问题

高职院校教学质量监控在运行过程中主要存在以下三个问题：学生参与度不高、信息运行机制不完善、监控反馈落实不足[①]。

① 学生参与程度不高

在我国高职院校的教学质量监控过程中，教师受到了足够的重视，但学生群体却一直没有充分参与到监控过程中。许多高职院校都认为，只要有了综合素质过硬的师资队伍，就能够有效提高教学质量。但教学质量的高低，其根本是用学生的全面发展作为衡量标准的。因此，教学质量的监控也应该充分考虑到学生在教学过程中的信息反馈作用。

然而，许多高职院校都并未意识到这一点，无法实现高职院校的自查整改，走入了教学质量监控的误区。有部分院校虽然在教学质量监控的过程中融入了教师和学生，但在信息的反馈方面只集中在教师的教学设计和教学的完成程度方面，忽视了学生在教学监控过程中的自主性和积极性。

① 张振. 高职高专院校教学质量内部监控体系研究［M］. 徐州：中国矿业大学出版社，2017.

　　事实上，高职院校教学质量的监控体系并未充分考虑到教师和学生在教学过程中所扮演的重要角色，没有充分调动师生的积极性。在进行相关制度的制定和活动开展时，没有详细规划，没有持续提升教学质量，无法提高教学质量监控的实效，进而无法提升高职院校教学质量。

　　② 信息运行机制不完善

　　在开展教学质量监控相关活动的过程中，由于受到信息不对称的影响，搜集到的信息无法保证真实性，没有给予及时的反馈，造成了"监不能控""监而不控"现象频出。此外，教学质量监控搜集到的信息覆盖面小，信息过于片面，不具有代表性，没有对相关信息反馈引起足够重视。由于不完善的信息运行机制，造成了元监控（对教学质量监控的监控）不足。高职院校无法根据这些部分信息做出合理的判断和及时调整，是否符合自身的发展情况，是否是合理的监控流程，是否能够取得满意的监控效果等一系列问题都会严重阻碍教学质量监控体系的正常运作。

　　③ 监控反馈落实不足

　　教学质量监控是为保证教学质量而开展的，能够更直观、全面地发现教学过程中存在的问题和困难。但部分高职院校的教学质量监控中的诸多反馈信息却流于形式。首先，学生在进行评价时，多数采取分数或者等级的形式，学生提出的一系列整改意见和建议都未真正出现在监控职能部门层级。其次，在进行搜集教学质量监控相关信息时，没有对信息进行分门别类，便将其直接传递给师生。因此，师生在接收到相关信息后，也无法科学地筛选出有用信息，甚至还会产生消极的影响，例如教师可能会认为评价分数低的学生不认可自己。与此同时，笼统地反馈信息使教师难以找出教学的薄弱环节，也就无法采取针对性较强的改进策略。

　　2. 我国高职院校教育质量监控体系改革与创新

　　高职院校教学质量监控体系的优化过程是一项全方位、多层次的系统性工程。要推进高职院校教学质量监控体系的不断发展，只有与时俱进，牢固树立起发展进步的创新意识，形成"全员参与、全程覆盖、全方位育人"的教育模式，由浅入深，循序渐进。

　　（1）把握教学质量监控核心理念

　　把握好教学质量监控的核心理念，关键是要树立牢固的质量意识。构建高职院校教学质量监控体系的终极目标是要不断提升人才培养的质量，体系中的各个环节和方面都要根据这个目标展开。在运行高职院校教学质量监控体系时，要对体系中出现的问题和现象不断反思，积累经验和教训，及时发现问题并做出正确调整。此外，构建高职院校教学质量体系也要将人才培养的质量和效益有机结合起来，以学生、家长和企业的就业满意度作为参考，检验教学质量监控体系是否真实可靠。

其次是要明确教学质量监控的目标和标准。在开展高职院校教学质量监控活动时，相关部门的管理人员都要对各自的职责有准确的定位和明确的目标。高职院校可以按照现有的教育相关制度和理念，结合自身的特点有针对性地制定出教学质量监控的总目标和各个分目标，并将各个目标落实到各个职能部门。高职院校要进一步把各部门的工作职责和制度规划清楚，以免引起不必要的资源浪费。此外，高职院校在开展教学质量监控活动时，必须要有清晰的标准，包括动态标准和静态标准。动态标准主要体现在活动开展的过程中，静态标准主要体现在活动的结果上。比如在对学生进行监控时，目标体系既要涵盖学生对教学的满意度，也要将教学育人的成效包括在内。标准除了要有稳定性之外，也要对其及时调整和完善。在完成一个监控周期后，要根据监控结果所体现出的问题及时地对监控标准做出调整。

最后要制定规则和不断创新。规则主要是指高职院校在教学质量监控体系的构建过程当中，要按照一定的规则对各项工作的流程和要求提出明确要求。要不断推进教学质量监控活动的开展，在全体教职工人员和学生群体当中牢固树立起规则意识，要求其以规则作为行动引领，所开展的一系列相关工作都要以此规则为前进标准。创新是指高职院校要不断对自身的教学质量监控体系进行创新性的改进，在结合自身特点和借鉴其他高职院校的有效经验的基础上，不断完善自身的监控体系，在校内成立专门的教学质量监督组织。因此，高职院校在构建监控体系时，不能盲目照搬其他高职院校，要充分结合自身的办理理念和实际特点，以问题为导向，在遵守相关规则和发展规律的情况下，对监控体系不断地进行创新和完善。

（2）提升教学质量管理的信息化水平

目前现代信息技术蓬勃发展，给各行各业都带来了实质性的影响。教学质量监控也要充分与现代信息技术有机结合起来，通过相关技术手段对信息进行科学的搜集和分析，不断提高监控成效。因此，高职院校在进行教学质量监控时，也要不断提高教学设施的信息化水平，结合学校特点努力构建人才培养的数据采集和管理平台。数据采集与管理平台是体现高职院校人才培养实效的重要标准，能够将高职院校的办学情况和人才培养效果直观、全面地展示在大众眼前，学校能够更全面地掌握每个学生的就业情况，为高职院校监控教学效果提供了坚实的基础。

促进高职院校的人才培养数据采集与管理平台的建设，充分体现人才培养数据信息对教学质量监控的积极促进作用，主要可以从以下两个方面进行。其一，高职院校要不断对人才培养信息系统进行调整和完善，及时更新相关数据，确保数据的准确性和时效性，教学主管部门系统的相关数据和校内平台的人才数据需要保持一致。因此，要努力组建一支高水平的信息人才队伍，为学校开发出人才培养数据系统，同时要结合自身的实际情况，不断完善系统功能，及时整理、补充、完善相关数据，构建起科学合理的质量预警体系，将影响人才质量的不利因素减到最少。其二，高职院校要不断优化和完善信息的搜集方式，制定科学有效的信息搜集制度，努力从数据源头采集第一手数据。构建人才数据库，从原有的走过场的数据采集形式逐渐转变为主动采集并持续完善，从容应对数据的缺陷和不足。此外，要结合实际情况制定出科学有效的数据处理制度，对搜集到的数据进行科学正确的分析和整理并不断改进，对各教学单位的人才培养效果做出科学客观的评价，形成"实时、动态、共享"的数据评价体系，不断促进教学质量监控体系的发展，切实提高教学质量。

（3）培育现代高等职业教育质量文化

在实际的教学实践中形成，学校所有成员普遍认同，科学稳定的群体意识、目标、标准和评价体系所形成的集合，称为高等职业教育质量文化。高等职业教育质量文化的发展已经逐渐成为高职院校教学质量监控体系的一个重要方向。高等职业教育的质量文化呈现出"金字塔"结构，从上到下主要是：精神文化、制度文化、行为文化和物质文化。因此，要培养出高质量的高等职业教育文化需要重点从以下四个方面着手。

首先，构建物质文化。高职院校的物质文化层面涵盖范围广，具有职业指向，主要分为校园设施文化和校园环境文化，体现出学校的办学理念和综合水平。校园的设施文化主要指学校的各类建筑、楼宇、装饰等，环境文化是指学校的生态环境、资源以及合格发展等方面文化。校园的设施文化和环境文化都对高职院校的教学质量监控和人才培养起着积极的影响作用。

其次，打造行为文化。高职院校的行为文化主要指各类活动，包括教学活动、课外活动、社会活动等形式。行为文化体现着学校的文化氛围和人文风貌。

再次，凝练制度文化。制度文化能够约束高职院校的管理，使其不断趋于标准和规范。高职院校的制度主要包括各类组织运行机制和管理体系，是文化建设的重要组成部分。

最后，弘扬精神文化。精神文化作为文化建设的核心，具有一定的隐现性，主要是指各种形态观念和心理建设。对于高职院校来说，精神文化的具体化形成了校风，精神文化的核心则是校训。因此，要不断传承和发扬学校的精神文化，明确学校文化建设的根本目标，找准关键，通过文化熏陶不断将人才培养的目标落到实处。

三、实践教学课程体系建设

（一）高职院校课程的特点

1. 以技能性教育为主

高职院校的教学活动以职业性和实践性为主要特色，其既能够使学生掌握基本的理论知识，又能够使学生掌握综合性的专业技能与技术。学生毕业时要具备从事第一线工作的实践能力，拿到职业资格证书以及学历证书，要能够立马参与到一线的工作岗位中。因此，高职院校课程普遍以技能型教育为主。这主要体现在以下几个方面。

（1）在课程教材的选择上突出实用性，不单纯强调理论的完整与系统性。

（2）在教学的过程中，注意将知识的传授同学生能力的培养结合在一起，使学生获得知识与能力的同步发展。

（3）在课程的内容以及具体的课程安排上，适当地缩减理论知识的教学时间，只做到"必需、够用"即可，适当地增加与技术、技能相关的课程的教学时间，并且对与职业相关的最新科技研究成果进行讲解和教授，进而加强对学生的实践教学，提高学生的技术能力与实践能力。

2. 重视综合性知识的传授

随着当今社会经济的飞速发展，对社会职业的岗位需求也在不断地更新与调整，在社会分工上也开始由以往那种单一的工种逐步发展成为复合工种，再加上人们在现实生活中可能要经历多次的转岗与再就业。因此，为了适应社会与时代的发展变化，为了在任何情况下都能胜任岗位，从事技术性工作的人员，就应当在精通某一门或者是多门专业知识的前提下，尽可能地多了解与掌握其他相关专业的技术与知识。

从这种社会背景来看，高职院校课程的内容绝不能只偏向于某一方面的知识，而是要追求知识的综合性。只有重视综合性知识的高职院校，才能为学生打好专业基础以及文化基础，为学生提供够用的专业理论、必需的文化知识以及必备的基本实践能力。

在实际操作的过程中，高职院校要尽可能地减少不必要的课程，增加与专业相关的具有较强实用性的选修课程，增加实训课程，最大限度地提升学生的综合素质。同时，高职院校也要改变以往那种自成体系的传统课程观念，对课程的结构进行整体优化，注重学科之间的内在结构与逻辑上的联系。

3. 关注人文教育

近年来，随着以人为本理念在教育领域的渗透，人文教育越来越流行。就本质上而言，人文教育就是一种人性的教育，核心是人文精神。在知识经济时代，劳动者不仅仅要具有职业本领，还要具有责任心、联想思维、职业道德、人际交往能力以及团队精神等，这些都是需要通过人文教育的途径才能达到的。因此，高职院校要想培养出符合时代发展的新人才，就要注重人文教育，重视对学生关键能力的培养和发展。

从目前的高职院校课程来看，确实越来越重视人文教育。正如人文学者刘春生所说："职业技术教育的培养目标由单纯的'技术劳动者'变为'技术人文主义者'。"[1]总之，课程的内容注重培养学生高度的责任感、较高的人文社会科学素质。

4. 注重培养学生的创新能力

创新是一个民族进步与发展的灵魂，是一个国家兴旺发达的必要条件和不竭动力。随着社会产业结构的不断更新与调整，岗位对职工的能力要求也越来越高，一些新的技术与行业的涌现，使得具有创新精神和创新能力的求职者受到欢迎。这就需要职业学校在进行职业教育的过程中，对学生的创新精神和能力进行培养。这不仅有利于学生的就业，还能促进学生的自主创业，进而促进社会经济的发展。

因此，当今高职院校课程一般都是在原有的理论与技能的基础上，根据岗位的变化以及技术的创新，增加新的内容，更加注重学生的思维扩展，鼓励学生进行独立思考，提高学生的思维能力、理解力和创新能力。

（二）高职院校课程设置的主要依据

课程的设置虽然是以人的主观思想产物来表现的，但并不是说它是"无源之水，无本之木"，高职院校课程的设置有其自身的依据。这主要包括以下几个方面。

1. 学生人格与个性的发展特点

高职院校在对学生进行培养时，不能只注重学生的知识与能力，还要注重学生学习意识、健康的职业心理、积极的生存能力以及自主创业精神的培

---

① 刘春生. 知识经济时代职业技术教育的改革 [J]. 教育发展研究，1999（1）：77-79.

养。而后面这几个方面说的就是学生的人格与个性。之所以强调学生的人格与个性，主要是想促进学生的全面发展，使高职院校的课程设置不仅仅停留在能力培养的层面。

作为高职院校课程设置的一个主要依据，学生的人格与个性发展是现代教育的重要理念，强调的是人的全面发展。高职院校在设置课程时，一定要以促进学生的身心以及个性的发展为目标，要使课程能够提升学生学习的自主性，能够给予学生自由发展的时间与空间，培养学生的个性。

2. 社会发展的必然需求

首先，高职院校培养的是实用型的人才，因此就需要在课程设置上针对经济与社会发展的根本需要，针对社会岗位的实际需求，以促进社会的发展作为驱动力，与时俱进，吸纳新的知识、引进新的技术、采用新的方法来进行。

其次，在知识经济发展时代，高职院校只有不断去适应社会需求，才能最终显示出其所具有的独特作用，体现其所具有的巨大社会价值。

从上述两个方面看，高职院校课程的设置需要依据社会发展的需求，适应不同行业的发展对从业人员的特殊素质的需求；适应不断发展着的社会生产力对从业人员的技术与文化素质的要求；适应知识经济的发展对从业人员的创新素质的要求；适应可持续发展理念下学生对终身学习提出的要求[1]。高职院校只有充分考虑到这些，才能真正培养出符合时代发展的高素质人才。

3. 学科建设需要

当前阶段下，学科与学科之间的联系越来越多，并从以往的单向联系发展为多维的联系，进而形成了一个多层次的、相互渗透、纵横交叉、具有综合性的学科体系。依据学科建设的客观要求，高职院校在课程设置上要注意学科知识的综合，改变以往学科之间的对立与孤立局面，使学科知识获得良性的发展，学生取得最佳的学习效果。

（三）高职院校课程设置的基本原则

1. 科学性原则

在过去，高职院校课程的决策权、设置权以及调整权都由教育部门掌握，企业往往无权参与。这就使得高职院校的教学内容与产业发展严重分离，进而脱离了实际的社会需要。很显然，要想使高职院校适应社会经济及科学技

---

① 王明伦. 高等职业教育发展论 [M]. 北京：教育科学出版社，2004.

术的发展需求，就必须提高课程决策的合理性与科学性。尤其是在课程设置上要坚定地遵循科学性原则。

遵循科学性原则，需要高职院校课程设置者深入了解行业的发展，对行业的科技含量、整体发展水平、行业的市场化与国际化的程度、职业技术岗位的发展变化进行准确的把握，在此基础上确定职业教育课程决策的目标，建立由学校、企业、行业以及职业教育研究专家共同组成的课程决策组织机构，然后再对课程设置进行集体的研究、决策与设计，最终使课程适应行业的发展，适合学生的发展需要。

2. 综合性原则

高职院校课程设置的综合性原则主要针对的是课程目标。由于我国高职院校的培养目标是培养技术应用型与技术复合型的人才，这一目标具有综合性的要求，因而课程目标也应适应这一要求。

在课程设置过程中，遵循课程目标的综合性原则，就必须时刻注意使所制定的课程目标不仅要适应社会的发展需要，还要满足个体发展的需要；不仅要反映课程的稳定性，还要体现课程的灵活性；不仅要保证课程的实用性，还要体现课程的创新性。

3. 政策性原则

所谓政策性原则，就是指高职院校的课程设置要遵守和贯彻国家相关的教育政策方针，处理好德智体各方面的关系。要想切实贯彻好政策性原则就要在高职院校的课程设置过程中，特别注意以下几个方面。

（1）坚持贯彻国家的教育政策方针，并准确把握当前的社会经济发展趋势，进而优化课程设置，提高其合理性与科学性[①]。

（2）以素质教育为中心设置课程，坚持将学生的综合素质以及创新能力作为培养的重点，提升课程设置的综合水平。

（3）深入了解社会需求，准确把握市场的供求关系，从而提高课程设置的有效性与针对性。

4. 灵活性原则

这一原则主要针对的是高职院校的总体课程结构。课程结构的差异，会导致高职院校的总体课程体系的不同，会致使其所具有的功能也产生不同。我国高职院校过去所采取的是一种长期稳定不变的、高度统一的课程结构模式。

---

① 王明伦. 高等职业教育发展论 [M]. 北京：教育科学出版社，2004.

这种课程结构不利于教育者与受教育者充分利用资源，也不利于提高高职院校的市场适应能力。这就急需要高职院校随着社会的发展突破这种模式，实现课程结构的灵活性。我国高职院校近些年实施的模块化课程形式就是走向灵活的典型。模块课程，是指根据不同的功能将课程划分成多个相对独立的部分，并使彼此间保持一定联系的模块系统。模块课程的灵活性，使得其既能发挥模块的整体作用，又能发挥单个模块的独特功能。

5. 多元性原则

多元性原则是针对课程功能而言的。课程结构会深深影响课程功能的发挥，灵活的课程结构能够使课程功能呈现出多元性特征。多元性的课程功能又是当今高职院校所追求的一个目标。因此，在设置课程的过程中，要坚持课程功能的多元性原则，如课程要具有促进社会发展的功能、促进经济发展的功能、创新功能以及文化功能等[1]。

贯彻课程功能的多元性原则，需要高职院校在课程设置过程中做到以下几点。

（1）要使课程设置体现出学校的自身特色、区域特色以及行业特色，突出时代发展的特征与需求，扩大课程的张力。

（2）要尽可能多地设置不同类型的校本课程与地方课程，为学生提供多元化的选择。

（3）要注重开发隐性课程，一定程度上提高选修课程所占的比例，为学生提供根据自身兴趣、能力与特长等来自主选择课程的机会，在学习中获得全面的发展。

（四）高职院校课程模式构建

高职院校课程模式就是指在具体明确的高职院校人才培养目标的指导之下，以一定的教育思想以及学习理论为依据，课程编制所采用的典型的计划方式及其所确定的基本框架。从这一定义可以看出，高职院校的课程模式包含着理念与理论、模式主旨、运行系统、课程结构与功能、课程评价等几大基本要素。此外，要对课程模式与培养模式、教学模式有所区分。区分时，考虑各自不同的范畴、功能、性态、评价等几个方面。

1. 高职院校课程模式的构建原则

（1）定向原则

向，即课程模式的具体目标指向。在课程模式的构成要素中，目标是第

---

① 杨春鼎. 教育方法论［M］. 北京：人民教育出版社，2000.

一要素。只要是课程模式，就必定具有一定的目标。课程模式的具体目标指向对课程体系所要实现的人才培养目标起到了决定作用，课程体系进行人才培养的目标也就是职业教育所要最终实现的人才培养目标。因此，在对课程模式进行构建时，要首先明确课程模式的目标，使其发挥应有的指向作用。

（2）定格原则

格，即人才培养的规格。规格主要是由工作岗位以及工作任务所需要的技术对象以及技术复杂程度决定的。这一复杂程度体现在相应的态度（素养）、知识与能力结构中，具体则体现在课程的内容体系以及课程的结构体系中。

在课程模式的构建过程中，必须注重人才培养规格的确定。不管是对于 CDIO 模式的本科工程教育，还是"基于工作过程"模式的职业教育，其在人才的培养规格上都是有差异的。只有对人才培养的规格加以确定，课程模式才能更加符合教育的类型。需要注意的是，定格所依据的并不是具体的学历，而是客观存在的技术层次、技术性质及技术对象。

（3）定位原则

所谓定位原则，就是指在构建课程模式的过程中，必须对课程功能进行定位。课程所具有的人才培养功能需要在课程目标的指引之下才能完成，其所解决的是学生在日后做什么以及怎么做的问题。对课程模式的功能加以确定，会对课程体系结构的形成、课程体系序列以及关系等具有重要的指引作用，也能够为教学模式的选择提供一定的依据。

需要注意的是，课程模式的功能定位一定要符合课程模式的具体目标指向，如职业院校的主要目标是培养技术（应用）人才以及技能人才，这类人才在今后的工作定位的不同，会使其课程关系与课程结构形态产生不同。因此，功能定位是同人才类型的定位息息相关的。

2. 课程模式类型分析

（1）学科本位型课程模式

学科本位型的课程模式是一种比较传统的类型，它以专业课（实习课）、专业基础课以及文化基础课为基本结构，在高职院校的应用过程中，每一阶段的实践教学都会在比例上加大，具有明显的技术应用特征。

这种类型的课程模式既有优点又有缺点。从优点上来看，学科本位型课程模式由于既重视文化基础知识的教育、知识的系统性与基础性，又重视实践课程，旨在突出学生技能（技术）的培养，因而具有较强的可持续发展能力。它适用于那些对心智技能要求比较高的专业。然而，这一类型的课程模式以学科为中心，具有较为严重的学科倾向，系统知识的学习过剩，难以与职业岗位对"工作过程知识"以及基本工作经验的要求相符合，在实践操作的技能上略显不足，进而使理论与实践之间发生脱节。

我国"三段式"的课程模式就属于学科型课程模式。它继承了传统的本专科的课程结构模式，将职业教育课程分成专业课、专业基础课与基础课三大类，并以此来安排具体的课程。这一课程模式下学生获得的基础理论较为扎实，但是也存在明显的弊端，课程重视的是知识的内在系统，却忽视了学生的全面发展，忽视了理论与实践的结合。鉴于这一课程模式的种种弊端，需要对我国的高职院校进行大量的改良，进而寻找最佳的课程模式。

（2）能力本位型课程模式

能力本位型课程模式以"能力本位"为主题，首先要由专业规格给出最终的培养目标，进而对能力的纵向主线加以确定，再由学生的知识、素质与能力分解表依据教学规律对各学期的能力目标加以确定，进而组织各分学期的课程教学。

① CBE 课程模式

CBE 课程模式是一种非常典型的能力本位型课程模式，它以能力的发展作为课程开发的重点与中心，所采用的是 DACUM 课程开发方法。这一课程模式运用模块式的方案，将行业、企业专家作为课程开发的主体，将能力作为开发的核心，将行业的具体需求作为开发的导向，注重对学生实际操作能力的培养。

这一课程模式所强调的能力培养不是通过强行的灌输使学生掌握相关知识与技能，而是通过学生积极自主的活动来获得知识与技能。由此可见，CBE课程模式尤为注重学生学习的主体性和积极性。

CBE 课程模式的最大特点是对学生的能力进行培养，这就更加接近于高职院校在本质上的要求。但是，这一模式也具有自身的局限，主要表现为以下几个方面。

忽视了在真实的职业世界中判断力对个人实际操作的影响，忽略了操作行为所具有的复杂性。

在单项能力组合为综合能力的方式上，忽视了工作的整体特性以及工作经验的成分，忽视了知识的系统性、学术性以及情感领域的态度学习。

这一课程模式开展的成本比较高，对教师的要求也比较高，因此推广的难度也较大，还会受到很多外在条件的限制。

② MES 课程模式

MES 课程模式也称"模块式职业技能培训模式"[①]。它是在借鉴瑞典与德国等国的"阶段式培训课程模式"以及英国、美国和加拿大等国的"模块培训"等课程经验的基础上通过国际劳工组织（ILO）的开发而形成的具有代表性的能够适用于职业培训的一种课程模式类型。因此，这一课程模式在一定程度上也可看作是一种培训方式。它非常适用于高职院校领域。

在不同的职业领域以及行业的内部，会有不同类型的工作与工种，其对人才所要求的知识与技能也各不相同。当然，其中也存在一部分相同或相似的知识与技能要求。根据这一情况，高职院校者就要在实施职业技术培训的过程中对如何求同存异进行思考，使接受培训的学生获得能够实际运用到社会生产活动中的技能。这是 MES 课程模式的指导思想。

MES 课程模式具有一个较为独立的职业技能系统，将人类社会的经济活动，具体划分成了工作、职业领域与工作范围三大层次，并确定了生产者完成某一项工作所必须要具备的工作技能标准，也称为工作规范。这一职业技能系统一般分为初、中、高三个不同等级的技术标准，并在此基础之上，将某一职业技能系统的生产活动过程或者是对象根据活动顺序以及活动对象的性质划分成多个彼此独立，又具有一定内在联系的活动单位，也就是模块。模块是职业技能系统的重要组成部分，每当一个学员学习完成一个模块，就增加了一项新的就业技能。学员要想全面掌握某一工作的技能系统，就要具备从事这一相关工作的全部知识与技能，就必须系统地学完这一工作技能系统的所有模块。

MES 课程模式具有较强的灵活性、适应性，能够在不同的职业领域间自由转换。当然，这一模式往往只适合技能培训，而且是短期的技能培训，这就常常使其被许多的技能培训机构采用。不过，MES 课程模式也有着明显的缺点，就是对理论知识的教授不够重视，使得学员往往技能比较精湛但是知识面却很窄，这就难以满足对学员的全面培养需求。

总的来说，作为一种非常有效的课程模式，高职院校完全可以对其进行有效更新与完善，使其更好地服务于高职院校。

（3）理论实践交替型课程模式

理论实践交替型课程模式，主要是指在教学课程上将理论同实践教学交替进行。从本质上而言，这种课程模式还是对"能力本位"的强调，最显著

---

① 刘春生，徐长发. 职业教育学 [M]. 教育科学出版社，2002.

的特点就是具有大容量的实践训练，理论教学趋向集成化与模块化，这非常有利于对理论教学的巩固以及技能训练。这种类型的课程模式对教学的实践条件提出了较高的要求，必须有一定的行业背景作为支持。德国实行的"双元制"课程模式就是一种典型的理论实践交替型课程模式。

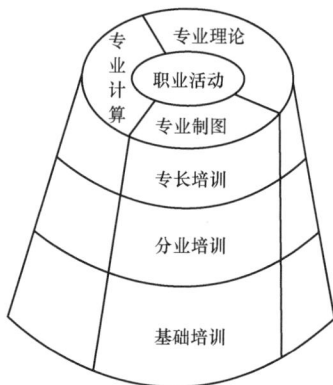

图 2-1 "双元制"课程模式

"双元制"课程模式（图 2-1）是 20 世纪 60 年代末德国职业教育所广泛采用的一种课程教学形式，它属于核心阶梯式的课程结构，主要可以分为实践课程、专业课程与普通课程三大部分。

① 实践课程是以职业活动作为核心，采取的是教学单元的形式，主要以企业的技能训练为实践内容。

② 专业课程的整体结构所针对的是职业领域中的一组或者是一群相关的职业，并围绕其职业活动的核心，分别设置了职业专长教育、职业分业教育以及职业基础教育三个等级层次。专业课程围绕的是职业活动的核心，并分别设专业理论、专业制图与专业计算。

③ 普通课程主要是社会学、体育、德语、宗教等，并将数理化的知识整合并融入到专业课程中。

"双元制"的课程模式主要是以职业活动作为中心，在课程体系上注重的是实操技能的训练以及实践能力的培养，具有一定的职业针对性；通过核心阶梯式的课程来培养职业群的能力，又能够充分体现职业的适应性。因此，这一课程模式十分有利于培养"多能一专"的复合型职业人才。不过，由于"双元制"课程模式过分注重企业的需求，而忽视学生个体的全面发展，因而使学生在文化基础上比较薄弱，所具有的理论知识的深度也不够，不利于毕业生的转岗与深造。

（4）项目课程模式

项目课程模式也被称为"任务引领型的课程模式"，是我国近些年来某些职业院校所采用的一种比较新的课程模式。这一模式主要是以职业岗位（群）的具体工作任务为重点，进而构建出课程体系，对课程内容加以选择和组织，并完成具体的工作任务。由于这一模式与我国当前对职教课程改革的具体要求相符合，能够在很大程度上激发学生学习的兴趣，促进学生职业能力的提高，满足岗位对人才素质的要求，因而是我国当前以及今后进行职业教育课程改革的一个主要方向。

项目课程模式能够使学生的学习过程，从始至终都和职业实践联系在一起，进而在综合体验的过程中不断积累自身的经验性知识，获取同实践紧密联系在一起的理论知识。因此，它受到我国很多高职院校的青睐。不过，在不断尝试这种课程模式的过程中，很多高职院校也发现了一些需要解决的问题，如师资水平与教学要求的不相符；场地与设备条件的限制；对班级授课制的教学秩序产生极大冲击；资金不足等。

（5）"宽基础、活模块"课程模式

"宽基础、活模块"课程模式[①]（KH 模式），也被称为集群式课程模式，是 20 世纪 90 年代由蒋乃平等人开发的。这一课程模式继承了我国传统教育中单科分段式课程的某些长处，还借鉴德国双元制课程模式中的核心阶梯课程、在北美地区比较流行的能力本位课程以及由国际劳工组织开发的 MES 模式中的技能模块课程等。

为了协调和解决在市场经济条件下快速变化的劳动力市场同相对稳定的教育发展之间的矛盾、毕业生在岗位能力上的针对性与适应性之间的矛盾，我国急需改革与优化课程模式。"宽基础、活模块"就是在这样的背景与目的要求下被提出来的。这种课程模式主张对传统的"三段式"的课程模式进行改革，从而使职业教育更加具有针对性、实用性与灵活性。这一课程模式的改革已经在我国的多个省、市以及自治区的职业院校中实施，产生了较大的影响力。以下对课程模式既有区别又有联系的两个阶段进行详细的阐述。

① "宽基础"阶段

"宽基础"阶段的内容所针对的是一群相关的职业所必需的知识与技能，着眼于学生基础的培养，为学生日后的继续学习与深造，以及日后相关职业中转岗奠定基础，强调的是技能的训练以及关键能力的培养。这就使得学生在毕业之后在择业范围上有较多的选择，进而不断适应变化发展着的市场经济体制。这一阶段还充分体现出了终身教育的思想观念。

这一阶段由职业群专业类、社会能力强化类、文化类与工具类四大板块构成。每一个板块都是由一组具体的科目组成，每一个科目则是由多个模块组成。例如，在职业群专业类的板块中会涉及相关的专业基础，如"城市公交"涵盖了公交企业的调度员、乘务员与驾驶员等岗位；"涉外经济"涵盖了保险、财会、仓储、金融、证券、文秘与办公室自动化、饭店管理与服务、

---

① 蒋乃平. 职教课程改革要点与课程模式 [J]. 北京教育，2000（3）：25-27.

商业管理与服务等专业内容。在文化类板块下有数学与语文科目，工具类板块下是外语与计算机科目，这些都是由基础模块、提高模块，以及专业服务模块三类构成，进而为不同的专业、不同的学习基础与需求的学生提供选择。一般而言，宽基础模块中也会有普通文化课的内容。

②"活模块"阶段

"活模块"阶段所针对的是较为确定的少数或单个的就业岗位所要具备的知识与技能而开展的训练，是以技能的训练为主，以职业资格的获得为导向的课程教学。这一阶段强调学生的就业能力，强调学生的能力要达到用人单位的知识与技能需求，并注重通过多个职业资格证书的获取来提高学生的就业竞争力。例如，在"城市公交"的专业模块下可针对调度员、乘务员与驾驶员中任一个或是几个岗位来开展训练活动。

"活模块"阶段主要由某一职业群中的几个、十几个甚至是更多的职业所对应的"大模块"构成。它能够使职业院校根据时代与科技的进步对职业演变产生的影响来对教学内容进行更新；能够通过"模块"促进学校弹性选课制与学分制的实施；能够加大学生的岗位技能训练，使学生在学习之后顺利进入工作岗位。

"宽基础，活模块"课程模式对高职学生的当前就业以及日后的终身发展进行了全面的考虑，能够基本满足当代高职院校对职业准备与升学准备的双重教育功能的要求。但是，它也存在着一定的缺陷。首先，它在课程内容上体现的仍然是学科的知识体系，对职业性的体现尚不够充分；其次，它虽然强调学生专业技能的获得，但是较为忽视学生社会能力与方法能力的获得。因此，这一课程模式还需要不断加以改进与完善。

第二节　高等职业教育实践教学组织结构建设

一、高等职业教育实践教学管理组织结构

（一）生产性实训基地的管理归属

有些人错误地把高职院校的生产性实训基地与一般高校的实验室等同。一般的高校实验室直接服务于高校的教学和科研，因此它一般隶属于系或教研室。而高职院校的生产性实训基地通常有着很大的规模，齐全的设备，常规的生产任务，有成建制的生产人员，因此它的归属及管理一般有以下两种模式。

1. 独立于教学部门

这一模式，当归学校直属或其他领导管理时，是单独核算单独管理。但当归属其他院领导或直属学院管理时，是单独管理但不单独核算。生产性实训基地独立于教学部门管理能够有效实现实训基地的生产功能，提高其市场竞争力；实训基地的管理更具企业性、专业性。同时，生产性实训基地与教学部门分别隶属于不同的领导管理，基地与教学部门沟通不畅的现象时有发生，以至于学生实践教学需要无法与基地建设相匹配，很大程度上降低了实训基地的使用率[1]。

2. 隶属于教学部门

这一模式的管理可能是单独核算单独管理，也可能是单独管理但不单独核算，但都是直属于教学院长管理。生产性实训基地隶属于教学部门既能够使理论教学与实践教学完成衔接与协调，使实训基地更好地服务于教学，最终有利于教学管理，又能够促进实训基地的建设。另外，基地能够有效保障学生实训的安排与实训指导，并能够保障其质量，进而提升教学的质量。当然，这种管理模式不利于实训基地生产功能的实现，也不利于参与市场竞争。

（二）高等职业教育实践教学管理机构的设置

无论是独立于教学部门的生产性实训基地还是隶属于教学部门的生产性实训基地，其最终的管理目标都是相同的。我国高等职业教育的实践教学管理机构的设置主要有以下四部分。

1. 院、校级管理机构

这一类机构直属于学校，有的受教务处下设的实践教学管理科领导，有的受实践教学管理处或办公室等类似的专门机构领导，它们通常在主管院校长的领导下开展工作。

2. 系级管理机构

系级是院、校的下一级，主要负责组织实施系内各专业的建设，具体包括系属实验室及校外实训基地的建设与管理、实践教学在内的课程建设、实践教学师资队伍建设、实践教学质量的保障及教学秩序的维护等[2]。

3. 专业教研室

专业教研室隶属于系级管理机构，主要任务是组织实施本专业的建设，具体包括课程建设、编写教学文件、实践教学大纲、实践教学指导书、专业

---

① 王攀，董墨菲. 职业教育研究［M］. 北京：电子工业出版社，2015.

② 符丹. 高职课堂教学与班级管理-理论与实践［M］. 天津：天津科学技术出版社，2017.

技能库等,实践教学的具体组织实施,实践教学任务的落实以及实践教学成绩的评定等①。

4. 校内生产性实训基地

校内生产性实训基地的主要任务就是完成教学计划规定的各项实践教学任务②。

二、高等职业教育实践教学管理组织结构的建设原则

高等职业教育的教学具有鲜明的实践性特点,这一特点要求高职院校必须将实践教学放在整个教学的主体地位,因此,高职院校应重视实践教学管理组织结构的建设。科学合理的组织结构,能够最大限度地发挥组织结构的整体功能,能够有效地实现实践教学管理职能,进而提高教学质量。要建设科学合理的实践教学管理组织结构,必须遵循以下原则。

(一)统一原则

统一原则主要是指高职院校的实践教学管理系统内部各部门、各层次的建立及其运转,能够促进实践教学管理的组织结构形成一个统一的有机整体。遵循统一原则,一方面能够有效落实实践教学活动的客观要求,另一方面能够保证高职院校办学目标的实现③。随着高等职业教育的不断发展,专业类型越来越多,实践教学活动也越来越复杂,因此,管理组织结构的统一原则具有重要的作用。统一原则主要表现为以下几个方面。

1. 目标的统一

高等职业院校实践教学的管理应有一个明确统一的目标。围绕这一目标,开展实践教学管理系统内的各项管理活动。

2. 规章制度的统一

实践教学管理系统内的各种规章制度的制定、执行、修订、废除等都应该统一。在制度的执行过程中,不能因人因部门而异,杜绝特殊化现象的发生④。

3. 指挥命令的统一

在高等职业教育实践教学管理的组织过程中,应避免出现多个上级领导,否则会导致下达的指挥命令不统一,增大管理的难度,降低管理效率,进而

① 符丹. 高职课堂教学与班级管理-理论与实践 [M]. 天津:天津科学技术出版社,2017.
② 罗玮琦. 新时期职业教育与校企合作中法律制度建设研究 [M]. 长春:吉林人民出版社,2019.
③ 罗玮琦. 新时期职业教育与校企合作中法律制度建设研究 [M]. 长春:吉林人民出版社,2019..
④ 王攀,董墨菲. 职业教育研究 [M]. 北京:电子工业出版社,2015.

使教学质量受损。各部门、各层次、各管理人员在原则上应该只能接受一个上级的领导，并对其负责，这样才能保证指挥命令的统一，使管理更加科学合理。

（二）精简原则

精简原则主要是指高职院校实践教学的组织结构在满足实践教学需要的前提下，应控制人员和机构的数量，做到机构精简，人员精干。在这一原则的影响下，教学管理组织机构应具有以下特征[①]。

首先，管理机构设置合理，部门职责明确，每个部门都有明确的分工，不会相互推卸责任；

其次，管理层次有着科学的划分，避免了不必要的管理层次的出现，进而极大地降低了管理成本，提高了管理效率，同时管理人员的积极性和创造性得到了很好的发挥；

最后，人员配备合理，在实践教学管理系统内，每个人都具有明确的职责以及很高的素养，能够做到各司其职。

在遵循精简原则过程中，一定要注意"精"，要在"精"的基础上求简，而不能片面追求精简，导致简而不精。因此，要不断提高人员素质，实现人员精干，进而真正实现精简，提高管理能力。

（三）弹性原则

在这里，弹性主要是指管理系统中的各部门、各环节和各管理人员不仅能自主地履行自己的职责，而且能够根据具体情况的变化调整履行职责的方式、方法，确保完成所承担的任务。在实践教学管理组织结构的设置中，遵循弹性原则就需要在统一领导的基础上实现分级管理，即在统一的前提下适当分权，将权力适当地分到每个部门、每个层次，使他们在自己的职权范围内，根据具体情况的变化进行自主管理，自动调节，充分调动其积极性和主动性，进而增强对外部环境变化的适应性和应变能力。

（四）效率原则

效率原则主要是指在实践教学管理组织结构的建设过程中，应该以提高工作效率和经济效益为原则。因此，管理者在处理集权与分权、人际关系、分工与协作等问题时，应首先考虑到效率问题。对于设有生产实训基地的高职院校，更应充分考虑到实践教学与提高经济效益的统一。只有遵循了效率

① 陈连生，张心森，孙丽娜. 高职院校"毛泽东思想和中国特色社会主义理论体系概论"教学研究［M］. 北京：中国人民大学出版社，2011.

原则，才能保障实践教学管理的组织结构的科学合理性。

（五）责权利一致原则

责权利一致原则主要是指在组织结构的建立过程中，既要对每个部门、每个层次进行明确的分工，又要根据其职责的大小，赋予其相应的权力，同时应根据职权力的大小享有相应的利益。在实践教学管理系统内，管理的最高境界便是做到责权利相一致。只有做到责权利相一致，才能极大地调动起管理各方的积极性、主动性和创造性。

第三节 高等职业教育实践教学管理机制的建立

机制一词，原指机器的构造和动作原理。而管理机制，则是指管理系统内各构成要素之间相互联系和作用及其调节方式。在任何管理活动中，管理机制的构建都发挥着重要的作用，而管理机制构建得是否科学合理，对于管理系统内各行为主体之间的关系以及各管理要素的执行情况具有很大的影响。本节主要对高等职业教育实践教学管理机制的构建问题进行探讨。

一、高等职业教育实践教学管理机制的组成要素及行为规范

（一）实践教学管理机制的组成要素

在高等职业教育中，实践教学管理机制主要是指为保证实践教学的顺利进行，各级与实践教学相关的组织或机构、各利益相关主体之间为一个共同目标相互作用的关系体系。在高职院校中，组成实践教学管理机制的要素既包括实践教学过程中涉及的各种校内要素，还包括校外要素。

从校内要素来看，各院校的机构设置及管理层次因不同的校情和不同的历史渊源呈现出不同的特点，但各个院校内部所涉及的利益主体都是相同的，主要是学生、教师、管理人员。而校外要素，主要包括政府部门和企业、行业、社区、家长等。

建立完善的管理系统运行机制，就必须充分考虑到各利益主体之间的相互关系。因此，与实践教学相关的各级管理机构的设置，管理人员的配备，制度的制定等都应保证专业培养目标的实现，保证学生实践技能的掌握与提高[①]。另外，还应提高师生教与学的积极性，保障管理人员的创新，使系统内从事不同职能的各相关利益主体都有目标、有动力、有约束、有利益。

---

① 董大志，周余，陈维富. 现代体育教学管理探索与课程实务研究 [M]. 北京：中国书籍出版社，2016.

（二）实践教学管理机制组成要素的行为规范

1. 校内要素的行为规范

管理者、教师和学生是实践教学管理体系校内所涉及的主体要素。其中管理者主要分为两类：一类是学院实践教学的职能管理部门的管理人员；另一类是各系部的教学管理人员与实训基地的管理人员。主要负责实践教学过程中各种具体的管理、服务、协调、监督、保障等工作。实践教学中的教师既包括从事实践教学的校内专职教师及校外兼职教师，同时也包括校内生产性实训基地的实践指导教师或技术人员。他们主要负责研制各种实践教学文件；安排相关的实践教学；组织实施、指导以及评价各类实践教学活动；参与校内外实践教学基地、实验室的建设等。学生主要是根据专业教学计划的有关要求，在教师的指导下，完成各类实践教学活动，掌握相应技术等级的技能并接受各种考评活动。

2. 校外要素的行为规范

政府部门、企业、行业、社区以及家长等是组成学校实践教学管理机制的校外要素，这里主要对政府与企业的行为规范进行分析。

我国高等职业教育的发展需要得到政府与企业的支持与帮助。从政府与高职院校的关系来看，政府对学校进行管理，但同时学校也接受政府的服务，因此，政府既是学校的管理者又是学校的服务者。从企业与学校的关系看，二者之间处于一种合作共赢的关系。

（1）政府的行为规范

政府作为管理者，能够综合运用行政手段、经济手段和法律手段实施其管理职能。具体而言，主要包括制定与职业教育尤其是与实践教学相关的政策、制度等对高职院校及企业的行为进行规范；通过财政拨款和税收优惠等经济形式促使学校和企业加强合作；通过立法等法律形式为高职教育的发展提供法律依据。

在高等职业教育实践教学管理过程中，政府的行为规范是由政府的职能、国家法律、政策及有关管理制度决定的。主要表现在三个方面：第一，高职实践教学的有关法律规定及政策安排。例如，是否对接受高职学生实习、实训的企业实施减免税收的政策；是否增加对学校实践教学的各种投入的政策；对实训、实习学生的劳动报酬方面的政策；对学生在实习、实训当中发生的伤亡事故的有关社会保障方面的政策；企业在用工方面的职业资格准入政策，等等。第二，各级教育主管部门对高职实践教学的具体要求及管理制度等。第三，政府为学校提供相关服务。例如，政府为校企双方提供各类信息服务、政策指导与咨询；在校企合作建立实习基地、进行员工培训等。

（2）企业的行为规范

企业与学校是一种合作的关系，这种关系受到学校的教学理念、教学行为、教学安排及工作方法等的直接影响。在与高等职业院校合作中，企业具有双重身份，即职业教育资源的提供者和职业教育的受益者。作为教育资源的提供者，企业主要通过为高职院校提供实习实训场所、设备及一线技术人员参与高职学院的专业教学，满足学院的教学需要[①]。作为职业教育的受益者，通过接受有专业技能的高职学生就业，节省了企业的培训费用，同时高职院校还通过对企业的技术服务促进企业的发展。

在高等职业教育实践教学管理中，企业的行为规范主要表现在以下几个方面：第一，国家的有关法律规定。在职业教育较发达的国家，通常有具体的法律规定规范企业在接受学生实习、学生实习期间的薪酬及劳动保障、医疗保险方面的行为。但我国在这方面基本处于空白状态，需要不断完善。第二，政府的政策导向。政府可以通过对校企合作建设生产性实训基地进行财政补贴，促使企业接受学生实习，进而促进校企合作。第三，企业文化及企业相关制度对企业在职业教育中的行为有着规范性的作用。第四，校、企之间签订的相关协议、合同等对其行为进行规范。第五，高职院校本身的办学理念、其服务于社会的能力与机制对企业的行为具有一定的影响。

二、高等职业教育实践教学管理机制的建立

在高等职业教育过程中，建立完善的实践教学管理机制，除了关注机制的组成要素及行为规范外，还要关注利益机制、协调机制、激励机制、危机处理机制、约束机制及投入保障机制的建立。

（一）利益机制的建立

利益机制主要是指学校与社会间、学校与学生间的利益调节机制。因此利益机制的建立可以从以下两方面入手。

1. 建立学校与社会间的利益机制

高等职业教育具有开放性和实践性的特点，这也决定了学校与社会之间有着密切的关系。从社会发展的角度而言，社会经济的发展离不开高等职业教育的产生和发展，我国诸多方面的发展都需要大批高素质、高技能的专门

---

① 陈连生，张心森，孙丽娜. 高职院校"毛泽东思想和中国特色社会主义理论体系概论"教学研究［M］.
北京：中国人民大学出版社，2011.

人才。从高等职业院校的角度而言，高职院校应随着行业技术发展与变化及时对教学内容做出调整，进而培养出社会需要的人才。学校与社会的联系集中体现在学校与企业之间的关系上，主要表现为以下两点：其一，高职院校培养的人才应满足社会需求，而社会需求主要表现为企业的需求。其二，企业为高职院校学生的培养提供了实习实训的机会，企业技术人员对学生的技能进行了针对性的指导[①]。

处理好学校与企业的利益关系，对于校企结合长效机制的建立具有重要的意义。在我国，关于企业接受高职院校师生实习实训的有利财税政策尚未制定，因此，学校应充分考虑到企业的困难、需求以及利益，力所能及地帮助企业解决一些问题。

2. 建立学校与学生间的利益机制

学校与学生也处于一定的利益关系之中，学生作为接受教育的群体，往往是通过缴费上学，因此他们有权利要求享受高质量的教育服务。而学校有责任与义务通过向学生提供高质量的教育资源与教育服务，提升其专业技能，进而使他们成为社会需要的人才。因此，在高等职业教育实践教学管理中，务必处理好学校和学生之间的利益问题，学校应最大程度地满足学生利益的需要，这样，学校才能得到更长远的发展。

（二）协调机制的建立

协调机制在建立过程中，应包括两方面内容，一是实践教学中各种关系的协调，二是校内各部门、各要素之间关系的协调。此外，应根据具体的情况选择不同的协调方式。

1. 实践教学中各种关系的协调机制

（1）校企关系的协调机制

校企之间既有利益关系，又有协作、互助、信任等关系。因此，校企之间除了建立共赢的利益机制外，还应建立处理其他关系的协调机制。实践教学中校企关系的协调主要受到政府的主导，学校应积极参与。

当学校和企业在组织实践教学的过程中，经常会出现一些涉及双方利益的重大问题，有时甚至会危及双方的合作关系。为了避免以及更好地解决这些问题，维护双方的合作关系，学校应采取一些措施，妥善处理合作中遇到的问题。

---

① 刘翠兰，征艳珂，朱于芝，等. 民办本科院校应用型人才培养模式的探索与实践 [M]. 济南：山东大学出版社，2012.

另外，还有一些形式的校企合作需要有政府的政策、财力支持才能够得到解决，需要有一个协调沟通机制。这个机制可以通过建立由政府主导的校企双方参加的管理委员会以及召开定期例会等形式进行，使合作各方能够保持畅通的沟通渠道，及时发现并解决问题[①]。同时还可以通过向上级政府提出政策建议等形式推动职业教育的发展。

（2）校内各部门、各要素之间关系的协调机制

在高等职业院校内部，学生在进行实习实训的过程中，会涉及大量人力、物力、财力等资源的调配使用，而这些资源通常隶属于不同的部门，由不同的学校领导管理，因此，应建立一个跨部门的协调组织。通过这一机制的建立，能够有效解决实践教学过程中出现的重大问题。

2. 具体的协调方式

通常来说，一些涉及面比较宽的问题都会通过会议的方式进行协调，高等职业教育实践教学涉及学校的方方面面，因此，会议协调成为实践教学管理的最佳协调方式。会议协调主要是指定期召开例会对教学管理过程中遇到的一些问题进行协调。一般高职院校在每学期期末都要召开有关实践教学的各种工作会议，通过会议对下一学期实践教学场所与各专业间实习工作的衔接问题、资金落实问题等进行协调。当然，也可以对一些教学中临时出现的问题进行不定期的专题会议协调。

除了会议协调外，还可以通过管理人员的兼职搭配协调。主要针对一些经常出现的问题，如学校聘请校外实习基地的企业技术人员做学校的兼职教授。此外，通过日常的交流也能达到协调的效果。因此，在实践教学管理过程中，各级各类管理者、教师、学生应通过电话、电子邮件、信息等多种方式进行沟通，以更好地解决教学管理过程中出现的问题。

（三）激励机制的建立

激励在任何管理的过程中都发挥着重要的作用。在高等职业教育的实践教学中，采取激励的措施和手段，能够有效地培养高素质技能型专门人才。因此，激励机制的建立对于整个高等职业教育实践教学管理机制的建立具有重要的影响。

1. 激励机制的主客体

激励机制的建立主要依据学校实践教学中的三大利益主体——教师、学

---

① 陈连生，张心森，孙丽娜. 高职院校"毛泽东思想和中国特色社会主义理论体系概论"教学研究［M］. 北京：中国人民大学出版社，2011.

生、管理者的利益取向，通过利用各种措施与手段充分调动三者的积极性，激发他们内在工作与学习的热情，进而提高学校实践教学质量，并促进学校的发展①。在激励机制中，有主客体之分。组织激励活动的是主体，接受激励的是客体，在实践教学中，教师、学生、管理者既可以是激励的主体，也可以是激励的客体。他们作为不同角色在不同场合会相互转化。一般而言，管理者作为激励主体，会对教师和学生采取相应的激励措施，但学校的教职工作为学校的主人根据校企合作的发展情况，对管理者予以一定的激励，成为激励主体。

2. 激励的方式

在激励机制中，激励的方式主要可以分为物质激励和精神激励，其在实践教学管理中通常起着关键性的作用。

（1）物质激励

物质激励通常包括奖金、工资、职称、福利及职称晋升等。其中职称的晋升在高等职业教育实践教学管理中更能吸引教师与管理者。因为，职称的晋升一方面关系到他们的收入水平，更重要的是关系到对他们教学水平的评价与认可。一直以来，我国高校在职称评定上都比较重视教师论文、著作、科研课题的数量，以及发表论文刊物的级别等，而往往忽略了教学质量的好坏。基于这种情况，一大部分教师虽然教学经验丰富、教学质量高、深受学生欢迎，但由于论文、著作及科研课题的数量达不到相关指标而无法得到晋升。因此，职称评定的方式亟须得到扭转。高职教师的职称评定理应以教师的教学尤其是实践教学的能力及教学效果为主要参考，使物质激励真正做到公平、公正。此外，也应重视对学生的物质激励，只是对学生的物质激励不像教师和管理者的物质激励那样复杂，主要形式是给优秀学生给予奖金和奖品。

（2）精神激励

精神激励主要是向激励的对象授予某种荣誉称号进而达到激励的目的。荣誉一般是对特定的人进行的专门性和定性化的积极评价。授予某人荣誉称号，在某种程度上能够满足其自尊心的需求，还可以激发其积极性。在高等职业教育实践教学中，对那些在工作中、学习中的优秀者授予荣誉称号的方式，对他们来说是一种莫大的精神奖励。这种激励方式如果运用得当，有时

---

① 陈连生，张心森，孙丽娜. 高职院校"毛泽东思想和中国特色社会主义理论体系概论"教学研究［M］. 北京：中国人民大学出版社，2011.

候其效果会远远大于物质激励。

3. 激励机制的运用原则

（1）物质激励和精神激励相结合原则

在市场经济条件下，奖金、福利、职称晋升等物质激励是一种普遍使用的激励方式，同时也是一种极其有效的方式。但是，如果只运用物质激励并不能达到最佳的效果，有些学校在物质激励方面投入了大量资金，但师生员工的积极性依旧没有得到提高，成效并不显著。

需要综合运用精神激励，高等职业教育实践教学管理中，建立一套科学的激励机制，就必须使物质激励与精神激励相结合，坚持以人为本的原则，充分考虑到人的各个层次的需求。例如，在实践教学过程中，教师的安全主要来自未来岗位与收入在稳定的基础上有稳定发展与增长的空间，学生的安全主要来自所学专业与技能能够有利于今后的就业与发展。因此，学校要充分考虑到师生的安全需求，设置更有竞争力、更能适应社会需求的专业，并根据师生的个体差异性，对他们进行有针对性的物质激励和精神激励，使他们感受到自己在学校中享有的地位和受到的尊重，满足他们的安全感。

（2）公平透明原则

在高等职业教育实践教学过程中，激励机制运用得当，能够极大地激发师生工作、学习的主动性和积极性，能够有效地提高实践教学质量，培养高水平的技能型人才。对于管理者而言，科学合理的激励机制能够激发他们不断地探索科学管理、人性化管理，将管理水平提到更高。

（四）约束机制的建立

约束机制是指在实践教学中，所有对实践教学行为构成约束的要素及其相互关系的总和。高等职业教育的实践教学与社会发展具有密切的关系，因此，对高等职业教育实践教学的约束主要包括外部约束与内部约束两方面的内容。

1. 外部约束机制

（1）市场的约束

市场在这里主要是指人才市场和就业市场，由于高职院校需要利用市场机制对教育资源进行配置，因此学校相应地要面向市场来办学，于是高职院校实践教学必然受到人才市场和就业市场两方面的约束。

高职院校想要培养出高水平的一流人才，就必须有扎实的教师资源，高水平的教师在很大程度上决定着学校的办学水平。在高职院校中，教师的水平不仅仅取决于教师学历水平的高低，在很大程度上还取决于教师是否具有社会生产一线工作的经历及教师实践能力的高低。而大量的双师型教师都是通过人才市场获得的。因此，一所优秀的高职院校，不仅办学效益好，工资福利水平高，而且能够为教师事业发展提供广阔的空间。只有这样，才能吸引更多的高水平教师参与到教学中。

就业市场约束主要表现在学生毕业后能否找到专业对口、工资水平较高、工作较为稳定并且发展前景较好的工作，这主要取决于学生掌握的专业技能水平的高低以及职业综合素质的高低。市场约束对学校的教学，尤其是对实践教学提出了更高的要求。高职院校只有通过大量的实践教学，不断提升学生的专业技能特别是实践操作能力，达到较高的就业率与就业质量，进而保证学生的就业渠道，才能实现较高的报考率及较高的生源质量。相比而言，学生更愿意选择就业前景好的学校。因此，市场对高职院校实践教学的约束，要求高职院校必须密切关注社会经济发展的需求，及时调整专业设置，采取科学的教学方式，进而提高教学质量。

（2）政府的约束

政府对高职院校实践教学的约束主要有经济手段的约束与行政手段的约束。经济手段的约束主要是指政府对高职院校的财政支持。一些高职院校实践教学条件能否得到改善主要取决于政府的预算拨款及各种专项拨款。政府各级财政一般都会对那些社会急需的专业，投入大量的资金建设相关专业的实习实训基地、加强对双师素质教师的培养。而行政手段的约束主要是指通过对实践教学基地的审批、各种形式的评估与检查以及规定理论与实践教学学时的比例等鼓励促进学校改进实践教学[①]。

2. 学校内部的约束机制

（1）建立科学完善的实践教学规章制度

在高等职业院校中，学校对师生员工的行为规范、教学过程和教学管理都有一定的规则和制度，这些规章制度可以称之为学校内部的"法律"。实践教学的相关制度是高职院校教学制度的主要组成部分，它涉及实践教学的方方面面。如果其中任何一项制度的制定出了问题，就会严重影响教职员工及学生的权益。因此，实践教学规章制度的制定一定要体现其民主性与科学性，要让广大教职员工参与规章制度的制定，要注意遵循依法治校的原则，确保学校的各项制度都符合国家法律法规的规定。

---

① 陈连生，张心森，孙丽娜. 高职院校"毛泽东思想和中国特色社会主义理论体系概论"教学研究［M］. 北京：中国人民大学出版社，2011.

（2）建立教师教学质量评价制度

教师教学质量评价也是一种约束机制，其本身对教师教学行为具有一定的约束力，引导教师增加教学投入，促进教师不断改进教学方法。建立教学质量评价制度，通常应建立一套相关的指标体系，然后通过学生与相关专业人士以及管理人员进行评判，评价的结果要客观公正。一般而言，学校会将评价结果与各种奖励进行挂钩，这对教师的利益具有重要的影响，进而促进教师改进自身的教学行为。

因此，建立完善的教师教学质量评价制度，首先，要保障评价指标体系的科学性。评价指标体系的设置应全面，要符合教学规律，能够引导教师改进教学，并且不断提高教学能力。对学生的原始打分要进行科学的统计与处理，力求统计数据的准确、合理。其次，评价的方式要做到多元化。要综合运用定性评价、定量评价、自我评价、他人评价等方式。最后，评价结果要运用得当。在实践教学过程中，决定教师教学水平高低的因素有很多种，在教师的评价过程中，没有绝对的公平、公正。因此，不应把教师教学质量评价结果看作决定教师命运的唯一标准，而应正确看待评价结果，规范教师教学行为，改进其教学方法，进而提高教学质量。

（3）建立岗位竞争机制

在高职教育实践教学中，教师的素质在很大程度上影响着教学质量，然而，很多高职院校的实践教学指导教师无法满足培养高技能人才的需要，往往自身的技术能力不合格，难以给学生更好的指导。这种情况通常需要人事制度改革来解决。在人事制度改革中，实行全员合同制和聘任制，能够在一定程度上规范员工的行为。

在合同制的基础上，应适时引入岗位竞争机制，既要客观公正地制定竞争上岗规则，合理地确定岗位职责以及工作量，通过公开、公平、公正的竞争上岗，既能够使员工各司其职，又能够约束规范员工行为，极大地调动员工工作的积极性，促进他们实践能力的提高[1]。

另外，在建立岗位竞争机制的同时，还应不断加强绩效考核，将岗位工资待遇与实绩、贡献相联系。这样，建立在绩效考核基础上的岗位竞争机制能够筛选出优秀的教师，还能够促进一般教师不断进步的积极性，淘汰一些不合格的教师。

---

① 陈连生，张心森，孙丽娜. 高职院校"毛泽东思想和中国特色社会主义理论体系概论"教学研究[M].
北京：中国人民大学出版社，2011.

（五）危机处理机制的建立

在实践教学过程中，尤其在校企合作过程中，有可能会发生一些较大的人身伤害事故或引起较大社会影响的问题，如自然灾害、火警火灾、犯罪事件、食物中毒以及其他群发性事件或个体重大突发事件等，而在企业实习实训的学生仍属于在校生，因此，高职院校必须建立起危机处理机制。这种机制的建立，能够使高职院校在面临相类似情况时能根据问题的严重程度及时做出相应的反应，把事件的负面影响降到最低。另外，在发生突发事件时，学校还应妥善处理媒体的介入，防止负面舆论对学校和企业造成更大的伤害。

（六）投入保障机制的建立

高等职业教育实践教学具有较高的条件要求，实践教学经费是否充足对高职院校办学质量的高低具有重要的影响。目前，我国很多高职院校的实践教学经费非常紧张，这在很大程度上使得很多教学项目因设备设施投入不足而不能得以开展，其极大地影响了学生实践能力的掌握。由此可见，投入保障机制的建立能够有效地促进高职院校全面、科学地发展。而对实践教学经费的投入主要来自国家社会层面和学校内部。

从国家社会层面来说，我国高等职业教育的投入来源主要包括政府、社会团体、企业、个人四个方面。从近几年的情况来看，这些投资主体中，个人作为消费者缴纳的费用相对于其可支配的收入来说是比较高的；社会团体及企业的投入由于受到国家整个经济发展水平的影响，仍处于较低的水平；国家财政支出用于发展教育包括职业教育的经费投入相对较低。根据教育部、国家统计局、财政部 2007 年 2 月 28 日发布的《关于 2006 年全国教育经费执行情况统计公告》，2006 年国家财政性教育经费占国内生产总值比例为3.01%，比上年增加了 0.2 个百分点。这一比例远远低于联合国建议的 6%的标准，也低于世界平均水平[①]。

为解决我国高等职业教育实践教学经费投入不足的问题，首先应完善教育投入的法制体系建设，要在国家层面上将教育投入在国内生产总值中所占比例通过立法的形式进行解决，进而保证教育投入能够随着国民经济的发展而不断增加[②]。

从学校内部来看，教学支出在学校支出中占有很大的比例。在高职院校中，不管财务预算的管理方式如何，一线教学所需要的经费都应得到保障。

---

① 薛刚. 地方政府公共决策中的短期行为及其治理对策 [J]. 理论探讨，2009（05）：147-152.
② 董大志，周余，陈维富. 现代体育教学管理探索与课程实务研究 [M]. 北京：中国书籍出版社，2016.

尤其要建立起学生实训、校外顶岗实习所需经费的保障制度。有些高职院校不愿在这一部分上投入经费，因此，学生的实践教学流于形式，严重影响了学生的操作技能的培养。为了培养真正的技能型人才，学校内部必须建立起经费投入的保障制度。不论是学生的实习经费、交通伙食补助费，还是教师的实习指导费，学校都应按照一定的比例进行经费上的投入。

第四节　高等职业教育实践教学管理中的指导与控制

高等职业院校的实践教学活动涉及校内与校外多种不同教学场所和多方面的关系，因此，管理的难度相对较大，管理中除了常规管理，还应处理一些计划外的工作或突发事件。因此合理的指挥与控制是实践教学管理活动中两种非常重要的管理行为。

一、高等职业教育实践教学管理中的指挥

指挥主要是指管理者根据自己的责任和权限，借助指示、命令等权力手段和权威，有效地指导下属机构和人员履行其职责，进而实现一个组织的目标和计划任务。在高等职业教育的实践教学管理过程中，指挥是一种最直接、最具体、最重要的管理行为。实践教学涉及的学生人数众多，教学的场所也较为复杂，既有校内的生产劳动，也有校外或企业车间的活动，因此，在无形中增加了教学过程中的危险性[①]。因此，实践教学的各级管理机构及其管理者应根据自己的责任和权限，借助一些权力手段和权威对在实训基地建设与运行中出现的各类突发事故进行及时与合理的处理。

（一）实践教学管理活动中指挥的分类及特点

一般来说，根据指挥命令的凭借方式可将指挥分为语言指挥、文字指挥、肢体指挥等。根据指挥命令的传送渠道可将指挥分为通过电信、邮件、人员等指挥。而根据指挥命令的发布方式可将指挥分为通过发布会议决议、公文以及直达现场进行指挥。

实践教学管理活动中指挥的特点主要有以下三点[②]。

其一，权威性。指挥行为是指挥权的体现，是学校管理机构和上级领导

① 符丹. 高职课堂教学与班级管理-理论与实践［M］. 天津：天津科学技术出版社，2017.
② 陈连生，张心森，孙丽娜. 高职院校"毛泽东思想和中国特色社会主义理论体系概论"教学研究［M］. 北京：中国人民大学出版社，2011.

的授权和意志的代表，因此它对下级管理部门和具体执行的管理者、教师、学生具有约束作用。

其二，强制性。行政强制力保证了指挥权的实施，要求下级管理部门和具体执行者必须服从。否则，就要受到相应的处罚以及承担相应的责任。

其三，支配性。各种形式的指挥都属于发动和支配性行为，下级管理部门和具体执行者要服从、响应和执行。

（二）实践教学管理活动中指挥的原则

1. 逐级指挥原则

实践教学是由不同层级和不同管理部门联合管理的，因此必然出现层级指挥现象。一般情况下，指挥系统必须按照职权范围和隶属关系逐级发布指示和命令。上级领导部门和领导者只能对所属部门和下一级管理部门和管理者直接发布指示。而下级管理部门则直接执行上一级管理部门和主管部门的指示。但经过特别授权的特殊管理部门和管理者，能够临时越级指挥。逐级指挥原则可以提高各级管理人员的积极性，保证管理有序有效进行[①]。遵守逐级指挥原则能够有效避免一些因多种命令而造成的矛盾和冲突，进而提高整体的管理效率。

2. 灵活机智原则

一般而言，指挥命令发布前通常会有一个指挥方案，管理活动可以按照指挥方案顺利实施。但是，任何一项活动都存在不确定性因素，当突发事件发生时，各级管理部门和管理者应根据上级指挥意图，全面考虑系统内的实际情况，结合对象的工作状况、人际关系、环境条件以及实践教学的需要等，灵活变通指挥方案，并采取相应的指挥手段。这就是实践教学管理活动中的灵活指挥原则，这一原则能够让下属员工在无法接收上级领导的指挥命令或出现其他特殊情况时，还能知道做什么、怎么做。

3. 畅通原则

在实践教学管理过程中，上级领导在发出指挥命令后，还要经过传递，经过下级部门的接受。在这整个过程中，都应该保持渠道的畅通，运行无阻，使指挥命令准确及时地传达到下级手中。遵循畅通原则，不仅能够保证指挥者、传递者和接受者的完美运作，还能够保证必要的通信技术条件。如果指挥出现了阻碍或是中断的现象，就必然会影响到指挥管理的效力。

---

① 陈连生，张心森，孙丽娜. 高职院校"毛泽东思想和中国特色社会主义理论体系概论"教学研究 [M]. 北京：中国人民大学出版社，2011.

二、高等职业教育实践教学管理中的控制

控制主要是指为保证实际工作与决策、计划目标一致而开展的一切管理监督活动[①]。它是实践教学管理中的又一重要的管理行为。在高等职业教育的实践教学中，控制既能够促进各项计划目标的实现，还能够有效地规避各种风险。以下主要对控制的内容、方法、类型以及意义等方面进行介绍。

（一）控制的内容

1. 实践教学过程的控制

实践教学过程的控制主要表现在实践教学计划的制定与执行、实践教学文件的编制与使用、实践教学制度的制定与执行、教师现场指导情况等方面。对这一过程进行控制主要是为了保证整个实习过程的有序有效进行。

2. 实训基地运转情况的控制

实训基地是高等职业教育进行教学科研、社会实践的重要基地，它担负着为我国培养社会经济建设所需要的合格人才的任务，还能通过生产创收，为学校发展积累资金。实训基地是否能够顺畅地运转直接关系到学校教学是否具有自己的特色、学院能否培养出具有社会需要技能的学生。因此，高等职业教育实践教学管理应加强对校内外实训基地运转的控制。控制的要素主要包括实训基地利用率、设备使用率、设备完好率、相关设备的人均台套数、接待学生实训的天数、人数等。通过了解这些内容，就能够掌握所购买的设备的使用情况以及基地运转的情况。对实训基地运转情况的有效控制，能够有效促进对实践教学管理活动的控制。

3. 实践教学结果的控制

对实践教学结果的控制主要包括实践教学任务的完成情况、学生在校期间获取执业资格证书的情况、学生就业率、学生就业的专业对口率、毕业生质量追踪调查，等等。通过对实践教学结果的控制不断调整学生的培养方案，改进各方面的管理。

（二）控制的方法

在管理过程中，控制的方法有很多种，通常可以根据控制的对象、内容和要求的不同，采取不同的方法。在实践教学管理中常用的控制方法有以下几种。

---

① 曹军，孙福春，陈兴霞. 现代企业经营管理基础 [M]. 北京：中国农业大学出版社，2006.

1. 计划控制

在高等职业院校的实践教学活动开始前，每个专业会根据本专业的实际情况制订相应的实践教学计划，每个教师会制订自身实践教学的授课计划，每个实训基地和实验室也会制订相关的实践教学运行计划。总而言之，所有相关的人员和机构都会制定相应的计划。那么，对这些计划实施控制就成为了实践教学管理监督活动中最常用的方法。有关管理部门及相关管理者只要对计划的执行情况进行检查，就能够直接掌握和控制整个实践教学的运行情况。

2. 目标控制

在实践教学活动中，有计划体系，同时也有目标体系。因此，目标控制主要是通过制定实践教学的目标体系，确定各管理层级的目标，进而通过检查目标的达成情况来衡量、督促管理人员、教师和学生的工作和学习情况。

3. 制度控制

高职院校的实践教学有其自身的管理制度，如《实训教学管理办法》《实验教学管理办法》《实践教学经费管理办法》《实践教学基地管理办法》《毕业实习工作管理办法》《毕业论文（设计）工作规定》等。制度控制就是通过制定这些相关的实践教学规章制度，对各类实践教学活动进行控制。

4. 预算控制

预算控制主要是指通过财务预算对学校的实践教学活动进行控制。在我国，高职院校的实践教学活动需要使用大量的原材料、设备，需要投入大量的资金用于交通费、学生的补贴以及教师的实践教学指导费等。有关管理部门及管理者只有通过合理编制实践教学活动的预算、对实践教学活动的经费投入不断进行调整，才能达到良好的效果。

（三）控制的类型

在高职院校的实践教学活动中，按照控制方法的不同，可将控制分为不同的类型。根据实践教学活动开始前、进行中和结束后的不同控制，可以将管理中的控制划分为以下三类。

1. 前馈控制

前馈控制主要发生在实践教学活动正式开始前，主要是对可能出现的问题进行一定的预测和评估，并根据预测和评估的结果采取相关的防范措施，即在实践教学活动前对可能出现的问题进行控制。前馈控制能够防患于未然，避免一些问题的发生。这是一种针对条件，而并非针对人的控制，易于被接受和实施。这种控制通常也有一定的要求，首先需要有准确的信息，其次需要详细地了解有关实践教学的过程。因此，在实践教学管理的活动过程中，教师和管理人员的经验显得非常重要。

2. 现场控制

现场控制又称同步控制或同期控制，主要是在实践教学活动进行中实施的控制，实施的对象通常是实践教学指导教师。现场控制对高职院校的实践教学活动具有一定的监督和指导作用。监督主要是指按照预定的要求、标准对正在进行的实践教学活动进行检查，进而保证目标的实现。指导主要是指管理者针对在实践教学活动中出现的问题，根据自己的经验对实践教学工作进行指导改进，或与相关的当事人共同商讨解决出现的问题[1]。现场控制是针对实践教学活动进行过程中出现的问题而采取的措施，它能够有效地保证教学质量和教学任务的完成。因此，教师必须不断通过实践积累经验，总结提高自身的管理能力，进而提升自己对实践教学进行现场控制的能力。

3. 反馈控制

反馈控制又称事后控制，主要是指在实践教学活动结束后进行的控制，这也是高职院校比较重视的一种管理手段。反馈控制主要是通过对实践教学活动过程中出现的一些问题进行总结，形成一些规律，进一步改进实践教学活动，实现良性循环，进而提高实践教学管理的效率。在高职院校的实践教学过程中，反馈控制的实施，一般是通过教学检查、学生反馈以及用人单位调研实现的。

（四）控制的意义

在高职院校的实践教学过程中，控制对于各专业有效实现培养目标、提高教学质量、建设实践教学基地等具有十分重要的意义，具体主要表现在以下几个方面。

第一，控制能够有效保证院校实践教学活动的正常进行。实践教学活动涉及校内外各种因素，是一个非常复杂的动态系统。它的实施一方面影响到学生技能的掌握、教学质量的水平，另一方面也关系到学校与企业的关系、教学成本的控制以及社会效益的提高等一系列问题。因此各级管理者应通过控制系统提供反馈信息，及时发现并分析问题，采取相应的措施，进而保证实践教学的正常运转。

第二，控制提供了实践教学过程与教学目标的关键联系。这是各级管理者及时了解有关教学计划目标是否实现的重要手段。

---

[1] 吴金法. 现代企业管理学 [M]. 北京：电子工业出版社，2003.

　　第三，控制是防范各种风险的重要手段。现代社会的竞争越来越激烈，对于高等职业院校的发展而言，每一个院校、专业都在学校招生、学生就业、院校专业发展等方面面临着挑战与风险。在高职院校中，实践教学的质量与水平在很大程度上决定了一个学校的招生、就业及学校的发展。此外，实践教学管理中师生的安全、购买的设备仪器的质量、学生掌握的技能、实习经费的使用等各方面都面临着各种风险。为了更好地避免这些风险，院校的管理者必须密切关注学院管理各方面出现的不良苗头以及各层级中隐藏的风险，并及时进行控制，进而保证学校教学秩序的稳定及教学质量的提高。

　　第四，控制能够有效使学校避免不必要的开支。在高等职业院校建设过程中，实践教学方面的开支在学校开支中占有很大的比重。学校对实践教学的控制管理可以控制学校内不同层级管理者的行为，可以预防和消除滥用职权的可能性，进而有效地防范了因可能的滥用职权增加的开支和费用。

第三章 高等职业教育中现代学徒制人才培养模式

职业教育在我国教育体系中的地位变得越来越高，加强职业教育工作，为社会培养出更多高素质人才，是职业院校需要承担的重要责任。如今，职业院校为了能够提升人才培养质量，采用了现代学徒制人才培养模式，充分发挥校企的作用，促使学生能够满足企业要求。本章就针对高等职业教育中现代学徒制人才培养模式展开全面分析与探讨。

第一节 高职院校现代学徒制的内涵与理论依据

一、现代学徒制的内涵

现代学徒制是通过校企双方合作，学校老师与企业师傅一起讲授知识和技能，以培养学生的职业技能为主的现代人才培养模式。它跟以前的订单培养不同，最大的不同之处在于：现代学徒制是由校企共同参与开发适合企业生产需要专业课程、并带有绩效考核，这些都充分体现了深度的校企合作。封建社会的师徒关系是非常紧密的，因为师傅掌握着学徒的生存权，因此师傅的话对学徒来说就是命令，学徒是没有发言权的；随着当今经济社会的不断发展和生活节奏的加快以及社会个体自我意识的增强，那种传统式的师徒关系自然而然削弱，相比较以前的传统学徒制，现代学徒制融合了学校教育，是职业学校与企业合作对人进行全面培养的一种新形式。

工业革命后，由于生产效率大大提升，但是传统的学徒制在人才培养上时间较长，所以慢慢地被职业学校所代替，但在第二次世界大战后，这种培养方式又被重视。现代学徒制也开始了新的发展，成为职业教育培养技术工人的方法之一。"现代"与"学徒制"的有机融合诠释了现代学徒制的真谛，将传统学徒制对人的培养加上现代学校教育理念后，形成了新的职业教育人才培养体系，这是一种以培养学生（学徒）的岗位能力和职业精神为核心的，以课程为纽带，以学校和企业都参与其中，外加教师和师傅的认真细致地讲授为支撑的新形式的专业人才培养方式，其核心要素是学校和企业这两个双主体共同来培养人，学生除了是学生之外还是企业的学徒，学校教师与企业师傅一起讲授知识和技能。

二、现代学徒制的理论依据

（一）杜威"从做中学"理论

杜威的教育核心思想就是实用主义，并提出了"从做中学"理论。他认为应该满足孩子一切"做"的行动和创作的冲动。也就是说，当孩子有积极的行动和创作的想法时，应提供相应的条件去满足孩子的想法。他指出个体可以参加实践活动来发展自我，如果新的有意义的经验和知识是孩子从做中学获得的，那么这些经验和知识才是真正有用的东西。可以看出，杜威的"从做中学"理论要求教育要来源于生活，满足孩子一些好奇的想法和行动，支持孩子参与实践活动，从而促进孩子在活动中的发展。基于现代学徒制"1+1+1"课岗融合人才培养，离不开"从做中学"思想的引领。学徒岗位能力的提升、职业精神的培养离不开"从做中学"理论的指导。

（二）建构主义学习理论

建构主义相关理论的意思是：在一定的情境、环境下，个体在他人帮助和支持下，利用一系列的与学习相关的资源和工具，主动地进行思考和行动，以掌握一定的知识和技能。而基于现代学徒制"1+1+1"课岗融合人才培养需要学徒在真实的教学实训或者企业工作情境中，在企业师傅带领下，发挥主观能动性运用已有的理论知识、工具和工作岗位，充分发挥学生的主体作用开展自主学习或协同协作，从而获得一定的知识、掌握一定的技能。因此，基于现代学徒制"1+1+1"课岗融合人才培养离不开建构主义学习理论的支撑。

（三）陶行知"教学做合一"思想

"教学做合一"是非常适合当下职业教育的思想，这一思想来源于陶行知先生。陶行知在20世纪初，在南开时说的，这一思想在陶先生在其著作中作了表述。他认为，"教学做合一"不仅在生产生活中应用，还体现在教育中的应用。"教学做合一"很好地体现了创造性这一教育原则，是最能体现如今素质教育要求的。"教学做合一"要求是教师先做，学生边学，然后学生再做，将理论与实践有机结合，而我们传统课堂教学问题是以老师讲为主，而学生则是被动地接收，缺乏最基本的社会实践，学生变成了只会做题而操作能力很差的学习机器。这样的结果就是忽视了学生创造能力的培养和良好道德的培养。因此，要培养能够爱岗敬业、具有实践操作能力、创新精神的新时代技术技能人才，就离不开"教学做合一"的教育思想。

三、中国式现代学徒制的发展

（一）中国式现代学徒制的时代意蕴

1. 中国式现代学徒制的本质特征是"为党育人、为国育才"

教育之本在于立德树人。为党育人、为国育才是党和国家赋予高等职业教育的崇高使命。中国式现代学徒制育人要做到：一是学徒价值观和职业道德培养。学徒要成为党之人、国之才，就必须增强"四个意识"、坚定"四个自信"、做到"两个维护"，自觉树立和践行社会主义核心价值观，养成良好职业道德。二是学徒人才观和责任使命培养。2020年，中共中央、国务院印发《深化新时代教育评价改革总体方案》，要求"努力培养担当民族复兴大任的时代新人，培养德智体美劳全面发展的社会主义建设者和接班人"。因而，中国式现代学徒制育人要胸怀"国之大者"，培养学徒把自身前途命运同国家民族前途命运紧紧联系在一起的责任意识和担当精神，将精神之"道"与专业之"术"养成相融合。

2. 中国式现代学徒制的育人目标是"大国工匠、能工巧匠"

当前，高技能人才严重短缺成为阻碍中国产业升级的瓶颈。新职业教育法明确国家大力发展职业教育的目的是为全面建设社会主义现代化国家提供有力人才和技能支撑。高等职业教育是培养大国工匠、能工巧匠的重要方式。中国式现代学徒，在心理情感上，应具有爱国情怀和健康人格；在职业精神上，应具有崇尚劳动、敬业守信、精益求精、敢于创新的工匠精神、劳模精神；在文化素养上，除熟悉专业文化外，还应熟悉产业文化、企业文化、职业文化；在工作面向上，应服务区域经济发展，尤其是重点服务企业特别是中小微企业的技术研发和产品升级；在生产实践中，应熟悉生产流程并能熟练运用所学技术技能创新性解决专业面向的职业岗位群的问题，较好适应产业进步和技术升级；在职业发展上，应熟悉行业企业发展趋势，具备岗位迁移能力、跨专业就业能力、可持续发展能力和终身学习能力。

3. 中国式现代学徒制的实施基础是"多元协同、校企双责"

中国式现代学徒制坚持面向市场、服务发展、促进就业、推动创业的办学方向，通过先招生再招工、招工招生同步、先招工再招生等多种形式，以签订学校、企业、学徒三方协议或签订学校、企业、学徒、监护人四方协议的方式，明确学徒的企业员工和职业学校学生双重身份，保障学徒的合法权益。中国式现代学徒拥有的学生和员工双重身份，使其学习生涯由传统依附于"师傅"向依附于学校和企业双主体转变。2019年，《教育部办公厅关于全面推进现代学徒制工作的通知》要求，"全面推广政府引导、行业参与、社会支持、企业和职业学校双主体育人的中国式现代学徒制"。新职业教育法规定"有关行业主管部门、工会和中华职业教育社等群团组织、行业组织、企业、事业单位等应当依法履行实施职业教育的义务"。国家相关法律政策表明，我国现代学徒制育人向"多元协同、校企双责"转向，不仅强化了地方政府对区域人力资源培养培训与使用管理的引导及监管责任，更加突出了职业教育服务地方区域经济发展的导向性，也明确了职业技术技能人力资源开发的多元性和社会集体责任。

（二）中国式现代学徒制的优化路径

1. 政府加强顶层设计，为推行中国式现代学徒制发挥好组织引领作用

一是政府强化对职业教育的统筹管理，贯彻落实新职业教育法，明确行业主管部门、群团组织、行业组织、企业、事业单位等履行实施职业教育的义务，发挥企业的重要办学主体作用。

二是政府制定中国式现代学徒制育人企业扶持（或补贴）办法及企业落实职业教育责任的考核评价办法，让企业依法获得经费、金融、财政、土地等支持，从而提高办学积极性。

三是政府围绕教育强国、人力资源强国、技能型社会建设，结合区域产业发展，建设高水平、专业化、开放共享的产教融合实习实训基地，为推行中国式现代学徒制提供条件和支持。

四是贯彻发展改革委、教育部印发的《建设产教融合型企业实施办法（试行）》，加快建立产教融合型企业认证制度，对认证的产教融合型企业给予"金融＋财政＋土地＋信用"的组合式激励，并按规定落实相关税收优惠政策，厚植企业承担职业教育责任的社会环境。

五是政府引导行业企业深度参与专业教学、顶岗实习、岗位资格认证等方面的标准制定和考核评价，推动行业企业与学校共建人才培养基地、技术创新基地、科技服务基地，促进教育链、人才链与产业链、创新链有机衔接。

六是政府围绕提高技术技能人才的社会地位和待遇，制定技术技能人才表彰奖励办法及高技能人才破格进入职教本科学校深造办法等，表彰奖

励职业教育先进单位和个人，弘扬劳动光荣、技能宝贵、创造伟大的时代风尚。

2. 行业组织与社会机构依法履行职业教育的职责和义务，为推行中国式现代学徒制提供社会支持

一是行业组织作为行业成员与政府之间的沟通者和协调者，具有组织化、专业化的特点，应充分发挥自身优势，研究区域技术技能人才现状，厘清企业的岗位需求与职业学校人才培养规格之间的关系，为政府提供决策参考的同时做好校企的沟通桥梁。

二是行业组织依据行业特点牵头组织校企共同制定中国式现代学徒制专业教学标准、课程标准、岗位技术标准、师傅标准、质量监控标准、学徒质量评价标准及相应实施方案，在区域推行"学历证书＋职业技能等级证书"企业用人制度。

三是银行、保险等金融机构抓住国家大力发展职业教育的政策利好，在贷款利率、贷款额度、险种及保额保费等方面向校企及学徒出台优惠政策，在保证自身利益的前提下履行好参与职业教育的社会责任。

四是各地区各部门积极探索利用政务微博、微信公众号等新媒体加强中国式现代学徒制的宣传和推广工作，打造产教融合典型企业和职业教育典型学徒（学生），提高职业学校的社会认可度和办学吸引力。

3. 职业学校坚持质量管理，为推行中国式现代学徒制提供人才支撑

一是以行业示范性职教集团为依托，以中国式高水平专业群建设为载体，与行业领先企业在人才培养、技术创新、社会服务、就业创业等方面深度合作，加强校内就业创业实训基地、现代产业学院、企业工作室、技术技能创新平台及虚拟仿真实训基地建设，推动专业建设与产业发展相适应，使学生在学校期间能够接受面向企业真实生产环境的任务式培养。

二是加强专业文化、产业文化、职业文化、企业文化、创客文化与校园文化的融合，基于专业课程群加强课程思政建设，构建课程育人、文化育人、网络育人和实践育人等多维协同"大思政"育人体系。

三是改革岗位绩效考核制度和教师职称评聘制度，将参与中国式现代学徒制的教师的企业实践和技术服务纳入教师考核并作为晋升专业技术职务的重要依据，科学评价并切实提高教师的实践育人能力。

四是将推行中国式现代学徒制的成果纳入学校职业教育质量年度报告，突出展示学徒成长成才典型案例、学徒创新创业典型事迹，提升中国式现代学徒制的社会吸引力。

4. 企业依法履行为技能型社会建设开发人力资源的主体责任，为推行中国式现代学徒制提供实践支撑

一是坚持开放包容的学徒培养理念，把中国式现代学徒制育人从培养本企业员工的"小我"意识转向为产业开发人力资源的"大我"意识，树立学徒培养是为企业服务更是为区域产业服务的价值观，正确看待学徒学成后（毕业后）跳槽（人才流动）的合理性。

二是在教学实践中合理安排学徒接触企业关键岗位与企业核心技术，允许学徒适度参与工艺改进、产品设计、技术研发及经营管理，培养学生岗位能力。

三是重视企业文化建设与企业形象塑造，加强员工思想政治教育、社会主义核心价值观教育、职业道德教育，做到讲究信用、守法经营，让学徒在潜移默化中形成正确的人才观、价值观、职业观。

四是有效应对制造业智能化趋势，努力提升产业数字化水平和企业"师傅"的信息化素养。

五是探索建立具备生产、教学与创新功能的产教融合实习实训基地，根据行业企业共同制定的学徒技术技能等级标准，设置一定比例的企业初级学徒岗、中级学徒岗、高级学徒岗，强化实习实训全过程管理，深化产教融合协同育人。

5. 健全校企双主体育人体制机制，为推行中国式现代学徒制提供机制保障

一是建立健全政行校企参与的校企合作委员会，设立中国式现代学徒制专业（群）建设指导委员会和特色化教材编写与选用委员会，成立学徒培养质量考核评价工作机构。

二是面向产业链与岗位群需求，基于企业典型工作过程构建"底层基础＋中层模块＋高层方向"的模块化课程体系，优化应用型高技能人才培养方案，推进以专业群为单元的中国式现代学徒制。

三是建立灵活的"双师"流动机制，校企双方共同制定双向挂职锻炼、联合技术研发、资源共建共享的激励制度和岗位考核奖惩政策。

四是基于优势互补的原则明确校企双方的职责与分工。学校主要负责培养学生的基本素质、专业知识和学习能力，企业主要负责培养学徒的职业素养、专业技能、经营管理能力和创新能力。

五是优化学徒培养成本分担机制，探索以"企业获得的政府补贴＋学校获得的国家财政生均拨款＋学生缴纳的学费＋学徒在企业的劳动价值"为基数，

按照"责任共担、合作共赢"的原则协商分担学徒培养成本。学校应负责学生在校培养所需的成本开支，企业应负责学徒在企业培养所需的成本开支。

6. 创新教学管理运行机制，为推行中国式现代学徒制提供过程控制

一是建立校企"双导师"制，制定"双导师"校企选拔培养及管理办法，形成校企互聘共用的"双导师"管理机制。

二是紧跟产业发展趋势和行业人才需求，建立行业企业、第三方评价机构等多方参与的专业人才培养方案动态调整机制，坚持在生产车间、试验场所及研发现场开展"教学做一体化"教学。

三是基于企业岗位群的工作任务，科学设计学习项目模块，明确不同岗位的生产操作规程、技术技能要点及注意事项；利用现代信息技术，行校企协同开发适合学徒现场教学的新型活页式、工作手册式教材。

四是实施线上线下混合式教学，及时将新技术、新工艺、新规范纳入教学标准和教学内容，实现教学过程与生产过程对接。

五是建立与中国式现代学徒制相适应的教学管理制度，如弹性学制、学分制，制定基于工作岗位的学徒培养质量评价标准与考核评价体系，建立符合学校实际的教学质量监控体系。

第二节　高等职业教育现代学徒制人才培养模式的问题及成因

一、高等职业教育现代学徒制人才培养模式的问题

（一）政府主导力不够

现代学徒制政策的实施是一个协同治理的过程，政府是该政策的推行者，是该政策的利益相关者，作为治理主体的政府需要促进企业和学校之间的交流合作，根据政策实施方案内容政府还要对校企培养出来的学徒质量进行监督。调查情况显示政府主导力不够，具体表现如下。

1. 提供学徒制的共享信息资源不足

高职院校属于教育部门管辖，企业属于私人部门，两者来自不同的领域，存在天然的信息壁垒。在针对工作人员调查问卷中，关于需要政府提供的保障中，"提供校企信息平台"高达 83.58%（图 3-1），此信息平台不仅包括含有企业和职业院校的信息用以促进双方合作，还包括管理平台方便各方进行信息交流和管理。目前已经建立统一的现代学徒制信息管理平台，各院校会

在信息平台上定期填报现代学徒项目进展情况，将先进优秀的做法和案例进行分享，其他院校可以学习借鉴，促进院校之间的交流。但是现代学徒制是建立在校、企合作的基础上，显然院校之间的信息分享并不具备促进院校和企业交流的功能。

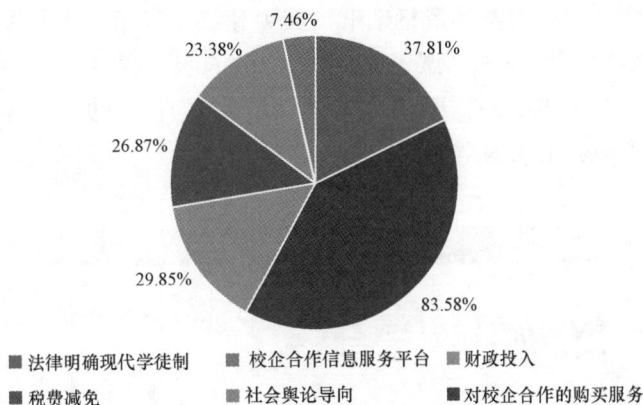

图 3-1 工作人员认为政府应该提供的各种保障占比（工作人员问卷）

据了解，目前与高职院校开展现代学徒制的企业大多数是以往和学校有很多年合作经历的企业，基于多年的合作感情尝试开展学徒项目，以至于该合作企业是否真的具备培养政策中所需要的优秀高技能人才的资格还值得商榷。当院校想发展其他的意向合作对象时，却苦于没有更好的渠道找到合适的企业。目前企业想要寻求合作院校的途径是通过省教育厅网站或各院校网站了解相关学校信息，而学校一般通过熟人介绍了解到一些企业，校企之间一直面临的困境是有合作需求的院校与有合作意愿的企业由于双方共享信息的缺失不能在最短时间内进行对接，大大增加校企之间互相寻觅的成本。校企之间的合作多在省域内进行，政府作为该政策制定者，为促成两者之间的合作，应该帮助校企打破信息壁垒，在信息平台上分享川内的企业信息和院校信息，使双方能够彼此了解，寻找合作可能，促进校、企之间的合作。

2. 对学徒培养质量的监督缺乏统一标准

为保障试点院校培养出高质量学徒，四川成立了由省内职业教育专家组成的现代学徒制专家工作组，由该专家工作组负责对各试点院校工作进行监督检查。各试点院校按规定每年向专家工作组上报试点项目进展情况，其中包括试点项目推进情况和资金使用情况，并在试点项目一个人才培养周期（三年）届满时对学徒培养质量进行监督和验收。根据四川省教育厅相关发文信息我们可以得知，目前四川省前两批的试点院校全部通过验收，各院校培养的学徒质量也得到了肯定。但是目前国家层面和省级层面没有对合格的学徒进行解释和定义。

学生调查问卷显示，各个试点项目对于现代学徒制班的学生培养要求不同。应目前职业教育相关要求，不能将职业资格证书或技能证书与毕业证书捆绑要求学生必须获得某种资格证书，其中建议获得相关职业资格证书的占37.4%，不需要获得相关职业资格证书的占 62.60%（图 3-2），建议获得技能等级证书的占 36.07%，不需要获得技能等级证书的占 60.93%（图 3-3），由此可见各个学校培养出来的学徒标准不一。

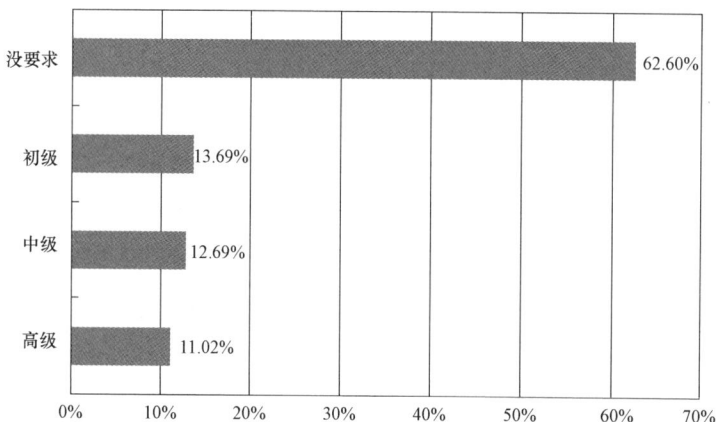

图 3-2　学校或企业建议学生毕业时获得职业资格证书情况（学生问卷）

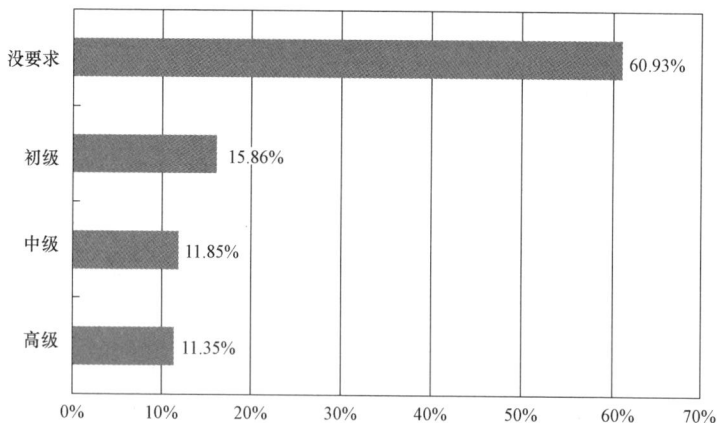

图 3-3　学校或企业建议学生毕业时获得技能等级证书情况（学生问卷）

学徒质量标准完全由校企双方自行商议决定，如果仅仅是以校企双方商定标准，那现代学徒制与高职院校一般的订单班并没有不同，而省内没有建立学徒质量监督的统一标准，专家组在进行学徒质量验收时缺乏标准参照。这种情况势必导致各院校没有相关的合格学徒的培养标准，培养出来的学徒的质量参差不齐，继而导致学成的学徒在企业行业没有相关依据进行筛选和录用，造成学徒的受众面狭隘。

（二）企业参与学生培养不积极

职业教育的核心目标就是培养企业生产需要的人才，政府大力发展现代学徒制的目的在于力图改变职业教育一直以来以职业院校为本位的人才培养方式，目前政府提出企业在人才培养中的地位和职业院校是平等的，即高职院校和企业是职业教育的"双主体"地位。但是根据笔者的调查和访谈结果得出，企业在学生的培养上积极性一直不高，与学校同样重要的教育主体地位并没有得到充分体现。

职业教育注重学生的实习实训，原因在于学生在真实的工作环境中进行长时间大量的实践学习，才能够充分掌握技术技能，企业对于学生培养的时长对于培养高质量的学徒至关重要。根据相关工作者的问卷结果分析，企业对现代学徒制班学生的培养时长集中在 1～6 个月占 83.08%（图 3-4）。

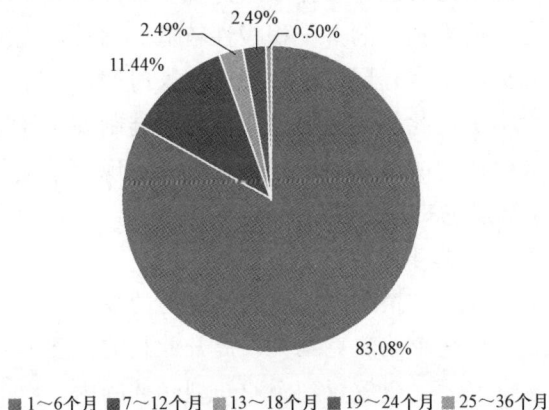

图 3-4　企业对于学生培养的总时长占比（工作人员问卷）

根据教育部门对职业教育学时分配相关指导意见，高职院校的学生一般采取"2＋1"人才培养模式，即 2 年在学校学习知识理论，1 年在企业实习，按此计算，企业参与到高职院校人才培养的有效时间不超过总共学习时间的1/3。根据调查数据，笔者发现大多数的项目班是在高职在校生中进行选拔组成，企业一般是在校生第二学年才进入学校进行招收现代学徒制学生进行组班，随后企业会以讲座的形式给学生做企业相关知识介绍，其间主要还是以学校的理论知识学习为主，在相关专业理论课程学成以后，学生进入企业由师傅带徒弟的形式进行半工半读的专业岗位技能的学习，所以企业对于省内现代学徒制班的学生的培养时间与普通高职班学生相比并没有明显差别。

二、高等职业教育现代学徒制人才培养模式问题的成因

（一）政府方面

当下我国政府非常重视学徒制的实施，并从政策上对其进行了大量的宣传，然而各个区域管理标准不相同，一些地方政府根据自身情况制定的相关政策以及保障性手段等并未深入到底层[①]。导致部分企业对现代学徒制的了解与认知不够深入，宣传与执行也不到位，许多企业、职业院校等因为没能全面理解与把握相关政策内涵，所以实际开展企业现代学徒制人才培养工作的积极性不高，难以取得理想的企业现代学徒制开展效果。

（二）企业方面

1. 企业参与热情较低

一直以来企业都是将自身经营、获取最大经济效益作为首要准则。企业现代学徒制作为国家制定的人才培养战略，许多企业对其了解不够深入，没有投入较多的精力，造成企业的参与积极性较低。另外，企业现代学徒制面向的是在职技能人员，正常开展过程中会在较长时间内占用企业人力资源，导致企业生产人手不足。此外，因为企业现代学徒制并不能够在短期内为企业带来较高的经济效益，所以企业未充分重视企业现代学徒制的开展，严重阻碍了企业新型学徒制的贯彻落实。

2. 未能充分发挥企业导师作用

一般来说，企业导师是企业中有着较高资历的高水平专家型人才，是企业人力资源的核心，也是企业攻克难关、提升业绩的重要基础。绝大部分企业都不愿意将专家型人才完全放置到企业新型学徒制中，更多的是在给予学徒评估时提出一定的建议或者在学徒岗位工作中给予其相应的指导[②]。在这种情况下，学徒往往很难学到实实在在的技能，难以较快适应新岗位环境。此外，尽管企业导师有着丰富的工作经验与高水平专业技能，但在教育教学上存在一些不足，没有掌握科学合理的教学手段，这导致在实际开展企业现代

---

① 郭汉桥，褚丽丽. 基于产教深度融合的现代学徒制人才培养模式实践与探索——以清远职业技术学院机电一体化技术专业为例 [J]. 当代教育理论与实践，2019，11（03）：152-156.

② 丁琳，耿紫珍，单春霞. 创造力与员工创新：变革—交易型领导的协同调节效应研究 [J]. 西安建筑科技大学学报（社会科学版），2021，40（02）：61-70.

学徒制时，难以充分发挥企业导师的作用。

（三）职业院校方面

1. 不能快速适应新角色

许多职业院校已经习惯在育人活动中占据主导地位，很难在短时间内适应自身辅助育人的定位，在实际进行教学活动时还是以理论知识传授为主、实践练习为辅，没有在教学活动开展前对培训目标所在企业的特征、岗位人才要求等开展调查与研究，也没有组织院校老师共同制定出与每个企业相契合的学徒培养模式，导致实际培养效果达不到企业要求。另外，我国针对企业现代学徒制制定的许多优惠政策、鼓励制度等，主要面向的是企业，并不利于激发职业院校的参与积极性。

2. 课程更新速度较慢

职业院校当下使用的教材和教学体系较为陈旧，难以契合当下市场环境与企业发展要求，重点进行理论知识传授与基础职业技能练习，不能及时将现代企业中大量使用的新工艺、新技术等引入教学活动内。这造成人才培养效果较差，无法培养出大量合格的专业技能人才。

第三节　高等职业教育现代学徒制人才培养模式的优化建议

一、现代学徒制人才培养模式

（一）现代学徒制人才培养模式的内涵

现代学徒制人才培养模式，是学历教育和职业培训两者融合所形成的职业教育模式，也是产教深度融合形成的人才培养模式，其最为核心的要素为校企一体化[①]。学徒是一种双重身份，即学生与徒弟，在学校教育中为学生，而在企业中则是徒弟，通过工学交替的方式，让学生经过岗位磨炼而成才。利用现代学徒制人才培养模式，能够将技能培养和理论教育进行有效融合，使得产业发展和职业教育有效对接，使之成为促使社会不断发展的重要动力。

根据我国对现代学徒制人才培养模式进行的探索能够了解到，在当前我

---

① 乔国荣. 产教融合构建校企一体化现代学徒制培养模式的研究与实践 [J]. 当代教育实践与教学研究，2018（01）：121-122.

国社会发展过程中，现代学徒制为我国人遇到的招工难等问题，这在一定程度上能够有效调动企业在职业教育中的热情，有利于将专业和产业、学校和企业进行有效融合，促使职业教育为社会经济发展提供更多的人才。另外，将学生未来的职业生涯和学习过程有效融合，能够为学生在企业中搭建一个学习平台，促使其在未来能够拥有良好的发展空间。

（二）现代学徒制人才培养模式应用的意义

在职业教育中，采用现代学徒制人才培养模式完成人才培养工作，不仅能够促进企业参与到职业教育中，使人才培养变得更加具有针对性，还可以帮助企业培养所需人才，缓解招工难的问题。因此，将现代学徒制人才培养模式应用在高等职业教育的人才培养中具有非常重要的意义。

1. 有利于展开因材施教，提升学生职业能力

高等职业教育的学生进入到企业中，以学徒的身份接受师傅面对面的教育，不仅能够增加师傅对徒弟的了解，而且还能让学生在接触相关技术的过程中，加深对相关理论知识的理解，促使学生能够顺利从学生转变为员工。在师傅教授学徒的过程中，师傅可以根据自己对学生的了解展开针对性教育，有效提升学生的技术能力，实现因材施教的人才培养方式。

采用现代学徒制培养学生，还能够有效融合理论知识和实践，将教育场所从学校转移到企业，这有利于提升人才培养效果。学生接受教师与企业师傅的教育以后，除了了解专业理论知识以外，还拥有了切身的实践体会，接受了企业文化的熏陶，如此则使得学生各个方面的能力都得到了提升，使其在毕业以后能够满足企业对人才素质与能力的要求。

2. 有利于提高学生的学习兴趣，强化学习主动性

当高等职业教育的学生进入企业以后，与师傅处在相同的情境中，师傅可以通过对学生的观察，了解其实践操作能力与专业素养，如果学生出现了问题，师傅就能及时进行指导，给出有效的建议，促使学生能力能够得到提升。在此环境中，师傅通过直接观看，能够及时了解学生的表现，并第一时间与学生进行交流，及时解决学生遇到的问题，并纠正学生存在的错误行为，这在一定程度上能够提升学生的学习兴趣，从而获得较为理想的教学效果。该教学方式属于情境教学，让师徒处于相同情境中，相互之间进行启发与促进，学生也不再是被动学习，更多是主动参与到实践中，增加了学生的参与度，最大程度地激发出了学生的学习意愿，从而全面提升其专业理论知识能力和实践能力。

3. 有利于锻炼学生适应力，明确未来就业前景

在现代学徒制模式中，高等职业教育学生可以真正走进企业，成为企业生产经营中的一分子，切身体会到企业生活与学校生活的不同之处，让学习变得更加具有社会性与指向性，为学生日后的学习打下良好基础。并且，由于现代学徒制的应用还使得学生可以从工作中检验自己的能力，在生产现场接受师傅的专业指导与训练，提升自身的专业素养，从中了解到相关专业方面的各种职业信息，拓宽了学生的眼界与知识面。

另外，学生通过学徒制的方式接受教育，能够将其自身的特点充分体现出来，若学生能够达到企业的要求，那么便能够在毕业时直接被实习单位录用，而且经过工作的磨炼以后，还能够提升学生的责任心与判断力，促使其变得更加成熟，形成良好的职业意识，认真思考自己未来发展方向，从而拥有明确的就业前景。

（三）现代学徒制人才培养过程中学校和企业的职责

1. 学校职责

职业院校应该根据实际需求设置专业，不仅要提升招生质量，还要强化专业建设。合理设置专业就是职业教育创新优化的首要任务，旨在为社会输送更加优秀的人才，同时提升学校自身竞争力[1]。

以艺术设计专业来说，可以进一步划分为平面设计、环境艺术设计、装潢艺术设计、工业设计、动画专业等多个子专业，通过详细的专业划分，可以使课程和培训设置更具有针对性，将企业的人才需求作为教育导向，紧跟时代发展的脚步和行业的变化趋势进行专业调整，保障职业教育的有效性。不仅如此，职业教育还要树立明确的人才培养目标，尤其在现代学徒制教育模式下，明确培养目标是学徒制模式构建的首要任务。

通常，不同专业的培育目标不同，但总体目标都是培养满足工作岗位要求的职业技能型人才。在制定现代学徒制培养方案的过程中，要坚持发展性、针对性的原则，提升学生的综合素养与能力。以平面设计专业来说，学生不仅要掌握设计理论知识，还要具备创新能力、审美能力、职业道德等，同时也要在岗位实习、项目实践中积累经验，培养沟通交流、团队合作等能力，使学生可以适应行业发展、岗位调整。

2. 企业职责

在现代学徒制模式下，企业主要负责招生招工、学生管理、课程建设和

---

① 张法坤. 商科高职现代学徒制师资队伍建设研究与探索 [J]. 教育教学论坛，2019（25）：24-26.

教学组织。在现代学徒制模式中，企业是教育主体之一，要与学校合作开展联合招生和培养工作，共同建设现代学徒制试点，实现校企一体化人才培育。具体来说，企业要负责学生岗位确定、学习实习、成绩考核、日常出勤等内容，将学生培育成符合企业标准要求的员工，并且予以学生合理的补贴和福利。在课程建设方面，教师要根据行业和企业的实际需求设置，强化学科和生产线之间的联系，构建复合交叉学科，充分发挥课程教学的作用。

在这个过程中，企业应该与学校进行沟通，总结行业发展趋势和需求，设置符合区域特色、企业优势的专业课程，使教育资源可以充分发挥作用。在教学组织方面，初期企业负责组织学生开展"识岗"活动；中期企业负责组织学生开展"跟岗"工作；后期企业负责组织学生开展"专业实习"和"顶岗实习"活动。在各个教学组织环节，企业都要积极参与。与此同时，企业师傅也要充分发挥作用，企业要筛选技术骨干、资深员工承担学生师傅的工作责任，同时制定企业师傅考核管理制度，采取物质、精神奖励措施，增加师傅教学的积极性，使师傅可以主动承担学生的教育职责。

二、高等职业教育现代学徒制人才培养模式的优化

（一）政府要制定完善的企业现代学徒制落实政策

1. 重视相关政策的宣传与落实工作

各个区域人力资源和社会保障部门要积极与财政部门、国资委等单位加强交流，依托现代新媒体平台，如抖音短视频、微信公众号、微博等开展企业现代学徒制的宣传教育工作，让相关教育主体能够切实感受到政府政策红利，了解企业新型学徒制实际开展的方式与方法。同时，政府部门要提升自身的服务意识与水平，广泛提供政策咨询与解读、送教上门等服务，为企业现代学徒制开展构建适宜的政策环境。

2. 优化调整实施细则

根据各个区域企业、职业院校以及学徒的具体状况，制定与本区域特征相契合的企业新型学徒制开展模式。政府相关单位工作人员需要及时转变自身的思想理念，积极配合开展"放管服"改革工作，对现有备案流程进行全面分析与探究，尽可能地省去一些不必要的流程，降低企业以及职业院校的行政压力。另外，政府相关单位需要加强对现有监督管理体制的改革与创新，将企业现代学徒制划分到职业教育考核体制中，并将最终的考核评估结果与下一年度企业、院校等的财政支持、考核表彰等相挂钩，充分调动各个相关主体的参与积极性，努力改善企业现代学徒制人才培养效果。

（二）企业要充分发挥自身在企业现代学徒制中的主体功效

1. 注重提高企业的主体意识

要想有效提高企业新型学徒制人才培养效果，企业首先需要转变自身的人才培养理念，彻底摒弃以往的"校本模式"，使其能够有效进入"业本模式"，将"人才为我所用、为我服务"作为高水平专业人才培养的关键目标。基于此，企业在落实新型学徒制人才培养工作时，应当建立在自身岗位需求基础之上。企业要积极与职业院校建立有效的合作交流关系，向其准确传达当下企业需要的人才标准，并和院校共同制定新型人才培养方案，同时密切关注各阶段学徒培养效果，参与教学模式的优化与创新，贯彻落实学徒追踪、考核反馈等工作，确保院校培养的学徒与企业实际人才需求标准一致，更好地为企业转型发展、增强自身的竞争实力提供帮助。

2. 创设健全的人才培养方案

企业自身要加强内部的宣传与教育，向广大员工大量宣传企业现代学徒制方面的政策制度、内涵价值等，倡导新员工以及转岗工作人员主动地参加企业现代学徒制人才培养工作。企业要结合员工自身发展需求以及企业实际状况，构建相适宜的企业人才培养方案，依照不同员工的岗位特征、工作时长以及学习能力等制定差异化的培养方法。

具体来说，企业对于刚进入公司的新员工，可以将这部分学徒送到合作院校进行理论知识学习、岗位技能培训等，也可以基于师带徒的培训模式，在较短时间内提升员工的岗位技能水平；而对于从其他岗位转过来的员工，可以将这部分员工送到合作院校进行新岗位的技能培训，也可以采用师带徒的方式，让其在较短时间内可以适应新的岗位环境；对于其他在岗员工，企业可以每隔一段时间开展一次专题培训活动或者技能比赛，充分激发员工的主观能动性，使其能够更好地达到企业转型升级要求。

3. 提高企业导师育人效果

企业现代学徒制想获得良好的发展，不仅要合理利用职业院校的辅助功能，更应当要充分发挥企业导师的育人作用。由于企业导师不仅对企业发展现状、问题等有着清晰的了解，同时能够更加精准地把握企业人才培养的方向，是企业十分宝贵的人力资源。企业应当要依照工作年限、专业能力以及教育水平等，选取相符合的专家人员成立企业现代学徒制导师团队，确保开展的学徒培养工作能够完美契合企业人才需求标准。另外，倡导企业导师到合作院校担任相关教学职务，全身心投入教学活动，进一步强化自身的教学水平。企业导师在此期间可以不断提高专业理论素养，丰富自身视野，在知识与技能两个方面同步提升，带领学徒快速发展，降低职业发展障碍，为企业源源不断地输送高质量技能人才。

（三）院校要与企业共同构建育人生态体系

1. 创设有效的沟通交流体制

随着现代产教整合的进一步发展，企业与院校之间的联系越来越紧密，两者应当要构建高效的沟通交流体制，针对课程规划、实训基地建设、师资力量、培训质量以及培训反馈等方面进行及时的交流，共同进行监督、管理以及考核等，逐步构建健全的人才培养效果考核体制。另外，院校要积极引入工学结合、书证融通等不同人才培养评估手段，努力提高企业新型学徒制专业技能人才培养效果。

2. 创设共享教育平台

院校与企业要想在企业新型学徒制开展中取得理想的效果，创设共享教育平台，实现二者资源共享十分重要。

一方面，企业要将真实的生产环境融入院校教学活动中，也可以让院校投入一部分资金购买企业需要的生产设备，将企业生产过程中涉及的各个工作环节、工艺流程、操作标准等转为院校实际课程教学内容，使职业院校从以往的普适性教育慢慢发展成为精准化教育，不断提高教育活动开展的针对性与有效性，从而为企业提供更多高质量的技能人才。

另一方面，职业院校需要充分展现自身的育人优势，结合院校专业教师队伍、工作室、院校"双师型"教师团队以及企业导师队伍等资源，构建高质量产教结合师资团队；科学合理运行院校多媒体教学、信息化教学等，逐步解决以往工学矛盾、产学相分离等问题，进一步提高专业技能人才培养质量。

三、高等职业教育现代学徒制人才培养模式的具体应用

（一）现代学徒制人才培养模式在职业院校中的应用分析

1. 职业院校现代学徒制班实施管理细则

为深入贯彻落实职教 20 条精神，根据教职成厅函〔2019〕12 号《教育部办公厅关于全面推进现代学徒制工作的通知》等要求，结合职业院校实际情况，特制定实施细则。

（1）职业院校现代学徒制管理组织

职业院校成立现代学徒制管理机构，按"分院协调、专业落实"的原则开展现代学徒制各项工作。

① 现代学徒制领导组

组长：院长、书记

副组长：副院长、副书记

成员：各专业主任、综合办主任、教务办主任、实训办主任、学工办主任

秘书：教学办主任

主要职责：

负责各专业现代学徒制培养中的各项统筹协调工作；

负责各专业开展现代学徒制指导工作；

负责各专业现代学徒制开展情况的审核、监督、考核工作。

② 现代学徒制工作组

组长：副院长、副书记

副组长：各专业主任

成员：专业内专任教师、合作企业负责人

主要职责：

负责现代学徒制培养合作企业的遴选工作；

负责制订和论证现代学徒制人才培养方案；

负责实施和管理现代学徒制班的各项工作；

负责现代学徒制教学材料的归档工作。

（2）现代学徒制班培养类型

现代学徒制班培养时间一般不少于半年。现代学徒制班的培养模式如下：

A 类：进入校外合作企业、产业园区开展的全脱产性质现代学徒制班

B 类：利用校内生产性实训基地、创新创业基地开展的半脱产性质现代学徒制班

C 类：组建现代学徒制虚拟班，利用学生闲余时间开展的非脱产性现代学徒制班

D 类：其他

（3）现代学徒制实施流程

职业院校现代学徒制实施流程具体如图 3-5 所示。

（4）现代学徒制实施管理

现代学徒制具体实施职责在所属专业。专业根据《职业院校全面推进现代学徒制实施方案》《职业院校学生跟岗实习管理办法》《职业院校现代学徒制质量监控管理办法》及《职业院校现代学徒制学徒学习考核管理办法》开展各项工作。

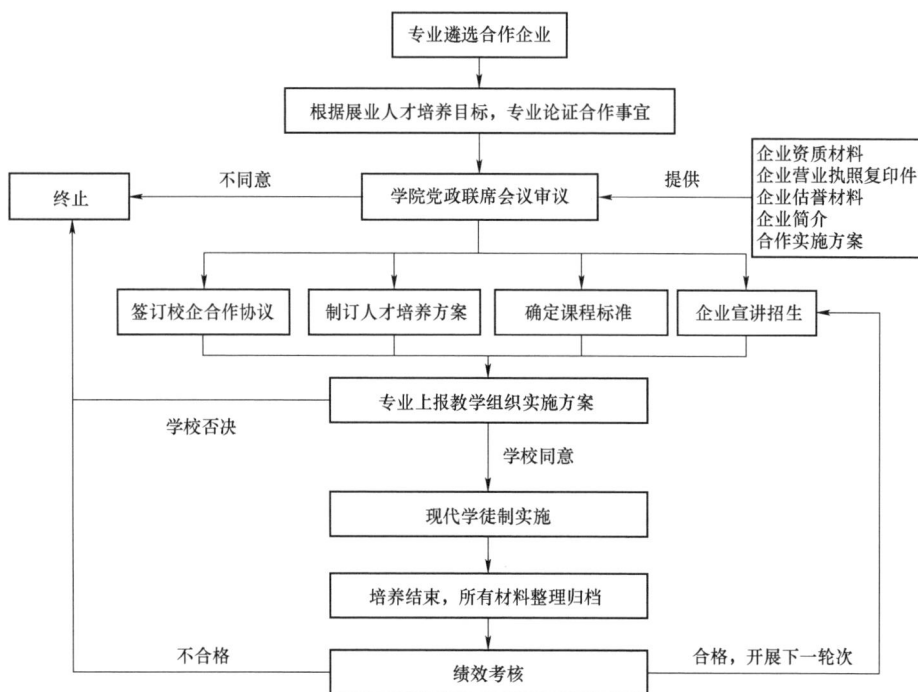

图 3-5 现代学徒制实施流程

（5）现代学徒制培养企业评分

职业院校现代学徒制培养企业评分指标如表 3-1 所示。

表 3-1 职业院校现代学徒制培养企业评分指标

考核内容		考核点	赋分	企业自我评分	学徒评分	学校评分
培训体系（50分）	常规员工培训课（10分）	具备完善的培训能力；每年能开展 5 次以上各类主题培训	10			
		具备完善的培训能力；每年能开展 3 次以上各类主题培训	8			
		具备完善的培训能力；每年能开展 2 次以上各类主题培训	6			
		具备完善的培训能力；每年能开展 1 次以上各类主题培训	5			
	学徒带教培训课程（10分）	校企联合制定培训课程；拥有完善培养带教体系	10			
		企业拥有自己良好带教体系	8			
		企业具备带教能力	6			
		企业不具备带教能力	1			

续表

考核内容		考核点	赋分	企业自我评分	学徒评分	学校评分
培训体系（50分）	师傅带教水平（20分）	业务能力强，技术熟练；带教方法恰当；耐心强	20			
		业务能力强，带教方法恰当；耐心强	16			
		业务能力强，带教方法恰当	10			
		业务能力强	8			
	培训教材（10分）	具有5种以上内部培训教材	10			
		具有2～4种以上内部培训教材	8			
		具有1种以上内部培训教材	6			
		不具有内部培训教材	1			
管理体系（30分）	管理制度（10分）	各类制度完善清晰；执行情况良好	10			
		各类制度完善清晰；执行情况一般	6			
		各类制度完善清晰；执行情况差	4			
		无各类制度，无执行	1			
	职业规划（10分）	为每位学徒制定完整科学的职业规划	10			
		为每位学徒制定较为完整科学的职业规划	8			
		只为部分学徒制定职业规划	6			
		未给学徒制定职业规划	1			
	培养管理（10分）	企业有科学合理完善的培养计划	10			
		企业有较为科学的安排计划	8			
		企业有简单的安排计划	6			
		企业缺乏安排计划	2			
学徒满意度（20分）	对培养企业满意度（7分）	学徒对培养企业非常满意	7			
		学徒对培养企业满意	6			
		学徒对培养企业满意度良好	4			
		学徒对培养企业满意度一般	3			
	对带教师傅满意度（7分）	学徒对带队师傅非常满意	7			
		学徒对带队师傅满意	6			
		学徒对带队师傅满意度良好	4			
		学徒对带队师傅满意度一般	3			
	留用率（6分）	培养期结束，学徒中50%及以上留驻企业	6			
		培养期结束，学徒中20%（含）～50%留驻企业	4			
		培养期结束，学徒中10%（含）～20%留驻企业以上	3			
		培养期结束，学徒中只有10%（含）以下留驻企业	1			
合计						

2. 职业院校现代学徒制学徒学习考核管理办法

成绩考核评价是人才培养的重要环节，也是学校教学管理工作的重要组成部分。为了进一步深化学校教育教学改革，创新学徒成绩评价模式，促进学徒全面发展，提高人才培养质量，根据教育部有关文件精神和学校教学管理工作的总体要求，制定本办法。

（1）学徒学业成绩考核评价

① 考核目的

客观反映学徒某方面的专业技能水平及素质发展状况；督促学徒巩固、强化所学知识和技能，培养良好的职业素养和学习习惯；帮助教师了解学徒掌握和运用所学知识、技能的情况，总结教学经验，研究和改进教学方式方法；对教学全过程管理起到导向、检验、诊断、反馈、调节等作用。

② 考核范围

凡属现代学徒制专业人才培养方案规定开设的所有课程，都要进行考核。

③ 考核组织

由职业院校、专业、企业三方根据人才培养方案及课程标准组织课程考核评价。建立以能力为核心、符合高等职业教育和现代学徒制人才培养特点的学徒学业成绩考核评价体系。加强过程考核，鼓励采取口试、答辩和现场操作等多种考核形式和多元评价方式，着重考核学徒的综合素质和运用所学知识解决实际问题的能力，促进学徒个性与能力的全面发展。

④ 考核方式

课程考核方式应充分考虑学徒的差异性，根据各课程的内容特点和具体要求，在课程标准中具体制定并实施。考核方式应包括提交课程设计报告、论文或学习（工作）心得、实际操作或现场操作、口试或答辩、成果演示、开卷笔试、在线测试等。职业技术课程可采用学习过程评价的方式，以学习态度、操作能力、方法运用、合作精神为考核要素，以学习阶段、学习项目或典型工作任务为单元组织考核。也可采用学习过程评价与学习结果考核相结合的方式，学习过程评价比重占课程总评成绩的 60%，学习结果考核比重占课程总评成绩的40%。课程总评成绩以百分制评定。

（2）工学交替岗位技能训练和跟岗顶岗实习学业考核

① 考核目的

运用现代学徒制学徒岗位技能训练和跟岗顶岗实习学生成绩评价体系，准确地采集参加岗位技能训练和跟岗顶岗实习的学徒在学习、工作等方面情况与表现，评估学徒在岗位技能训练和跟岗顶岗实习过程中存在的不足及原因，据此改进岗位教学，提高岗位教学质量，促使学徒形成综合职业能力，早日成为具有综合职业能力和创新能力的高素质技术技能型现代学徒制人才。

② 考核范围

对参加岗位技能训练和跟岗顶岗实习的学徒在培养期结束后进行学业整体综合性评价。

③ 考核形式

考核评价形式采用企业导师（或学校带队教师）评价与学徒自评、车间班组评价相结合的多方评价方式。

针对企业特点选择不同的岗位技能训练和跟岗顶岗实习学业评价指标，评价指标多元化，综合评价岗位技能训练和跟岗顶岗实习学徒的专业能力、社会能力、方法能力；过程性评价和终结性评价结合；不但注重过程性，还要注重公正、客观、科学评价学徒岗位技能训练和跟岗顶岗实习成绩；建立以职业技术标准和职业素质为基础的岗位技能训练和跟岗顶岗实习学业评价；注意做好评价前期的准备工作，让学徒全面了解评价办法与评价目的，以达到对学徒考核的实效性，发挥教学评价的导向性。

（3）岗位技能训练和跟岗顶岗实习成绩评定

岗位技能训练和跟岗顶岗实习成绩评定采用百分制计，60 分为及格，85 分以上为优秀。岗位技能训练和跟岗顶岗实习结束后，均需对学徒评定学业成绩。不及格的学员无法获取当学期的课程学分，三创分、志愿小时、第二课堂学分等均不能获得。

表 3-2　职业院校现代学徒制学徒跟岗实践学习成绩评分指标

考核内容		考核要点
职业道德和职业操守	组织纪律（8分）	遵守企业规章制度，从无违规现象，服从上级管理与安排。（8分）
		违规次数在 2 次以内，服从上级管理与安排。（7分）
		违规次数在 3 次以内，无严重违规现象，基本服从上级管理与安排。（6分）
	主动意识（6分）	具有责任心，工作积极主动，能出色完成工作任务。（6分）
		有一定的责任心，工作较主动，能较好完成工作任务。（5分）
		工作欠主动，需领导监督才能完成工作任务。（4分）
	进取精神（6分）	积极上进，不满足于现有成绩，面对困难能积极想办法解决，善于学习，进步较快。（6分）
		积极上进，面对困难基本上能想办法解决，喜爱学习。（5分）
		安于现状，不思进取，面对困难束手无策。（4分）

续表

考核内容		考核要点
专业知识与专业技能	专业理论知识（10分）	专业理论扎实，熟知本岗位相关理论知识及部门工作程序。（10分）
		有较强的理论功底，熟悉部门日常工作程序。（8分）
		有一定的理论基础，对部门工作较为熟悉。（7分）
		缺乏理论知识，对部门工作了解不全面。（6分）
	操作规程（10分）	熟知本部门、本岗位工作程序，能严格按照操作规程、熟练、迅速、准确、及时完成工作任务。（10分）
		熟知本部门、本岗位工作程序，能较严格按照操作规程，完成工作任务。（8分）
		熟悉本岗位工作程序，基本能够按要求完成日常工作。（7分）
		对本岗位工作程序不太熟悉，存在不能按操作规程完成工作任务的现象。（6分）
	应变能力与服务意识（10分）	反应敏捷，具有较好的超前服务意识，能准确、及时地把握上级和客户的服务需求，提供相应服务，圆满解决问题。（10分）
		能较准确地把握上级和客户的服务需求，能够及时提供各项服务，能较妥善解决问题。（9分）
		服务意识不强，在上级和客户的要求或同事的提醒下为上级和客户服务，发现问题，不能及时应对，但事后能较妥善地处理问题。（7分）
		服务意识差，常常需要客户和同事的提醒，服务不能准确到位，出现问题时不知所措。（6分）
人际关系与团队精神	团队精神（10分）	非常明确团队的工作目标和要达到的效果，在工作中能主动为同事提供帮助，协同完成工作任务。（10分）
		基本明确团队的工作目标和要达到的效果，能与他人配合完成工作任务（8分）
		不明确团队的工作目标，和同事配合中存在一定的障碍，工作任务有时无法完成。（6分）
	人际关系（5分）	具备良好的人际交往技巧，与同事、上级建立和谐的合作关系，愉快相处，并能理解和适应不同类型的人。（5分）
		与同事上级关系较好，偶尔出现矛盾，但能积极、热情地进行沟通，主动化解矛盾。（4分）
		与同事、上级关系一般，缺乏交往技巧，有时以自我为中心，偶尔还会引发冲突。（3分）
工作质量与工作态度	工作质量（10分）	工作效率高，能迅速完成上级交给的任务，多次受到客户的表扬。（10分）
		能较快地完成上级交给的工作任务，受到部门和同事的肯定和赞许。（8分）
		基本能在规定时间内完成上级交给的任务。（7分）
		工作拖沓，不能在规定的时间内完成工作任务。（6分）
	工作热情（10分）	热爱自己的工作，工作时精神饱满，工作非常积极、主动。（10分）
		热爱自己的工作，工作时态度认真，工作较主动。（8分）
		能安心工作，工作时态度较认真，但对工作欠主动，容易因自己情绪变化而影响工作热情。（7分）
		不安心工作，上班时态度不认真，对环境变化反应冷淡，得过且过。（6分）

续表

考核内容		考核要点
工作质量与工作态度	创新意识（5分）	思路开阔，对部门工作方式、方法的改进有较大的贡献。（5分）
		能够发现工作中存在的问题，能够提出可行的改进方案。（4分）
		能够发现工作中存在的问题，但不能提出可行的改进方案。（3分）
		不能发现工作中存在的问题，一切按老的工作方法去做。（2分）
劳动纪律与礼貌礼仪	劳动纪律（5分）	服从管理，以身作则，按时出勤，从无迟到、早退现象。（5分）
		服从管理，能按时出勤，偶见迟到、早退现象。（4分）
		基本服从管理，基本能按时出勤，但是有迟到、早退现象。（3分）
	礼貌礼仪（5分）	形象得体，严格按企业仪容仪表规定着装。礼貌待人，无不良习惯和行为，言谈举止符合规范。（5分）
		形象较得体，较注意自身仪容仪表，礼貌待人，在工作场所无不良习惯和行为。（4分）
		对仪容仪表不重视，礼貌用语不够，有时会出现不良习惯和行为。（3分）

表 3-3 现代学徒制学徒跟岗实践学习成绩评分

项目		自我评价占总评30%	企业班组评价占总评30%	企业导师评价占总评40%
职业道德和职业操守（20分）	组织纪律（8分）			
	主动意识（6分）			
	进取精神（6分）			
专业知识与专业技能（30分）	专业理论知识（10分）			
	操作规程（10分）			
	应变能力与服务意识（10分）			
人际关系与团队精神（15分）	团队精神（10分）			
	人际关系（5分）			
工作质量与工作态度（25分）	工作质量（10分）			
	工作热情（10分）			
	创新意识（5分）			
劳动纪律与礼貌礼仪（10分）	劳动纪律（5分）			
	礼貌礼仪（5分）			
学徒制班学习总表现得分				
总评分（百分制）				
企业简评				
		企业盖章		

企业代表： 年 月 日

（二）现代学徒制人才培养模式在高职电子商务专业中的应用分析

2015 年中国经济步入"新常态"，在"互联网＋"的大环境背景下，中国传统经济转型升级进入重要的一年，同时职业技术教育发展迈入了新阶段，揭开了新篇章，现代学徒制也开始进入大发展阶段。教育部出台《关于开展现代学徒制试点工作的意见》，从政策方面来支持和推动"现代学徒制"发展，同时遴选 165 家单位作为首批现代学徒制试点单位和行业试点牵头单位[①]。在这样的背景下，开展"电子商务专业现代学徒制探索和实践"研究，探讨电商专业现代学徒制的培养措施，旨在建成学院高水平现代学徒制的特色专业。

1. 现代学徒制在电子商务专业中的实施意义

（1）有利于提高电子商务专业的人才培养质量

最新发布的《中国电子商务人才状况调查报告》显示，被调查企业中最急需的电商人才主要有运营人才、推广销售人才、美工、供应链管理人才等。而现代高校培养出来的电子商务人才由于缺乏岗前的实践，满足不了电商行业企业的人才需求。现代学徒制可以让企业参与到职业院校人才培养当中，有利于专业设置更好地对接产业需求，有利于课程内容更好地对接职业标准，提高专业人才培养的质量，使培养出来的人才更适合电商企业的需求。

（2）有利于电子商务专业深化产教融合和推进工学结合

通过现代学徒，校企双主体人才培养，校企双方改革人才培养模式，制定人才培养方案和建立课程体系，采用"师带徒"的方式带领学生学习专业知识和技能。

电子商务实施"现代学徒制"人才培养是专业主动服务当前社会经济发展的要求，是深化专业人才培养模式改革，打通和拓宽专业人才培养成长通道的重要选择。同时是电商专业提高学生动手能力和职业能力，深化产教融合，推进工学结合的有效途径。

2. 现代学徒制在电子商务专业中的实施困境

（1）企业及学徒的利益点冲突

企业认为学徒没有为他们创造效益，而他们需要支付较高的导师成本，所以他们不愿意支付太高的实践报酬给学生。对于学生来说，他们认为参与了现代学徒制的人才培养，还参与到企业的实际工作岗位中付出了劳动，所以他们不理解企业不给支付报酬或补贴较低。因此，在实施学徒制人才培养当中会受到"90 后"学生的抵制或不支持，或企业为了弥补导师成本，安排

---

① 秦琴. 电子商务专业现代学徒制教学探索 [J]. 产业与科技论坛，2016，15（19）：168-169.

了一些需要人力的工作岗位，这些岗位的工作技能较简单，与电子商务的工作岗位要求有一定差距，导致因利益点不平衡造成实施困难。

（2）现代学徒制的社会保障制度欠缺

目前来说，现代学徒制实施过程中社会保障制度还不健全，对于学徒的用工时长、企业用工的工资报酬和企业开展现代学徒制人才培养的用工合同等都没有明确的法律法规，导致学徒的合法利益无法保障。另外，从学校层面来说，实施现代学徒制也是处于探索阶段，很多学校虽然鼓励各个专业开展现代学徒制人才培养，但也没有相应的政策文件来指导、激励教师，缺乏相关的激励机制，导致学校的老师没有主动参与到现代学徒制的教学工作中。同时，企业导师由于教学经验不足，教学组织不佳，加上学校对企业实施现代学徒制的教学监管薄弱，导致学徒制的培养效果不佳，甚至成了企业变相低价用工的一种方式。

（3）现代学徒制师资素质欠佳

电子商务现代学徒制的教师团队主要是由企业导师和专业教师组成。企业导师的职业岗位技能很强，却欠缺教学经历，教学方法和手段采用不够合理，很难将实际的工作流程和丰富的实践经验高效地传授给学生，导致教学效果不佳；另外，学校的专业教师中"双师型"的教师比例小，专业教师对企业岗位业务不熟悉，很难参与到现代学徒制的人才培养教学当中来。

（4）"双体系"校企课程设置欠佳

电子商务现代学徒制要培养的是具备完备的知识结构和熟练的实践操作能力、具备电子商务综合素养的人才。但在实施电子商务现代学徒制人才培养中，大多数没有校企合作开发的课程，也没有编写与岗位相关的实训指导书或讲义，设置什么样的课程和实践内容主要是企业说了算，企业占主导地位，导致"双体系"校企课程设置欠佳，没有建立起现代学徒制科学合理的课程体系。

3. 现代学徒制在电子商务专业中的实施对策

（1）明确专业定位

在现代学徒制教学模式的应用过程中，首先要找准专业定位，从电子商务专业的特点出发，确定专业人才培养目标。在此基础上，打造实训平台，寻求校企合作渠道，构建新型电子商务人才培养模式。该专业教学主要侧重于三个方向，即网店运营、网店美工和网店客服，三个培养方向分别面向企业不同的岗位需求。根据学生自身的发展方向，应为其安排合理的实训内容。学校可以与企业合作，共同建设实训基地，作为合作教学平台。在教学过程中，应明确各方职责，共同围绕学生开展教学培训活动。应在签订合作协议后，共同制订人才培养目标和计划。在新的人才培养模式下，上课即上岗，招生即招工，完成学徒任务后，学生即可获得对应岗位技能。

（2）合理设置专业课程

基于现代学徒制电子商务专业人才培养模式构建，要对专业课程和培训内容进行合理设置。结合当下就业动态，与企业骨干技术成员共同制定教学标准，共同开发课程，共同编写教材。例如，针对企业网店运营岗位对应的工作任务和所需专业技能，设计开发出《网络营销推广》《店铺数据分析与店铺定位》《电子商务物流》等一系列基于网店运营典型工作任务的专业课程，辅以相应的自编教材，通过企业培训课程与学校教学内容的相互补充，完善学生的职业能力知识技能框架。

（3）采取阶段性人才培养策略

基于现代学徒制的电子商务专业人才培养模式可分为四个阶段的人才培养任务[①]：

① 第一阶段为在校学习阶段。学习内容主要为专业理论知识、文化基础课和基本操作技能，如网店运营知识和网络营销知识等，在此阶段也可有企业参与，渗透最新的行业动态信息，教学时间为 2 学期。

② 第二阶段为初级学徒阶段。结合企业岗位要求，开展网店美工和电商运营等实训课程，"师傅"主要由企业技术人员担任，并采取多岗轮训制，让学生接触更多专业技能，教学时间为 2 学期。

③ 第三阶段为项目学徒阶段。由校、企、生三方签订人才培养协议，采取师傅带徒弟的模式，让学生真正参与企业运营项目和进行创业项目，教学时间为 1 学期。

④ 第四阶段为顶岗实习阶段。采取双向选择模式，学生通过实习考核后，可以成为企业正式员工，享有优先录用权。

（4）实施校企联合管理

在现代学徒制教学模式下，要实施校企联合管理，成立现代学徒制工作小组、教学指导小组，在校方领导和企业专家指导下，开展学生管理工作。由校企联合创建电子商务人才资源库，同时组建高水平的"师傅团队"，根据岗位需求采取有效的管理策略。在完成每个阶段的教学和培训工作后，要及时进行教学评价，对学生的学习态度、创新能力、技能掌握情况等进行全方

---

① 王玥，温慧颖. 电子商务专业现代学徒制人才培养模式改革研究与实践 [J]. 纳税，2017（3）：126.

位评价，并为学生的职业发展提供指导。

综上所述，现代学徒制是一种适用于电子商务专业人才培养的教学模式，通过构建现代学徒制教学模式，可以充分发挥校企联合教学、联合管理的作用，为学生的职业成长提供全方位的指导和帮助。发挥该教学模式的优势，弥补传统教学模式的不足，使学生获得更多实践能力的培养。

（三）现代学徒制人才培养模式在高职市场营销专业中的应用分析

通过借鉴现代学徒制人才培养的理念，以强化实践性专业能力培养为主导思想，构建"工学交替"的市场营销人才培养模式，来实现企业与学校育人的双轨道培养模式。并积极开发具有系统性的工作流程，强化专业课程的教学体系，以实践性项目为指导手段，依照社会真实的发展需要，不断优化专业课程教学体系和教学内容。校方应该高度重视和完善企业对口岗位进行实习的相关制度，加强实际岗位在职实习的培训过程。培养学生的实践工作能力是实现职业教育培养目标、提高学生综合能力的重要基础，也是现代学徒制人才培养的核心内容。企业和校方应该遵循学生的成长规律和注重学生专业能力的储备，保障和维护学生在企业实习的合法权益。加强校企合作黏性，促进市场营销人才实践能力与专业精神共同发展。

1. 现代学徒制在市场营销专业中的实施意义

随着时代的变迁，学习不再局限于一个固定的时间和特定的地点。首先，教育已经延伸到社会生活的各个方面。只有不断学习，才能帮助个体适应社会发展，从容应对各行各业技术技能的更新与进步。其次，学科知识的教学不再局限于传统的、单一的、教师式的教学方式，而是走向信息化、师生互动、校企合作等方法多样化的综合模式。在多元化教育模式的影响下，每个人都找到了适合个人发展的终身学习方式，可以提高自己的综合素质和能力。在现代学徒制模式下，参与校企合作的优秀企业中，存在着许多具有"工匠精神"潜质的优秀人才。学生不仅可以向他们学习专业技能，还可以受到他们良好的专业素质、精益求精的"工匠精神"和优秀的学习素质的影响，并将这些优秀素质反馈给自己；加深对科学技术快速发展和专业技能不断更新的认识，了解终身学习的必要性，更好地规划自己的职业生涯。

市场营销的特点影响了市场营销人才在市场中的实践能力。现代培养营销人才的模式要系统地掌握营销的理论知识，将理论知识应用到真实的社会经济大环境中，在实践中锻炼学生的综合素质。实施现代学徒制培养营销人才的模式,就要考虑到营销人才、岗位匹配与专业衔接的问题①。

为确保市场营销的理论课程与现实社会经济体制的无缝衔接,市场营销专业必须建立专业教学标准与专业标准联动发展机制,企业在对人才进行定向培养的同时要督促人力资源更新培训内容,使其符合现代营销环境的培训理念。围绕企业和营销人才的特点和行业规范,合理制定企业实践工作能力和实践的考核制度,建立正规的考核标准。与其刻板地传授传统的营销理论课程,不如将学生的职业能力培养渠道衔接到企业营销管理岗位当中,根据对口企业在社会当中的实际发展需求来同步培养营销人才的专业技能。根据市场大环境的实际需求和职业技能进行综合评定,从而建立个性化的人才培训体系,实施科学有效的人才培养和管理方案②。现代学徒制人才培养模式是传统学徒制教学与现代职业教育相结合发展起来的职业教育模式,重点培养综合素质能力强、职业素质能力高、职业技能优秀的人才。在现代学徒制人才培养模式下,校企合作是现代学徒制人才培养模式实施的重要前提。工学结合是现代学徒制人才培养模式的核心。校企联合是实施现代学徒制人才培养模式的主要途径。

2. 现代学徒制在市场营销专业中的实施困境

以产教融合、校企合作的人才培养模式为出发点,不断探索现代学徒制的着力点、切入点、支撑点,并从现代学徒制文化建设的氛围中不断挖掘学生的职业技能和潜能,让学生在校学习期间就要具备现代经济社会所需要的专业素养、敬业精神和"工匠精神",培养学生专业素质的同时使学生实现准确的职业定位,进而提高其专业竞争力。现代学徒制的人才培养模式对促进市场营销专业教学和学生职业角色转变具有积极作用,有效推动产教融合的实施进程,并能将专业运用到实际的工作岗位中进行紧密结合,达到实践型人才培养的效果。现代学徒制人才培养模式要明确学校与企业联合培养的人才目标和方向。一方面,传统营销专业没有企业扶持和行业背景,很难将产教融合。学生毕业后面向各行各业,不能完全学以致用,在学校学习的理论知识很难落实到现实工作情况当中,校方过于将理论作为专业基础,导致学生出现在毕业后就失业的情况③。

---

① 旷健玲. 我院市场营销专业现代学徒制人才培养模式的构建 [J]. 劳动保障世界, 2017(2): 43-44.

② 何宗明. 高职院校"现代学徒制"人才培养模式研究——以市场营销专业为例 [J]. 知识经济, 2020(16): 132-133.

③ 甘智龙. 基于现代学徒制的高职市场营销专业人才培养模式探讨 [J]. 现代营销(创富信息版), 2018(10): 201.

另一方面，职业院校的市场营销专业的学生并不清楚现在经济市场环境的真实性，面对现实严峻的工作挑战不能调整好心态去适应，很难融入到基层岗位当中，幻想着毕业后只要通过文凭就可以轻松地进入到大企业当中得到管理岗位，忽略了自身的专业水平和职业素养。学生们不清楚自己离开学校之后要面对的是一个真实的工作环境，现在的竞争环境有可能会淘汰一批盲目乐观的大学生。因此，现代学徒制市场营销人才培养要让校方和教师了解现代经济环境的发展现状，为企业输送优质的专业人才，让学校作为毕业生的有力后盾，定向培养专业营销人才，为企业输送优质的管理人才，校企合作为毕业生合理规划职业发展路径，保障高职院校毕业生的就业。

3. 现代学徒制在市场营销专业中的实施策略

现代学徒制不仅适用于技术性较强的工科类专业，也适用于传统的商贸类专业。市场营销的特点决定了市场营销专业必须强调学生在市场的实践和实操能力，仅仅系统地掌握营销的理论知识只能做到纸上谈兵，而要能将理论运用到现代商场的真实环境中就离不开实践中磨练出来的综合素养。为了让现代学徒制落地，必须做到学徒与岗位、学校与企业、教育与产业无缝对接。

（1）前提保障

① 高职教师的职业能力提升。在科研排名、教学竞赛、职称评审等考核制度的约束下，教师们日常疲于应付各项教学任务考核，难于以兼职的身份走入企业一线进行实操技能的锻炼。而企业的一线师傅实践能力强、工作经验丰富，却没有足够的教学经验将技能技术有效地传达给学生。因此，高职教师的职业能力在实施现代学徒制的推行中起着基础性的作用。学校应落实教师的企业实践制度，尽可能地帮助教师脱产进企业培训，在实践中形成实践教学智慧。

② 行业指导与服务。由于行业协会不同于一般的社会组织，掌握了行业最新、最全的信息数据，对企业的技术要求和人才需求都有专业的判断。因此德国颁布的《职业教育法》中就要求每个行业协会都成立一个职业教育委员会，负责制定职业教育的行业标准，执业资质的考核。然而，行业协会在我国的职业教育发展中起到的作用十分有限，教育领域对行业协会的作用也不够重视，各个学校培养人才的标准也不统一，导致培养出来的学生往往不能令企业满意。因此在推广现代学徒制的过程中，行业协会需要有更清晰的角色定位，要参与指导教育教学，为学校的人才培养提供行业人力资源需求预测和就业信息，解决市场和学校之间的信息不对称问题。

（2）实施措施

① 学生与学徒的身份互认。现代学徒制下学生与学徒的双重身份是校企合作的结果，是建立在受法律保护的师徒合同之上。通过联合招生招工，入学的同时入职。学徒合同的签订保障了学生受教育的权利和作为学徒的职工福利，更重要的是分清了多方在现代学徒制开展中的权利和义务，促使企业和学校共同开发教学课程、拓展教学资源、培养学徒的工匠精神。市场营销学生与学徒的身份互认使得企业和学校在人才培养上有着相同的角色，不完全依赖企业的技能训练，也不过分强调学校的理论教育。

② 课程衔接体系。首先，为保障课程的无缝对接，市场营销专业必须建立专业教学标准和职业标准联动开发机制促使校方及时更新教学内容，使之符合职业化的教育理念。其次，在开展现代学徒制之前，必须围绕企业和学生的特点、行业规范由校企双方共同参与系统化的课程设置并合理制定企业实践和课程学分的互换制度，建立学业标准和学徒标准的双标准考核体系。不能延续传统的理论课程设置，而是应该通过学校教师、企业师傅和行业专家的三方座谈交流，根据企业的人才需求和职业技能分析来设置相应的课程体系。根据企业所在行业的职业资格要求纳入到教育课程中，并鼓励学生积极参与行业主办主导的技能大赛。在课程设置中要能体现分段进阶式的课程提升，满足从学生到学徒，从学徒到准员工，从准员工到正式员工不同阶段的能力培养。

（3）质量保障

① 融合企业文化。现代学徒制的基础是学校和企业在育人目标上的一致和教育资源上的互相依赖。企业文化和校园文化的融合体现出校企双方的互相认同和学校专业的办学特色。"要把工业文化融入校园文化，实现工业文化进校园，企业文化进校园"就需要教师去企业一线锻炼和学习将企业文化带回课堂，也需要企业师傅参与到学校实训场地建设和课程改革的过程中来。在这过程中，学校教师和企业师傅应保持紧密联系，定期进行学术交流。在校园建设中应适当引入企业文化元素，有意识地将校园文化和企业文化对接，缩短学生和用人单位之间的距离。

② 职业素养培训。现代学徒制下学生职业素养的养成离不开学校专业课老师和企业师傅的共同培养。在市场营销专业教学中要以课程为载体，突出职业理想、创新创业素质、职业道德等内容；在企业实践中要以实操为载体，突出职业情感、职业信念、职业规范等，以融入企业为培养目标，强调学徒的操作规范。在学校和企业双标准的考核体系下，将职业素养的养成纳入到

考核范围，使培养出来的学生/学徒具备"现代职业人"的职业素养。

（四）现代学徒制人才培养模式在高职旅游服务专业中的应用分析

现代学徒制背景下高职旅游服务专业人才培养模式现代学徒制是目前我国高等院校人才培养的主要模式之一，其主要通过学校和企业的深度合作，教师与师傅的联合传授，实现对学生专业技能与职业素养的全面培养，符合现代市场发展对复合型人才的要求。高职旅游服务专业在人才培养过程中，对现代学徒制的认知有限，未能更好地落实现代学徒制这一高效的人才培养模式，因此，要求教师从学生专业技能、职业素养、综合实践能力等方面的发展需求出发，深入研究并落实现代学徒制人才培养模式在高职旅游服务专业中的应用。

1. 创新课程建设理念

现代学徒制背景下，高职院校创新旅游服务专业人才培养模式，首先要更新课程建设理念，从现代学徒制角度对课程建设加以完善与优化，确保课程建设的合理性。现代学徒制人才培养理念主要强调学校与企业在人才培养方面的相互配合，因此，高职院校应根据本校旅游服务专业人才培养的需求，积极主动地与当地优秀企业合作，实现学校与企业之间的资源共享。企业可以为高职院校提供课程建设方面的帮助，使高职院校全面了解当前旅游行业发展对旅游服务人才的具体要求。而学校可以针对旅游企业的实际发展情况，实施针对性的人才培养策略，双方各取所需，互惠互利，达成良好的人才培养合作关系。

（1）成立理实一体化课程研发小组

高职院校基于现代学徒制背景建设旅游服务专业课程，首先需要学校教师、企业工作人员共同组建一个课程研发小组。高职院校的专业教师缺少实践经验，但理论知识较为扎实，可以针对专业人才培养方面的理论课程建设进行深入研究。而企业工作人员一直工作在旅游行业一线，了解作为旅游服务人员应该具备哪些职业技能与职业素养，可以为旅游服务专业实践课程的建设做出贡献。二者深度合作、沟通与研究，可以确保旅游服务专业理实一体化课程体系的建设能够满足当前市场发展对旅游服务人才的相关要求。

（2）明确人才培养目标

在现代学徒制背景下，高职旅游服务专业课程建设要迎合行业发展需求，课程开发与建设人员要充分了解旅游行业的发展现状，了解旅游行业中不同岗位工作对人才的具体要求，从而以行业发展需求为核心，明确旅游服务专业人才培养的目标。例如，学生要掌握最前沿的旅游相关知识，具备旅游分类能力、旅游产品创新能力等，还要具备多渠道收集数据、分析数据、独立思考、解决问题等方面的综合能力。结合人才培养目标，加强对人才培养模式的创新与优化，重视实践教学，从而实现高职学校对旅游专业人才的精准化培养。

（3）加强产教融合

高职院校基于现代学徒制建设旅游服务专业课程体系，要主动邀请当地优秀的旅游企业参与，获得企业的支持，从而根据当前旅游行业发展趋势，开发新的专业课程，利用企业优秀的项目资源丰富课程内容。特别是在专业实践课程的建设中，更要与企业沟通，获得企业的支持，使专业学生可以加入企业的岗位工作中，在产教融合背景下实现高职旅游服务专业课程体系的有效建设与实施。

2. 做好课程内容的开发

在传统的高职旅游服务专业人才培养模式中，课程内容以理论教学为主，采用传统的课堂授课模式，根据专业课程教材内容向学生讲授相关的旅游知识。而在现代学徒制背景下，要求重点培养学生的职业技能与职业素养，因此需要专业教师明确课程目标，并基于理实一体化课程体系，做好行业发展情况的调研工作，全面了解旅游行业发展对各岗位工作人员素质及能力的具体要求，从而在课程内容的开发与建设中，加强对学生职业能力、学习能力以及协作能力的有效培养。现阶段，旅游行业发展十分迅猛，在各种经济发展政策的推动及先进技术的加持下，旅游行业发展对人才质量的要求越来越高。高职旅游服务专业在开发课程内容时，要做到与时俱进，及时更新课程内容，确保学生的专业学习与发展能够跟上时代发展步伐。在具体的实践过程中，可以从以下几个方面开发课程内容。

（1）明确课程目标

高职旅游服务专业涉及专业课程、公共课程、实践课程等多种课程，每个课程在内容开发时都要明确具体的课程目标，只有这样才能为课程内容的开发与建设提供准确的方向。例如，在旅游管理理实一体化课程中，其课程目标主要是让学生具备基本的旅游识别能力、旅游调制能力以及旅游分类能力，同时能够具备终身学习意识、良好的信息素养、基本的职业道德、旅游服务方面的法律素养、日常行政管理能力，以及人际交往能力、沟通能力等。结合课程目标，课程内容开发小组可以明确内容的大体框架，再结合旅游行业发展的具体情况做好课程内容的精细化编写。

（2）做好行业的调研工作

课程内容的设计要紧紧围绕行业发展的动态和趋势，因此需要相关教育工作者深入行业内部，做好调研及数据信息的整理和分析工作。例如，进入旅游企业、旅游服务培训机构等地进行实地考察和调研，整理总结旅游行业的发展现状及未来发展趋势，从而有针对性地开发与设计课程内容，确保课程内容的时效性、先进性，根据课程内容开展教学活动，提高高职旅游服务专业的人才培养质量。

（3）做好课程内容的设计

在明确课程目标并完成对行业发展情况的调研后，高职院校要与旅游企业协作，完成对课程内容的开发与设计。课程内容主要包括理论和实践这两大部分，并通过学校与企业双方的信息共享，整合双方课程资源，实现对课程内容的优化设计。旅游企业结合自身对旅游服务人才方面的需求，协助高职院校做好课程内容的删减、增加、调整等，确保课程内容的科学性与合理性，不断优化与完善高职旅游服务专业课程内容。

3. 提高对实践教学的重视度

在现代学徒制人才培养模式下，传统高职院校人才培养一改"重理论、轻实践"的教学理念，重视对学生职业技能的培养，加大了专业实践教学的力度。部分高职院校设置了相应的实践课程，但是在实践课程实施过程中，缺乏对学生实践能力、专业技能的培养与训练，导致实践课程形同虚设，未能充分发挥出实践课程教学应有的价值和作用。在现代学徒制背景下，进行高职旅游服务专业人才培养模式的创新，教师要进一步提高对实践教学的重视度，并且立足学生职业技能与综合能力的发展需求，对实践教学的形式加以创新与改进，具体可以从以下几个方面实施。

（1）采取"走出去，引进来"的原则落实好专业实践教学

以往的高职院校旅游服务专业教师在教学过程中只能对学生进行理论知识的讲解与灌输，并不能对学生进行有效的职业技能指导，主要是因为高职专业教师自身缺乏实践经验，对旅游服务行业的发展现状缺乏了解，自身的专业素养有待提升，无法满足学生职业技能与综合素养发展的需求。因此，针对这一情况，高职旅游服务专业在开展实践教学工作时，可以采取"走出去，引进来"的方式，为学生提供科学有效的职业技能指导，确保实践教学的质量。

一方面，学校鼓励教师"走出去"，走出校园，走进旅游企业或者工作室，通过参与企业的岗位工作，与企业岗位精英进行交流和学习，从而提升高职

学校专业教师的实践能力和职业技能水平，使专业教师在实践教学工作中不再只是纸上谈兵，而是能够给学生做出良好的示范，传授相关实践经验。另一方面，学校积极"引进来"，高薪聘请旅游企业优秀的岗位精英，使岗位精英到学校对学生进行专业化的实践指导，向学生传授相关的工作经验，实现现代学徒制人才培养模式在高职旅游服务专业中的有效落实，同时提升旅游服务专业的实践教学质量。

（2）实施校企合作，拓展实践教学平台

现代学徒制人才培养模式就是在学校和企业的双方合作中，完成对专业人才的培养。开展实践教学工作要充分发挥好校企合作的优势，使高职学校获得企业的支持，为学生提供企业实践机会。一味地按照传统课堂授课的方式对学生进行教学和培养，很难使旅游服务专业人才的职业技能及实践水平有更大的突破。现代学徒制为学生的实践学习开拓了新的空间，在校企合作中，通过构建科学完善的合作机制，明确双方在旅游服务专业人才培养中应承担的责任，企业除了可以派遣岗位精英到校对学生进行专业的实践指导外，还可以为学生提供正式的实践环境，学生通过岗位工作的参与，深入了解不同岗位对工作人员能力、素养的相关要求，从而发现自身特长，选择自己喜欢的、最适合自己的岗位作为未来就业的目标，并在日常学习中朝着这个目标努力。

（3）创新考核模式

高职旅游服务专业在课程考核中，主要采用理论试卷考核的方式，学生通过试卷作答，了解自己的专业知识掌握情况。而现阶段社会发展对旅游服务人才的要求更高，不仅要掌握扎实的专业知识，更要具备较高的职业技能水平及实践能力。因此，为了满足社会发展对人才的要求，应进一步加强专业实践教学，提高学生参与实践、提升实践能力的积极性，教师需要创新与改进课程考核评价模式。例如，将考核内容分为理论与实践这两个部分，在日常的实践教学中，企业的师傅要观察与记录学生的实践表现，并作为平时的实践考核依据，而在阶段性的实践考核中，要为学生提供相应的实践项目，使学生在实践项目的驱动下完成对自身专业技能、综合实践能力的考核与评价。

4. 注重培养学生的职业素养

培养学生的职业素养是现阶段高职人才培养的主要目标，也是旅游行业发展对旅游服务专业人才的基本要求。高职专业教师在培养学生旅游专业技能的过程中，要结合学生的职业素养发展需求，组织开展多样化的教学活动，实现在课程教学中提升学生的职业素养。在高职院校的旅游服务专业课程教学中，教师要想提升学生的职业素养，还可以通过文化渗透的方式，比如向学生渗透先进的旅游文化、旅游发展理念，使学生在学习专业知识和专业技能的同时，逐渐形成以人为本、绿色环保等方面的职业素养，具备较强的服务精神、工匠精神。

通过理论讲解的方式，学生在理论层面加深对职业素养相关内容的认知，并深入了解提升自身职业素养的必要性。教师还可以组织开展各种模拟活动，使学生在模拟活动中提升自身的职业素养，比如教师可以组织开展"模拟导游"的职业活动，由学生扮演导游或游客，教师为学生创建多种多样的活动情境，使学生在模拟情境中解决各种与旅游服务相关的问题，从而培养学生的应变能力、思维能力、问题分析和解决能力等。

5. 加强师资队伍的建设

现代学徒制人才培养模式对高职院校专业师资队伍的要求不断提高，从对基于现代学徒制的高职旅游服务专业课程建设、课程内容开发以及实践教学开展等方面的研究可以发现，理论与实践结合是课程开展的主要方向，使学生职业技能、职业知识以及职业素养全面发展是专业教学的主要目标。但是以往的高职旅游服务专业师资队伍的整体质量未能达到现代学徒制人才培养的相关要求，需要高职院校重视对师资队伍的建设，组建复合型、高质量的旅游服务专业师资队伍。

一方面，高职院校要优化调整旅游服务专业师资队伍的结构，以"双师型"队伍结构为主，将专业教师队伍分成两个部分，一部分由原有的高职专业教师构成，另一部分则由企业岗位的师傅构成，双方各有所长，合作实现整体提高旅游服务专业师资队伍的专业素养及教学能力。另一方面，高职学校要做好对师资队伍的培训工作，比如对所有教师和师傅进行岗位工作内容、工作职责以及教学内容和人才培养目标等的共同培训，确保在现代学徒制人才培养中，教师与师傅的目标是一致的。

同时要定期组织双方进行教学经验交流与问题探讨，实现教师与师傅有效的沟通，取长补短，共同达成基于现代学徒制的高职旅游服务专业人才培养目标。为更好地适应旅游业的蓬勃发展，高职院校要创新旅游服务专业人才培养模式，培养符合新时期市场发展需求的复合型人才，将现代学徒制人才培养模式应用在教育教学中，通过对课程结构的优化、教学内容的开发以及实践教学的开展，确保学生的专业技能与职业素养发展。通过校企合作优化人才培养目标，构建高素质、高教学能力的师资队伍，以全新的人才培养理念提高高职院校旅游服务专业人才培养的质量。

第四章　高等职业教育产教融合人才培养模式

　　随着我国经济不断发展，创新驱动发展战略不断实施，人才供需关系发生了显著的改变。在不断变化中，针对高等高职院校存在的专业动力不足、教学科研两张皮、产教融合不够深入等一系列问题，高等高职院校要不断深化对转型的认知，实现综合改革，加强与企业的合作，实现共赢。在我国，产教融合这一模式兴起比较晚，不管是在理论上还是实践上，往往是在借鉴他国经验的基础上建立起来的。因此，如何通过产教融合，为社会培养应用型人才，已经成为当前高职院校发展的一个严重问题。下面就重点分析现代高职教育产教融合人才培养问题。

第一节　高等职业教育产教融合的内涵与理论依据

一、产教融合人才培养

　　产教融合主要指高校学科专业教育和地方经济产业的深度融合或协调发展，两者应相辅相成，共同融入促进和发展，不仅提升学生动手能力和创新意识，同时服务于地方经济产业发展。

　　"培养"这个术语源自于生物学，"人才培养"则被归类为人文社会科学。在教育学中，"人才"的含义更为宽泛，是指通过对所要培养的对象进行人文、科学、职业技能的训练和教育，使其成为适应社会需要的、具有创新精神、学习能力、具有良好的文化素养和思想品德修养的人才。人才的培养可以通过学校的特殊教育或专业的培训机构来进行，也可以是企业对雇员进行职业技能的培训，并利用各种不同的教育和训练方式，实现对人才的培养。

　　产教融合人才培养是指在政府主导和行业协会指导的前提下，学校和企业在深度融合的基础上，以实现共同利益为目标的人才培养的全过程。中等职业学校产教融合人才培养主要包括以下几方面内容。

（一）人才培养方案市场化

　　人才培养方案是关于人才培养的总体要求，是组织开展教学活动、安排教学任务、实施人才培养的总依据。人才培养方案应体现人才培养的全过程，包括专业设置、入学要求、学制要求、培养目标、学时安排、毕业要求等。产教融合人才培养方案应邀请行业协会到学校指导，在业内专家的指导下，各企业、学校根据国家中等职业教育标准，制订了一套适合我国中等职业教育的人才培养计划，反映双方的需求。产教融合人才培养下的人才培养方案是要满足行业、企业工作岗位的需要，应以市场为导向、以能力为本位，注重学生基础素养、职业能力和综合素质的提升。

（二）人才培养过程职业化

　　人才培养过程包括课程的建设与开发、教材的编制与选择等。课程体系是指学校课程体系中各种课程类型及具体科目的组织、搭配所形成的合理关系与恰当比例，是由各类课程构成的有机的、完整的统一体。

　　课程体系是人才培养的根本，合理的课程体系决定人才培养的高质量。产教融合人才培养过程应与企业真实生产相结合，通过合理的课程安排和教材选择力求真实还原一线生产过程，让学生在学校学习过程中体验真正的企业生产操作流程，为以后职业生涯打下良好基础。

（三）人才培养方式实践化

　　人才培养方式主要包括教学模式、教学手段和方法，以及为保证教学实践顺利进行的场地等条件。产教融合人才培养下的教学模式是"行动导向、任务驱动、项目引领"的"教学与实训一体化"教学模式，实训基地教学是产教融合人才培养模式下最重要的教学模式。实训基地是职业学校利用自身优势与行业、企业之间结合，为培养技能型人才提供的专业环境。实训基地分为校内实训基地和校外实训基地。实训基地教学可以最大限度地实现学校教育优势和企业生产优势相互补充，从而使学校成为企业技术技能人才的培育基地；同时也让学生更好地了解行业、企业最新发展动态，了解具体岗位的技术要求，从而提高其技术水平和职业能力。产教融合人才培养的教学方法和教学手段主要有"探究式""启发式""讨论式""参与式"等实践型教学方法，包括"项目教学""案例教学"等多种方式，积极培养学生的动手能力和协作能力，提高学生技能水平。

（四）人才培养质量评价专业化

人才培养质量评价是人才培养的最后保障性环节，产教融合人才培养的人才培养质量评价是在行业标准指导下的校企联合评价。评价的主体是学校和企业双主体，既要反映学校人才培养的需要又要满足企业用人需求，同时也要与行业标准相契合。中等职业学校应改变传统的、单一评价方式，建立专业的、多元的、有针对性的人才评价方式。

二、高等职业教育产教融合的理论依据

（一）教育与生产劳动相结合理论

马克思在《资本论》中提出"毫无疑问，工人阶级在不可避免地夺取政权之后，将使理论的和实践的工艺教育在工人学校中占据应有的位置。"教育与生产劳动相结合，是促进人的全面发展的有效途径。同时，教育与生产劳动相结合的观点也是马克思主义中国化的重要组成部分。劳动在人才培养中具有重要意义，党的十九大以来，更是把劳动上升到了"工匠精神"的层面。所以，职业教育的发展和产教融合的深入，是教育与生产劳动的深度结合，是对马克思主义理论的切实贯彻和发展。

（二）产学合作理论

"产学合作"是美国著名学者福斯特在其《发展规划中的职业学校谬误》中提出的①。他坚持发展多种形式的职业教育，同时主张对职业学校进行改造。一是控制职校规模的发展速度，促使它与区域经济的实际发展相联系；二是变革课程形式，开设工读交替的教学模式，开展行之有效的短期培训，在企业内部开展实习课程，缩短正规学校职业教育和实际工作情境的距离。他认为职业教育应从学校本位走向"产学合作"。福斯特的"产学合作"理论为我们当前产教融合人才培养模式提供了具体的发展方向和范式。

（三）黄炎培职业教育思想

黄炎培从职业教育的目标出发，提倡"让无业者有业，让有业之人安居乐业"，由此可以看到黄炎培对职业教育之实质的认识：就个人来说，职业教育让人掌握专业技术，找到合适的工作，解决自己的问题，推动个人发展，实现个人的价值；就社会来说，职业教育使每个人都能胜任自己的工作，分工协作，推动社会的发展和进步，每个人都可以用自己的劳动来为社会的发展作出自己的贡献，在社会中形成一个热爱工作的社会，创造一个和谐有序

---

① 周报春，周秀中. 福斯特理论对我国企业职业培训的启示 [J]. 职业教育研究，2008（09）：13-14.

的社会。

　　从黄炎培的职业教育政策来看，他十分重视职业教育的社会化、科学化。社会化就是要适应社会的需求，不断地改变和发展职业教育，职业教育不可能一成不变，要发展壮大，培养出优秀的人才，就必须要有全社会的力量，共同制定政策；科学化就是要通过科学的方法和手段来解决当前高职教育中出现的问题。他相信，社会在发展，人在进步，教育必须跟上时代的步伐，以更好地培养社会需要的人才。在经济发展的今天，我们需要用科学的思维去引导职业教育，用科学的方法去解决问题，并使之不断地充实和完善。

　　黄炎培在职业教育的教学理念上，提出了"手脑并用""做学合一""理论与实践并进""知识与技能并举"的理念。重视学与用的结合，既要有体力劳动，又要有脑力劳动，要有综合的发展。实践要与理论结合，有了理论知识，才能正确地引导实践，而实践又能充实和巩固所学的知识。其提出的教育理念，既可以提升学生的职业技能，又可以激发学生的创造性。

三、高等职业教育产教融合的未来发展趋势

（一）从"融入"走向"融合"

　　深化产教融合的关键在于供需对接、资源转化、价值交换和利益共享，在于资源、平台与机制等要素的系统化，这样才能形成教育链、人才链、创新链和产业链的贯通融合，共同推动教育与产业协同发展。

　　1. "融入、融通、融合"是产教融合演化的三个层级

　　产教融合分为三个层级：从融入、融通再到融合，这一过程是逐步演化的。首先是融入，其前提在于供需的精准对接。职业教育中应该敢于创新，敢于突破，将以往封闭办学、自我循环的情况加以改善，对准社会的需求与行业需求，融入企业的生产与研发环节，并结合行业未来的发展趋向进行办学。其次是融通，职业教育中应该将其核心使命，即五大职能——人才培养、科学研究、社会服务、文化传承、国际合作进行连接，发挥其协同作用，在与企业合作中逐渐打通人才培养、进行应用研究，实现知识与技能的贯通。最后是融合，即基于前面两项，实现更深的融合，真正地做到合二为一，融为一体。

　　2. "转化、创造、共享"是产教融合机制形成的核心途径

　　要想形成融合机制，就需要职业教育产教融合各个层面的同步规划、同步发展，核心途径在于对资源要素进行转化，创造利益共同体。首先，应该实现产教资源要素的转化，一方面要将教育要素、创新要素转化成企业、行

业现实生产要素的竞争力；另一方面要把企业的生产要素、生产过程等转化成学校的教育场景与要素，真正实现产教要素的转化。其次，创造产教融合利益共同体，一方面要将各个价值诉求进行挖掘，寻求利益共同点，从而在需求对接中促进价值的交换；另一方面要完善价值交换的顶层设计，搭建价值交换平台，形成建立在利益共同体上的各方之间的长效合作机制。最后，实现价值的共享，将各个产教融合的积极要素调动起来，在市场机制与价值规律的制约下，促进产教融合发展的大格局。

3. "资源、平台、机制"是产教融合发展的关键要素

当前，我国职业教育中产教融合的情况并不深入，主要原因在于资源、平台、机制三个要素的缺失，从而无法构建一个产教贯通、协同的生态系统。教育部门在规划中，应该深化产教融合，推动地方将全球创新要素汇聚，集合网络化、平台化、生态化思维，构建创新理念，构建"行业领先企业＋高校＋专业服务机构＋中小企业群"的产教融合发展平台，为进一步深化产教融合提供了研究基础、理论支持和参考经验。

（二）从"双主体"走向"共同体"

职业教育作为一种以就业为导向的教育类型，承担着"使无业者有业，使有业者乐业"的使命，因此职业教育应当通过产教融合、校企合作等方式与产业发展和就业市场相适应。2019 年，国务院印发《国家职业教育改革实施方案》，强调促进校企"双元制"育人，指明了产教融合是职业教育的精髓和改革方向。本书在完善高职院校内部治理体系、完善协同育人机制、资源共建共享、推动产学研合作等方面展开校企双主体办学模式策略分析及探索，对于进一步推进校企合作，构建校企命运共同体具有十分重要的现实意义。

1. 深化双主体办学模式，构建校企命运共同体的必要性

在全面推进现代大学制度建设的新形势下，进一步深化校企双主体办学改革，构建校企命运共同体，在新的时代潮流下为社会发展提供技术技能人才，是职业教育不断提升现代化水平的必然要求。

（1）打造校企命运共同体是职业院校寻求内涵式发展的根本选择

高职教育作为以培养专科及其以上高层次、多样化、高素质劳动者和技术技能人才为主要目标的一种类型教育，其最突出的特点是学校与企业、知识学习与技能训练的结合十分紧密。而在产业转型升级和高职教育发展方式转变的大背景下，社会对技术技能人才培养质量提出了更高要求。由此，职业院校要提升内涵建设，必然需要调动企业参与积极性，使校企双方资源充

分融合，进一步激发办学活力，才能有效提高人才培养质量更快更好地实现高职院校内涵式发展。

（2）打造校企命运共同体是培养大国工匠技能型人才的时代召唤

培养大国工匠是时代呼唤，也是职业教育应当承担的历史使命。职业教育新的时代任务，就是要通过培养更多工匠型技能人才为我国由制造大国向制造强国转变提供新生动力，为我国经济社会由高速增长转向高质量发展解决人才供给侧结构性矛盾。这就要求职业院校在人才培养中加快校企深度合作，构建校企命运共同体，探索人才培养新模式，真正实现职业教育与行业产业深度融合及学校专业与企业职业、课程体系建设与职业标准制定、教学与生产有机融合。才能够为国家现代化建设与发展输送新时代的"大国工匠"。

2. 深入推进校企双主体办学模式，构建校企命运共同体的策略

要从完善学校内部治理体系、完善协同育人机制、资源共建共享、推动产学研合作等方面开展研究，探索搭建产教深度融合平台，吸引企业力量参与学院综合治理，把职业教育人才培养目标与行业企业人才需求有机统一。要打造"智合、人合、利合、资合"的双主体融合办学模式，构建校企命运共同体，从而加快校企合作、产教融合向纵深发展，培养更多适应社会需求的创新型、复合型高素质技能人才，推动地方经济持续、健康、高质量发展。

（1）"智合"——校企双主体完善协同育人机制

以产教融合联盟作为平台，将校企共建特色专业作为依托，完善协同育人的机制。引入行业企业专家，与学校共同构建指导委员会。引入企业专门的技师，负责学校的教学工作。在专业共建上，通过各大企业的专班模式，推进产教融合校企协同育人。通过对专业结构进行调整，搭建专业与岗位对接的桥梁；通过完善课程体系，实现课程内容与职业标准对接；修订人才培养方案，实现教学过程与生产过程对接……推进双证互认制度建设，实现学历证书与职业资格证书对接。同时，在专业教学中加强行业规范、企业文化和职业素养培养，全方位、多角度深化人才培养模式和教学模式改革，培养符合社会所需要的高素质高技能型人才。另外，企业也可以通过校企合作为自身的进一步发展找到智力支持，为人才提供相应储备。

（2）"人合"——校企双主体创新学院治理体系

目前，大部分高职院校实行校院双级分权治理制度。可在学校宏观调控的基础上，充分发挥二级学院校企合作的自主性，以二级学院为主体吸引企

业深入参与到学院内部治理工作中，打破原有管理结构，在班子成员、教师互聘中与企业人员形成双向流动，激发企业参与办学活力，企业与二级学院教授委员会、教代会、学生代表大会、校企合作委员会深度融合，参与决策，打造全新的双元制治理体系。

（3）"利合"——校企共同分享职业教育发展红利

所谓利合，即校企利益互相捆绑、互相渗透，二者形成紧密结合的命运共同体。引入市场化运作的办学模式，多元化的职业教育形式将有利于实现校企共同分享职业教育改革创新红利，职业教育以企业需求为导向，把学校建在产业链上，从而促进教育链与产业链的深度融合。校企共同搭建产学研合作平台，推进务实合作。学校依托自身专业特色，以企业需求为导向，加大科研攻关投入，加强科研成果转化服务企业力度，改变一味追求规模扩张的松散型合作现状，实现从"有合无融"到"既合又融"的内涵提升。携手发展，构建知识共享、成果共享的互利共赢长效机制。

（4）"资合"——校企联合资源共建共享

积极探索与企业合作共建网络搭建、实训室、技能竞赛平台搭建，合作共建名师工作室，名师课堂等，实现校企资源共享。校企双方按照平等互利、共同发展原则签订资源共享协议，确保通过教师互聘、技术支持等实现人力资源共享，通过共建信息平台实现信息资源共享，支持职业院校和企业以股份制的形式共建公共实训基地，实现实训资源共享。同时，支持公办和社会力量举办的职业院校相互委托管理，助力破解过去职业教育人才培养达不到生产实践需求的尴尬境地，实现学校办学与企业发展的互利共赢。

（三）从"学徒"走向"工匠"

工匠精神是技术工人的职业灵魂。现代社会，即便科学技术日新月异，具有工匠精神的优秀产业工人在生产中的创造力和能动性依然举足轻重。一定意义上，制造业文化就是工匠文化，尤其是高端制造业，往往需要从业者具备工匠精神。在飞速发展的时代，人们的心灵易于在快节奏中迷失，踏实工作的人少了，急于求成的人多了，社会风气变得浮躁了。工匠精神好比一剂"清心剂"，提醒人们静下心、多钻研，专注当下、投入工作。如果工匠精神能成为产业工人的共识，"中国制造"品质的提升和竞争力的增强就会指日可待；如果工匠精神能成为全社会的共识，各行各业都以追求极致、做到最好为目标，就可以有力助推中国经济发展，加快全社会凝心聚力共圆中国梦的进程。所谓工匠精神，简单来说，就是敬畏工作、专注技艺和追求精益求精的精神。把工匠精神放在工业生产中来看，它强调的是工业化生产过程中的严谨、一丝不苟、专业和耐心。在一个行业内专注工作、出类拔萃的人，才会被尊称为工匠。而这些人身上所具备的严谨、专注、敬业精神就是工匠精神。工匠精神是工匠们对产品的精雕细琢，对细节的完美追求，他们不惜花费时间和精力，孜孜不倦，反复改进产品，执着地把品质优良率从 99%提高到 99.99%，其利虽微，却长久造福于世。工匠精神是技术工人的职业灵魂。不管从事什么职业、什么工种，只有把将事情做到最好、将技术做成艺术的工匠精神当作一种信仰的人，才会力争在工作中尽善尽美，绝不会浅尝辄止，更不会敷衍应付。有这种信仰的人对产品的任何细节都充满了近乎狂热的苛刻，没有最好、只有更好是他们永远的追求。

在日本，工匠精神的内涵是，追求自己手艺的进步，并对此持有自信，不因金钱和时间制约自己的意志或做出妥协，只做自己能够认可的工作，一旦接手，就使出浑身解数完成。这也与我们所提倡的工匠精神不谋而合。应该说，工匠精神是我国技术工人队伍的一项优良传统，其核心理念是"精益求精"，说到底是劳模精神的一种体现。凭着这种精益求精、专心敬业的精神，技术工人在共和国的工业史上创立了一座座辉煌的丰碑。然而，近年来，由于新兴产业的兴起，更多的人成为新兴行业从业者，工匠精神慢慢被淡化，高水平的技术工人越来越少，能称之为"大国工匠"的工人更是凤毛麟角。而当前，对"中国质造"的追求急需这种精益求精、专心敬业的优良品德。

第二节　高等职业教育产教融合人才培养的问题及成因

近些年，我国高等高职院校产教融合的规模不断扩大，体系建设也不断推进，这为应用型人才素质的提升作出了重要贡献。但是，我们也应该看到一点，当前的产教融合模式还存在一些不足。本节就对这些问题展开分析，并探讨出现这些问题的原因。

一、高等职业教育产教融合人才培养的问题

（一）产教融合理念得到深化

在我国，产教融合虽然产生于 20 世纪 90 年代，但是这一时段我们并没有自身的理论制度，只是在一些个别的院校开展了校企合作的模式。近些年，随着产教融合的发展和深化，我国各大高职院校逐渐形成了产教融合培养应用型人才的模式。同时，一些院校为了更好地体现产教融合培养应用型人才

的目的，在探索产教融合的过程中还创造出很多变式，这使得产教融合模式在各个高职院校不断深化。

（二）高职院校的发展渠道拓宽

目前，高职院校发展需要以市场需求作为导向，以产教融合发展作为主线，这样才能培养出更多的毕业生。产教融合培养的途径是高职院校不断发展的必由之路，其在不断的发展中逐渐适应高职院校多样化的需求。这是因为区域和产业总是会存在某些差异性，这些差异性恰好为高职院校的同质化发展提供可能。高职院校完全可以依托产教融合模式，对接企业与产业，体现出高职院校的自身发展特色。

（三）人才培养定位与市场需求逐步接轨

如果固定资产等因素会对企业发展空间的下限起着决定作用，员工素质等因素则会对企业发展空间的上限起着决定作用，因此培养出高质量的人才显得非常重要。在办学定位上，高职院校不仅要受到老牌综合性高职院校办学思想的影响，在办学上出现"贪大求全"的情况；另外又没有办法在学校自身的教学模式上探求创新的地方，没有办法从自身优势出发展开恰当的产教融合。

虽然高职院校办学时间比较短，本身具备的经验也不足，但是近些年高职院校在人才培养上逐渐与社会需求相适应，不断培养高质量的职业人才，以适应社会的需要。

（四）人才培养模式陈旧，人才培养路径单一

当前，我国高职院校习惯按照不同的专业、学科等来展开教学，这种模式显然是比较深究的，在课程设置上明显与社会需求、人才培养目标不对称。当前的高职院校中，教师的实践能力本身不足，使得高职院校在人才培养路径上存在明显的单一性，在上课时，教师们也使用传统的理念教学，这种理念下培养出来的学生也习惯了重视理论，忽视实践，因而很难满足岗位的需求[①]。

（五）社会优质资源不能充分利用与共享

高职院校大多都建立在低级城市，在政府重视程度、社会关注程度上，存在某些的缺陷。因此，很多高职院校对产教融合的教学途径缺乏主动性，长期关门办学，未能将学校发展与服务地方经济相结合，不能将政府、社会的资源充分利用起来，不能享受企业现金的工艺和设备。

---

① 王凤领. 地方本科高校产教融合应用型人才培养研究［M］. 北京：中国水利水电出版社，2020.

在办学中，一些高职院校存在经费不足、师资缺乏、设备落后等情况，这就严重阻碍了高职院校应用型人才培养质量的提升。

二、高等职业教育产教融合人才培养问题的成因

（一）学校产教融合人才培养相关经验不足

1. 学校和企业合作形式单一、深度不足

虽然很多学校确立了产教融合人才培养方向，但是整体起步较晚，可供借鉴的成功模式和经验较少，这在一定程度上阻碍了学校和企业深度融合的发展。学校和企业目前的合作仍然处于松散阶段，主要合作方式就是建设实训基地、到厂参观、顶岗实习等方式，在合作模式和融合范式上还处于探索阶段。

2. 学校缺少管理产教融合人才培养工作的专业部门

学校在产教融合人才培养过程中需要与政府和企业进行紧密的对接和合作，目前产教融合人才培养工作的主管部门是学校的教务处，而学校教务处的主要工作仍然是日常教学工作，学校并没有一个产教融合人才培养的专业部门来负责产教融合人才培养方案的制定、产教融合课程的开发与规划、顶岗实习工作的开展、产教融合过程的管理和监督等产教融合相关工作，这就使得学校在推进产教融合人才培养过程中无法确保专业性和针对性，学校和合作企业之间缺乏沟通的桥梁和联系的纽带[①]。

3. 师资水平有待提高

教师是教学活动的重要实施者。在高等职业院校，教师理论知识和实训技能水平的高低直接影响学生的知识素养和技能水平。

一是教师招聘体系不完善。职业学校专业课程教师不仅需要知识和学历，更需要实践和工作经验。目前很多高职院校专业课程教师招聘的大部分是没有工作经验的高职院校应届毕业生，使得教师在专业授课过程中只重基础知识和课本理论，忽视了对于高职学生来说最重要的实践和实训。实训课往往也是走形式、走过场，这也使得学生在校实训和顶岗实习都缺乏专业的规范和指导。

二是"双师型"教师不足。"双师型"教师掌握着专业技术知识和实操技能，其专业素质直接决定实训课程教学水平。"双师型"实训指导教师不足使学生在实训课程中得不到真正的提高，只有数量充足的、与学生人数相匹配

---

① 郭稳涛，肖志芳. 高职产教融合人才培养运行机制研究与实践［J］. 机械职业教育，2021（10）：18-21.

的"双师型"教师数量以及其专业素质的不断提升和技术技能的及时更新才能让学生接收到最新的技术技能，从而培养更多企业真心需要的技术型人才。

三是聘请兼职教师存在诸多困难。首先，政府缺乏充足的相关资金保障，导致高职院校没有充足的专项资金聘请足够的兼职教师。其次，出于生产效率和自身利益考虑，企业不愿意让自己最优秀、技术水平最高的员工来学校兼职。

（二）企业参与产教融合人才培养的积极性不高

企业处于市场的激烈竞争之中，企业是一个利益的主体，它的生产效率就是它的生命。如何提高效益、降低成本，是企业最为关注的问题，也是一种可量化的物质追求。然而，高职院校的办学宗旨却是以改善办学条件、培养复合型技术人才、提升升学率、促进就业、提升社会整体素质等为目的。尽管学校和企业在追求各自的目标利益最大化这一基本原则上是相同的，但是两者的目的却不尽相同，因此，在培养学生的过程中的积极性也会有很大的差异。

（三）政府相关政策落实、创新和平台建设有待加强

职业教育的发展离不开政府的领导和支持。高等职业教育主要为区域经济社会发展服务，高等职业院校产教融合人才培养的发展与当地政府的政策和支持息息相关。国家有关部门大力推动产教融合、校企合作，不少关于"产教融合"的会议和文件中，都提到了"产教融合"的重要性。2018 年政府发布《职业教育与继续教育 2018 年工作要点》和《国务院办公厅关于深化产教融合的若干意见》等指导性文件，为产教融合人才培养提供了政策依据。政府相关政策的出台为产教融合人才培养指明了方向，但也存在不少问题。

一是政府政策宣传力度不够。政府政策从出台到落实需要一个比较漫长的过程，这期间最重要的就是让各参与主体清楚地了解政策相关具体情况和工作开展要求。

二是政府政策落实不到位。产教融合人才培养涉及产业界、教育界，以及数十个政府部门相互协作和配合，在这种情况下就需要一个专门的组织机构来进行协调，但现实中并没有这样一个专门负责联动各方的、稳定的负责产教融合全面工作的专门政府机构。

三是政府产教融合人才培养政策创新不足。很多学校在实施产教融合新政策时，虽然取得了一定成果，但标志性产教融合成果不多。合作模式创新远不及发达地区，解决产业应用与现实问题的水平有待提升。目前来看产教融合城市的建立，品牌化的订单班等高水平的产教融合人才培养之路仍需长

时间的努力和探索。

四是政府缺乏产教融合信息和指导系统的建设。高职院校和企业分属不同的领域，两者其实并无太多联系和交流，但是，产教融合人才培养将企业和学校两大主体紧密相连，二者需要及时有效的沟通和交流以实现资源的共享和成果的共享。这就需要政府提供一个产教融合的信息和指导系统。

第三节　高等职业教育产教融合人才培养模式的创新策略

一、高职教育产教融合发展的经验借鉴

（一）行业组织是有效进行的关键

通过分析发达国家高职教育产教结合的特点，可以发现，在高职教育和产教结合的发展过程中，行业组织都占据着主导地位，也只有充分发挥行业组织的协调指导作用，才能体现出产教结合的根本特点，产教结合才有可能顺利实施并取得成效。行业与高职教育密不可分，行业对高职教育的参与和支持程度在某种程度上决定了高职教育和产教结合的发展水平。

由此可见，政府应重视行业组织机构的建立，并鼓励行业部门参与到产教结合中来，通过制定政策法规来规范和支持行业组织在促进产教结合方面发挥作用，加强高职院校和行业部门之间的联系与合作。目前，我国行业机构在高职教育和产教结合中的作用还远远没有发挥，只有一些高职教育学术团体这方面发挥了一定的积极作用，如 1985 年成立的中国高等职业技术教育研究会（1988 年前称为中国职业大学研究会）就是一个群众性的学术团体，另外还有 2002 年成立的全国高职高专校长联席会议，是一个在教育部指导下形成的具有半官方半民间性质的教育团体，每年都会召开：一次主题会议。最近一次会议是 2007 年 2 月在南京召开的第七次研讨会一以示范院校建设促高职内涵发展案例研讨会①。这些学术团体除了进行高职教育和产教结合的研究工作外，还有向政府提供高职教育发展政策建议和进行服务咨询的功能，促进了政府、学校和社会之间的沟通和对话，为积极推动我国高职教育和产教结合的改革与发展起到了积极作用。

---

① 邓磊，李君. 西部少数民族地区发展高等职业教育的战略分析［J］. 教师教育学报，2018，5（01）：113-119.

我国高职教育建设除了要重视教育学术团体的建设和发展外，更需要重视对行业协会和一些跨领域的专业协会的建设和扶持，只有这样才能促进高职教育和产教结合的顺利有效实施，也才能真正解决行业企业在合作中的"一方冷"现象。

（二）加强法规政策建设和政府有效管理是保障

通过立法手段，制定和实施法律法规是政府对高职教育进行调控和管理的重要手段。从某种意义上来说，国外高职教育和产教结合的发展历史就是高职教育法治化的过程。纵观发达国家，无一不是通过立法方式来维持和促进高职教育的发展，保障产教结合的开展。

我国高职教育起步较晚，近年来国家对高职教育越来越重视①。有很多重要政策陆续出台，党和国家领导人也纷纷发表了一系列重要讲话。事实上，国家对开展高职教育产教结合的教育政策是明确的，有关高等职业教育和产教结合方面的政策也不可谓不多，但与之相配套的可操作性强的政策法规始终未能出台，尤其是内容详尽、针对性和操作性强的法律法规几乎没有。校企之间的合作多处在一种自愿状态，缺乏相关法规细则的监督。目前，这个问题已经显得相当突出。可操作性强、条例细化的政策法规建设已经远远落后于高职教育和产教结合发展的要求，使得进行合作的院校和企业感觉有心无力，障碍重重。

到目前为止，我国颁布的与高等职业教育有关的法律，主要有《中华人民共和国教育法》（简称《教育法》）、《中华人民共和国职业教育法》（简称《职业教育法》）和《中华人民共和国高等教育法》（简称《高等教育法》），这三个法规对高职教育的描述条款都十分有限，大多是原则上的规定。总体而言，关于职业教育的法律法规建设还仅仅是刚刚起步，针对高职教育的法律法规更是严重不足。我国法律法规建设中依然缺乏系统性和指导性的法规条文，国家和地方政府的作用尚未完全体现。比如，我国1996年颁布实施的《职业教育法》是专门针对职业教育颁布的法律，也仅仅是一部大纲式的法规，对高职教育的发展只提供了原则性规定，具体详细的操作和指导基本没有。《职业教育法》中对产教结合有着明确规定：职业学校，职业培训机构实施职业教育应当实行产教结合，为本地区经济建设服务，与企业密切联系，培养实用人才和熟练劳动者。强调了产教结合在职业教育中的重要地位。但如何进行产教结合，涉及具体的"操作实施细则"时依然是无法可依。高职院校与

---

① 陈正江. 论加快发展现代职业教育的制度供给［J］. 职业技术教育，2018，39（30）：30-34.

企业进行产教结合的具体操作法规至今未见出台，而产教结合也多处于自发和放任自流的状态，所以需要在《职业教育法》纲要依据的基础上制定一系列相配套的地方法、行业法、部门法和单行法，如《高等职业教育法》《产教结合实施条例》之类的专门性法规，形成一整套完备的职教法规体系是当务之急。同时，要根据社会经济发展的现实情况对法律法规进行适时的修订和完善，如高职教育也是一种高等教育，《高等教育法》也应该进一步明确规定有关高职院校产教结合的内容，对校企之间的权责和基本保障作出规定。根据发达国家高职教育和产教结合的成功经验，政府制定并有效实施鼓励企业参与产教结合的具体法规和政策是很有必要的，而我国需要制定更为具体详细的高职教育和产教结合方面的法律政策，将校企双方合作的责、权、利用法律手段固定下来，以确保产学教结合的开展真正落到实处。

二、高职教育产教融合人才培养的创新策略

（一）以市场需求为导向，校企共研人才培养方案

1. 牢固树立产教融合教育理念

教育的发展依靠先进教育理念的支撑，与时俱进的教育理念是教育发展的思想基础和根本动力。高等职业院校人才培养的教育理念应紧跟社会经济发展状况[①]。在当前，应牢固树立以市场为导向，基于知识和技能本位出发，坚持服务为宗旨，面向社会、面向市场办学，引产入校、引企入校，深化产、学、研相结合的产教融合教育理念。并将这一教育理念贯穿人才培养的全过程。在产教融合人才培养模式下，教学内容的选择和教学工作的具体开展都是由教师完成。教师要积极转变观念，实行产教融合一体化教学方式，积极融入地方行业企业，摸索行业企业真正的人才需求，并将这些需求转化为教学内容，增强人才培养的目的性和有效性。

2. 科学制订产教融合人才培养方案

首先，产教融合人才培养方案应由多方主体参与制订。政府做好职业需求调研，定期发布人才需求报告，为学校制订的人才培养方案提供数据支撑。学校应发挥自身优势，与合作企业共同制订人才培养方案，这样的人才目标要体现学校和企业共同的需求。同时切忌"一刀切"和"标准化"，不同的专业应结合其人才培养的实际和合作企业的具体要求有不同的人才培养方案；

---

① 陈哲夫，陈端吕，彭保发. 地方高校人才培养转型发展中产教融合的回顾与思考［J］. 高等理科教育，2020（05）：36-40.

同时，人才培养方案又应该是动态更新的，应随行业企业用人需求的变化而变化。

其次，人才培养目标是人才培养方案的重要组成部分。培养目标要侧重于职业通用能力的培养，要树立"知识、能力、素质"全方位发展的人才培养目标，要重点培养学生的综合职业素养。在高等职业院校产教融合人才培养模式中，应着眼于学生的综合素质，全方位发展的复合型人才不仅要掌握丰富的基础知识、扎实的理论和过硬的实操技能；更应该具有团队协作能力、职业适应能力；除此以外，还应具有创业能力和创新精神。同时培养目标要体现出对学生人生观、价值观的培养和引导，要让学生有终身学习的意识和自主学习的能力。

最后，高等职业院校人才培养专业设置要结合经济社会发展趋势和区域内经济发展重点，形成具有专业特色和地方特色的人才培养方案。专业是高等职业院校和社会对接的桥梁，是学校内涵建设的核心内容，是开展社会服务的重要基础。高等职业院校培养的人才主要是服务地方经济的发展，而地方经济和产业的发展在一定程度上又可以促进当地高等职业院校的发展，可以说两者相互依存、共同发展。高等职业院校专业的设置应在充分的市场和企业用人需求调研的基础上完成，既要与本区域发展形成较高的匹配度，又要与本地其他院校形成差异化错位发展。学校应坚持主动对接区域内的主导产业和企业需求，并与合作企业一起设置专业，同时还要整合淘汰与本地产业发展不一致的落后专业。专业设置的合理化不仅有助于提高学生就业率，推动学校自身高质量发展，也为本区域内行业、企业提供更多专业性强、技术水平过硬的专门人才。

（二）以企业需求为目标，科学设计人才培养过程

1. 科学设置产教融合课程体系

一是学校和企业加强合作，联合开发产教融合课程。首先，在课程设计过程中要始终坚持以人为本、以能力为主线、以企业需求为导向的理念，建立以能力为本位、以企业需求为导向的产教融合课程体系，改变"学科中心"的课程体系。课程是落实产教融合人才培养的重要抓手，课程的设计应注重实践性和适应性的统一，既要重视理论知识的传授又要重视实践能力的培养，更要重视职业素养的养成。其次，校企共同开发以工作过程为导向的课程体系。学校与合作企业管理者、毕业生、企业实习生进行深度访谈或问卷调查，得出调查报告，确定职业岗位，然后与企业共同分析岗位具体的能力要求，将岗位能力要求转化为学校培养的能力重点，根据能力重点明确课程开发思路，与市场需求对接，结合相应的职业资格要求，构建产教融合课程体系。重视课程和工作的整合与融合，要做到课程工作化和工作课程化。课程工作化就是把课程转化成具体的工作过程，也就是说把教学转化为工作，从而进行学习，只有实现这样的转化才是能力本位的课程；工作课程化是把纯职场工作转化为具有教育教学意义的具体课程，也就是对现实中零星的、分散的工作过程进行筛选和提炼，从而变成老师可教、学生可学的各知识要素相融合的具有代表意义的典型工作过程。具体的以工作过程为导向的课程体系开发流程（图 4-1）。

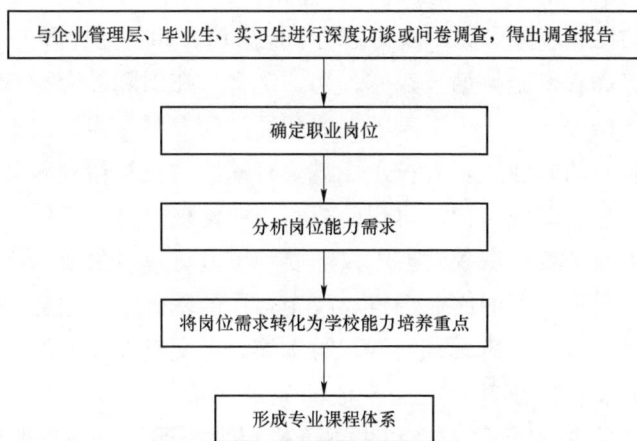

与企业管理层、毕业生、实习生进行深度访谈或问卷调查，得出调查报告

↓

确定职业岗位

↓

分析岗位能力需求

↓

将岗位需求转化为学校能力培养重点

↓

形成专业课程体系

图 4-1　以工作过程为导向的课程体系开发流程[①]

比如，汽车检测与维修专业的学生毕业后可能会进入品牌 4S 店做维修保养工作，学校通过与合作的 4S 店负责人和已经进入 4S 店工作的毕业生进行访谈，了解到该工作的主要内容有车身划痕修复和钣金喷漆、常规汽车保养（包括发动机保养、制动系统保养、底盘系统保养等）、汽车电路检修（包括汽车空调、灯光系统等）、车身贴膜改色等美容项目。明确岗位之后，根据 4S 汽车检修的工作过程，明确这些工作岗位对学生车身修复、常规汽车保养、汽车电路检修以及汽车美容等方面能力的需求。紧接着，我们可以将这些工作过程所需要的知识和能力进行整合、梳理和归类，形成汽车检修的专业课程体系，包括《汽车车身修复与钣金喷漆》《汽车电子元器件检测》《汽车电子元器件检测》《汽车发动机构造与维修》《汽车美容》等，将这几门课程设

---

① 刘菊. 工作过程为导向的高职秘书心理学教材开发研究 [J]. 职业技术，2019，18（04）：82-85.

置在一个学期或一个学段，使学生可以从整体上把握汽车检修的工作流程，满足 4S 店用人需求。

二是合理优化课程设置，提升学生综合素质。首先，合理设置专业课和实训课比例。高等职业院校专业课程和实训课程的设置及比例应力求合理。高等职业院校主要培养的都是面向企业、面向生产一线的技术人员，专业理论的学习和实训实操能力都很重要，且二者相互补充。但在某种程度上，对于高职学生来说动手能力和实操技术往往比理论知识更重要。所以，只有熟练掌握技术技能的应用型人才才能更好地适应工作岗位的需求和企业用人的需要。所以，高等职业院校专业理论课程和实训课程的比例至少应达到1:1，甚至实训课的比例应该更高，以满足动手能力培养和技能提升的需要。其次，引入人文素养课程，坚持德技兼修、德训结合。在国际社会瞬息万变、技术水平飞速发展的今天，一个国家的兴盛和经济的发展，需要的不仅仅是知识渊博、技术娴熟的专业技术人员，还需要有深厚的民族精神和文化自信，有崇高的职业理想和职业精神，思想品德和职业伦理值得信赖的发展型技术和技术人才。人文素养的深入发展不仅需要学校教育，更需要以产教融合作为支撑。在深入研究企业的产业调查、校企合作的基础上，结合中等职业学校实际与企业进行人文素质教育的规划与实施。人文素养即人的文化素质和修养，是人在其文化知识基础之上形成的先进的价值观念和规范。人文素养课程就是关于人类的文化素养和先进价值观念的课程。高等职业院校学生大部分来自农村家庭，由于经济条件和家庭环境的影响，很少能接触到文学、艺术等相关教育。人文素养课程的引入不仅可以丰富学生的学习生活，使其在轻松愉快的学习中收获更多课本之外的知识。同时也有助于提升高职学生整体素质和文化底蕴。高职学生开设人文素养课程应集中在国学、艺术、历史等方面。国学课程与传统的语文课不同，更侧重经典篇目的诵读和爱国主义教育。艺术课程可以是音乐鉴赏和美术鉴赏课程，以及更加专业的茶艺、园艺等课程。最后，把法律和品德教育有机地结合起来，把行业规范和职业素质教育有机地联系起来。法制教育的目的不仅仅是规范行为、预防违法犯罪，更重要的是学会利用法律武器维护自身合法权益。高职生很多面临毕业即走上工作岗位的现实，因此《中华人民共和国合同法》《中华人民共和国劳动法》等法律课程的开设和学习显得尤为重要且必要。职业道德教育是道德教育的重要环节。在学生实习和实践过程中，爱岗敬业、吃苦耐劳、积极进取的工作态度不管对于学生自身发展还是企业效益都至关重要。行业规范教育让学生更加清楚地了解实习和实训企业、行业的基本要求，保证其规范操作、安全生产。中职生职业素养教育包括节约意识、环保意识、服务意识、创新意识等的教育。行业规范教育和职业素养教育是产教深度融合的体现，是传统课程改革的必经之路。

2. 开发"订单式"教学主题教材

教材是教学的基础，是课程的根本。科学合理且有针对性的教材选择为高等职业教育人才培养保驾护航。首先，高职院校要积极开发校本教材。校本教材的开发需要结合本校实际，需要教师科研能力的提升。校本教材的开发和使用可以更有针对性和更有效地指导本校的教学实践活动。其次，校企合作共同开发教材。校企合作开发教材可以把企业的实际需求和学校的教学活动紧密结合、把企业生产和学生学习紧密结合，为培养实用型人才服务，推进产教融合人才培养。

3. 完善顶岗实习制度

顶岗实习是教学活动的重要的组成部分，是学生加强和完善技能，走上职业道路的重要基础和前提。顶岗实习制度的完善不仅可以检验教学活动的成果，更是高等职业院校产教融合人才培养的重要方式和表现。

一是学校应该组建和完善专门的管理部门分管顶岗实习工作。及时与合作企业沟通和交流，共同协作制订好相关实习计划和实习方案，对顶岗实习期间的预期目标、实习岗位、实习内容、实习周期、安全纪律和考核评价等方面作出明确规定。

二是学校与企业合作对学生进行相关岗前培训。学生在学校的身份主要是学生，主要任务就是学习，与去企业顶岗实习有很大不同，学生去企业顶岗实习与正常参加工作没有太大区别。因此为了提升学生实习适应能力，提高企业用人效率，也为学生毕业后就业提供条件，校企联合岗前培训十分必要。学校进行的主要包括职业规划、职业精神、职业适应能力等的培训，企业则负责实操和技术能力的培训。岗前培训的考核应由学校和企业协作完成，考核合格方可进入企业进行顶岗实习。

三是学校应委派数量充足、技术过硬、经验丰富、责任心强的专业指导教师与企业相关技术人员一起共同管理和指导学生顶岗实习全过程。一个实习班级至少应保证一名指导教师带队。确保学生在顶岗实习期间的学习和实践效果，同时保障学生相关合法权益。实习指导教师应与学生一起参与企业一线生产活动，加强与学生的沟通和交流，了解学生思想动态，为其解决技术上的难题和生活上、思想上的困难；实习老师还应该加强与企业的沟通，将学生顶岗实习期间的问题及时反馈给学校相关部门。学校应该及时总结学生在顶岗实习期间的经验与教训，不断完善顶岗实习制度。

（三）以培养质量为核心，不断优化人才培养方式

1. 结合地区优势，打造特色项目教学

学校应该结合地区经济发展特色，开发适合本校教学、适应经济发展且能满足学生职业发展需要的实践教学模式。在实践的过程中，要邀请行业专家、企业人员和相关协会顾问等校外人士参与其中，结合多方意见来形成具有示范性的精品课程。在教学过程中，除了合理地使用教材外，高职院校教师也要创新教学方式，多使用项目教学、任务化教学、企业订单式教学等方法来激发学生学习兴趣，提高教学质量。同时，要以企业岗位需求为导向进行技能专业课的任务式教学，高职院校教师要与企业人员保持交流，随时更新课堂教学内容。

2. 推动教学模式和教学方法的改革

教学改革是一个系统性的、综合性的工程。其重点是：一是要推进教育教学内容的改革，要结合产业发展、技术革新和社会发展，选择具有代表性的教学任务。二是推进教学流程的改革。在实施过程中，各个教学项目均采用小组协作、小组讨论的方式，进行资料收集整理、制订计划、做出决策、执行计划、实施反馈、结果评价等学习任务阶段，完成教学计划。三是大力推进教学方式的改革。利用行业、企业专家、用人单位的业务骨干和往届的优秀毕业生，积极参加各种教学活动，使整个课堂都由学校的专职老师全程教授；通过引入行业或企业真实的工作任务和典型案例构成的学习任务，打破学科的知识结构，使学生能够通过亲身经历的岗位实习来提高自己的专业学习兴趣，体会到自己的专业知识和技能在工作中的作用和价值，而不是在课堂上被动地听课。推行"以行动为导向，以任务为导向，以项目为引领"的"教学做一体化"的产教融合教学模式，充分利用现代教学手段和方法，以"启发式""探究式""讨论式"和"参与式"教学为主要教学手段，并将"项目教学""案例教学""实境教学"和"模拟教学"作为教学的主要方法，使学生能够充分地参与到教学中来，成为课堂的"主人公"[①]。

3. 充分利用校企资源，完善实训教学

一是加大实训基地建设。高等职业教育是技术和技能型的教育，因此，

---

① 盛振文. 可持续竞争优势理论视角下民办高校可持续发展研究 [M]. 北京：经济科学出版社，2019.

实训基地建设在高等职业教育中占据至关重要的地位，专业化、完备的实习基地是开设专业课的重要依据和保证。实习基地可分为校内实习基地与校外实习基地。实训基地的发展可以最大限度地实现校企资源互补，使学校变成企业技术人才培养和培育基地；使学生提前走进企业，深入学习相关专业知识和了解行业最新情况，帮助学生更直观地了解相关生产岗位的能力要求，提升其职业能力，满足企业用人需求。职业学校要充分估计企业利益目标和人才需求，找准校企协作的利益共同点，在设施、场地、技术服务和特色人才培育方面向企业抛出橄榄枝，为培育技能型人才和企业员工提供专业的环境。一方面，学校内部要遵循"实际、实用、实效"的原则，建设标准化、专业化、规范化的产、学、研功能为一体的综合实训基地，保证校内实训课程的开展，为学生技能培养提供基础保障；另一方面，学校要积极与合作企业进行深度合作，引导本地合作企业将一线生产车间作为校外实训基地，建设特色校外实训基地，学校可以定期组织学生到厂实训学习，同时学校学生的顶岗实习也可以在校外实训基地进行，形成顶岗实习和就业的双基地。保障学生学到真正的专业技术，提高其实操能力，为企业用工提供便利。此外，学校要加强对校内外实训基地的统筹管理，责任到人，派专门人员负责实训基地的日常管理；同时，学校应该整合校内实训资源，淘汰落后的实训仪器和实训设备，增加符合专业实训需求的先进仪器和设备，保证相关专业耗材的供应，确保实训课程正常、顺利进行，提高实训设备和实训基地利用效率。

二是实行实训教学"双导师"制，提升实训水平。当前高等职业院校实训教学尤其是校内实训教学普遍存在技术落后、实训教师指导不足的问题。实训教学"双导师"制度就是在校内实训过程中由以往由一位校内专业课教师指导的情况，转变为每堂实训课程都由一名校内专业课教师和一名企业兼职教师联合指导的制度。在"双导师"制下，实训教学不再局限于书本，企业兼职教师会把真正先进的一线生产经验和技术要求带入实训课堂，将生产和教学有机结合，不仅保证实训课程的质量也保证了人才培养的质量。

4. 重点提升师资水平

师资是保证教学质量的前提，中职教育与普通教育不同，高等职业教育不仅是文化知识的教育，更是强调实践能力的教育；职业教育也是贴紧行业发展的教育，这就对高等职业院校教师队伍提出了更高的要求，高等职业院校专业教师不仅要有扎实的专业理论知识、熟练的技术实操能力和实训指导能力，更要能够为学生提供生产一线的知识和信息[①]。教师是产教融合人才培养的实施者，是整个教育过程的重要参与者和推动者，产教融合人才培养模式下提升师资水平主要包括以下几方面内容。

（1）改革教师招聘制度

首先，高职专业课程教师，尤其是实训实习指导教师的招聘应抛弃"唯学历论"的观念，不能只招聘没有工作经历的大学应届毕业生，对于大学毕业生，应将毕业后企业一线生产经验作为招聘的前提条件。同时对于企业生产经验丰富、技术水平高超的技工人才，其学历要求可以适当放宽。其次，对于高职专业课程研究型教师的招聘应该适当提高其学历要求，为学校储备技术研究型人才。高等职业院校相关专业理论的研究和探索应与合作企业项目研究和开发相一致，所以高等职业院校研究型专业教师的招聘应该由学校和合作企业联合进行，这也是学校提升教师科研能力，适应企业需求的必然要求。

（2）重视教师能力培养

教师能力培训是促进教师自身发展、提高其教学和实训指导能力的必经之路。国外高职院校都对其专业教师要求非常严格，必须具有2～5年相关工作经验，经过严格的考察之后才能上岗，每年也都必须定期到企业进修。我国职业教育教师能力培养应以提升教师教学、实习、科研、技术服务为核心，把"引进"与"培育"相结合，组成一支"双师"素质和"双师"结构的教师团队。首先，高职院校应鼓励教师学历提升，增加教师中硕士和博士学历人数；鼓励教师报考本专业相关的职业资格考试，通过考试提升自身知识和技能。其次，学校应聘请相关专家和企业技术人员定期来学校对教师展开短期校内培训，让教师了解最新企业、行业动态，在教学上与时俱进，以市场为导向培养技能型人才；同时，学校应该利用寒、暑假组织教师"走出去"，到企业和高校进行校外培训。这种长期的、系统化的校外培训让教师不再处于"闭门造车"的状态，让教师在汲取其他学校和企业成功经验的基础上丰富和完善自身教育教学手段，在学习中成长和进步。最后，学校应定期组织教师到企业生产一线岗位进行挂职实践和兼职工作，鼓励教师到企业交流和培养。专业课教师只有深入企业生产一线，才能真正掌握关键技术和技能的

---

① 陈家武. 高等职业院校实训教学及其管理的研究［J］. 现代职业教育，2016（18）：176-177.

教学要点，才能真正培养出企业所需要的合格技术人才。

（3）合理引入兼职教师，完善教师队伍

兼职教师是职业学校发展不可或缺的力量。高职院校目前聘请的兼职教师目前多为"代课教师"，主要目的是填补师资空缺，很难招聘到经验丰富的技术能手，当前，很多高职院校开出的薪资条件偏低，很难吸引高素质人才。要完善高职院校兼职教师制度应做到以下几点。首先，提高兼职教师素质。兼职教师应来源于企业中有经验的技术人员，只有熟悉企业生产技术和流程的人员才能真正把企业的需求和行业的规范带给学生，企业兼职教师更是校内实训课程开展和实训基地建设的有力支撑，从而弥补校内专职教师工作经验上的不足。其次，完善兼职教师待遇。只有提高待遇才能吸引更多、更优秀的企业人才来到教学一线，高职院校应该积极向上级部门申请专用经费来实现这一项政策。最后，把兼职教师放在合适的位置。一是采取"一课双师"制度，让校内专任教师负责课程理论知识部分的讲授，让兼职教师负责专业实训实践部分，并且通过现代学徒制度的模式让兼职教师手把手传授学生技能，专任教师与兼职教师相互配合、优势互补，共同为学生成才保驾护航。二是要让兼职教师参与到学生技能大赛、顶岗实习和创新创业的活动中，为其提供专业的指导。三是充分发挥兼职教师在校内培训中的作用。企业兼职教师熟悉一线生产流程、熟悉操作规范、掌握核心技艺，兼职教师与校内年轻教师进行"一对一"结对帮扶，对年轻教师进行专业指导和培训，使其尽快熟悉技能规范，促进其快速成长。

（4）完善专业课教师考核评价体系

传统的教师考核评价主体是学校，考核内容主要是教学成果和职业道德水平。高等职业院校的教师考核评价应打破传统的考核评价体系，构建产教融合背景下职业学校教师考核评价新体系。首先，更新教师考核评价指导思想，在教师考核评价指导思想中加入合作企业的需求。其次，高职院校教师考核评价主体多元化，形成学校、企业、学生和教师互评四位一体的考核评价体系。通过完善教师考核评价体系来激发专业课教师开展产教融合的动力。

（四）培养双师型教师，促进教师专业发展

我国高职院校教师专业发展虽然得到了一定程度的提升，但是面临教学改革的推进，他们的素质与能力已经很难适应当前经济发展对高素质人才的需求。因此，当前高职教师专业发展面临着严峻的挑战。本章主要研究新时代高职院校师资队伍管理创新。

1. 高职教师职前教育模式

（1）高职教师职前培养培训模式建构的基本步骤

一般高校鉴于自身实践与应用型人才培养的教育取向与特点，都会有自己的实训基地。除了校内建设的实训、实践基地外，更多的也会寻求与外部企业的合作。高校的教育专业往往也都有固定的学校作为其教育师范生的实践基地。而教育机构，为了自身专业人才的持续供给，为了教育质量的提高，也会积极寻求或乐于接受与高职院校的联合。在教师培养培训体系构建过程中，合作的高校与实习学校双方有可能之前就是联合关系，彼此相对"熟悉"，也可能是基于发展需要"刚刚接触"，彼此相对"陌生"。但无论是哪一种关系，也不可能在实现教师培养培训模式的构建中一蹴而就。

教师培养培训模式是要求高校与实习学校之间实现非常深度的合作与融合，因此建构一体化的建构过程需要一步一步、有计划地循序渐进地进行。

卡根（Kagan）提出的高校教育学院和中小学校之间合作的六阶段，这六个阶段具体是指：

第一，形成阶段。在这个阶段，来自高校和中小学实践的人员开始意识到教学实践中出现的问题，并通过合作这一途径来对这些问题进行回应。那些与问题直接相关或者受到直接影响的人们被吸收到合作中来，开始讨论一些理论。

第二，概念化阶段。该阶段的特征是界定合作的任务和具体目标。在合作团体中，各位成员们界定自身在解决实际问题中所承担的任务和担负的角色、责任。

第三，发展阶段。在这个阶段，合作的任务不再只停留在理论层面，而开始向实践层面转向。团体成员开始进行活动的调整，改组行政管理组织，提供政府政策参考，建立正式的传播系统等。

第四，实施阶段。实施阶段是实现合作、达成合作目标的关键阶段。在这个阶段，团体内所有成员都为了目标的实现而努力。

第五，评价阶段。这一阶段包括对合作进程的评估。在贯彻的各个阶段和各个水平上都要进行评估，最后进行综合。

第六，结束或者改进阶段。这个阶段是对前面五个阶段的总结，团体成员要回顾整个过程，找出问题和不足，然后着手改进计划的制订，进入改进阶段。

需要注意的是，卡根提出的这六个阶段并不是线性的、戛然而止的，而是一个循环往复、更好地提升教育教学质量的螺旋式上升过程。

本书在进行教师培养培训模式构建的过程中，借鉴上述相关理论，摸索出了循序渐进、按梯度上升的三个阶段：找问题，共选项目；寻契机，共同进步；互融合，共谋发展。

① 第一阶段：找问题，共选项目。这一阶段是处在一体化模式构建的初始阶段。可以说，由于合作基础薄弱，可以从小问题入手进行项目的遴选与确定。根据教师培养培训体系的特点，高校可以追踪调查进入学校工作的毕业生的后续职业适应；学校可以总结发现教师入职后的职业发展情况。通过追踪"校"毕业生在实际工作中的情况，发现问题，共选项目。很多初任教师有时纵有一身本领，却缺乏实践教学的技能、方法和能力。高校的专任教师们可以据此反思自身的课堂教学，高校教育专业可以据此调整自己的课程体系。可以说，怎样提升师范生的实践应用能力既是高校非常关心的问题，也是教师队伍建设层面亟待解决的问题。实习学校的领导们也非常希望这些师范生在入职后能尽快适应，尽快提升，尽快解决这些遇到的问题。

② 第二阶段，寻契机，共同进步。在有了第一阶段通过问题转化成项目合作的基础上，高校与实习学校双方寻找合适的契机，继续更加深入地合作与融合，共同进步。当前，教师队伍存在的一个大问题就是人才严重流失。而放弃教师这一职业的根本原因在于职业认同度不高。怎样进行高校与实习学校一体化的教师职业认同培养培训，正是当前需要思考的问题。通过教师培养培训，加强加固教师对自身职业的职业认同度，才能有效防止教师队伍人才的流失。比如，在高校教育专业的师范生们入学之初，就请一线教师进驻学校，分享做一名教师的职业幸福，提升师范生们对这个职业的兴趣和认同，帮助师范生们建立职业学习和规划的意识，强化指导师范生的学习与成才目标规划。这样可以让这些师范生们、未来的准教师们，有强烈的意愿、幸福的憧憬和合理的规划去成长为一名优秀的教师。

③ 第三阶段，互融合，共谋发展。在上述两个阶段完成后，高校和实习学校之间的文化冲突趋于和谐与融合。在此基础上，可以通过共建双导师制等方式实现更加深入的互相融合，共谋发展。双导师制并不是一个新鲜的事物，而是由来已久。教师培养培训模式实行的双导师制既符合一般意义上双导师制的做法，也具备自身的特点。也就是说，在教师培养培训模式中，以高校这一方的理论专家为理论学习导师，以实习学校这一方的骨干教师为实践教学导师。就职前培养来说，每一位师范生都配有理论和实践导师各一人。高校的师范生们从入学开始就选择一名专任教师作为职业指导导师，选择一名骨干教师建立师徒关系，均对自己进行个性化的指导。一线教师在选择骨

干教师为自己的"师父"，进行师徒结对的同时，也可以选择高校的一名教师作为自己的专业发展教师，对自己的职业发展进行跟进指导。

在教师培养培训体系中，这种双导师制有其自身的特点和创新之处：高校的导师在师范生毕业后会继续追踪指导，实践导师不会等到实习，在师范生入学之初便会提前渗透。在教师培养培训体系中，师范生的毕业并不意味着高校对他们培养工作的结束，而是一个新的起点，是他们职业发展支持的开端。在教育专业认证标准中，有着非常重要但又容易被忽视的一项内容就是"持续支持"。这一点要求高校教育专业对"毕业生进行跟踪指导服务，了解毕业生专业发展需求，为毕业生提供持续学习的机会和平台"。

（2）高职教师职前培养培训模式建构的经验做法

高职教师职前培养培训模式实践探索的过程中，高校与实习学校双方都在彼此配合、彼此融入的过程中总结出了一些有效的经验做法，具体的经验做法如下。

① 突出实践取向，强化实践育人。

实践教学贯穿师范生培养的全过程。首先通过实践教学贯穿师范生在校学习全过程的方式突出实践育人取向。以实习教学为例，教育专业学生实践教学包括职业认知实习、岗位认知实习和顶岗实习三个环节。

校内实训仿真化、职场化。教育专业校内实训基地具有较高的职场情境和职场氛围，由高校与实习学校共同编制校内实训教学方案，共同开发一系列仿真性、真实性的岗位任务训练项目，让学生在完成实训任务过程中掌握教师职业技能。

引导学生积极参加社会实践。高校和实习学校共同设计学生社会实践内容，让学生利用每个寒暑假去参加社会实践活动。通过社区服务、职场调查等社会实践活动，培养学生的职业意识、职业态度和职业精神。

② 深化培养方式改革，推行任务驱动项目导向课程。

培养方式改革制度化。制定《教育专业课程教学模式改革意见》，以课程教学模式改革为突破口，推动人才培养方式改革[①]。

大力推行任务驱动、项目导向课程改革。将相关课程的学习内容分解、设计为一系列与实训相结合的任务，以任务驱动来达成学习的良好效果，实现项目导向的课程改革。比如《儿童文学应用与实践课程》，将学习内容设计为一系列儿童教育情景剧任务，每周布置一次实训任务，下一次教学活动前，

---

① 刘志国，刘志峰. 高等职业院校战略管理研究［M］. 北京：电子工业出版社，2015.

在教师指导下，由学生通过小组学习、自主学习方式完成任务，培养学生独立解决问题的能力。

精心设计学生技能竞赛活动。高校和实习学校紧密合作，开发教育专业学生语言技能达标竞赛、声乐技能达标竞赛、舞蹈技能达标竞赛、钢琴技能达标竞赛、美术技能达标竞赛等技能竞赛项目，学生通过竞赛提高说、唱、跳、画等专业技能。

③ 加强项目管理、经费管理。高校高度重视教师培养培训项目的建设与管理，为保证项目能够按照专业建设发展方案执行，采取了以下三方面举措：

一是健全项目建设组织机构。一些学校成立了"高校提升专业服务产业发展能力"项目和"高校与实习学校一体化教师培养培训"项目建设领导小组，成立了由主管校长督办、相应职能部门组成的项目建设管理督查组和项目资金使用管理组。

二是建立配套规章制度。学校制定并出台了项目建设相关的管理办法，对从落实任务分解、组织实施到过程监控及项目验收的全过程进行规范管理。实行项目责任人负责制，学校相关管理职能部门进行过程监控和进度跟踪，对项目建设如期按进度完成起到了监督和控制作用。

三是规范资金管理。学校制定并出台了"项目专项资金使用暂行规定"，对项目建设资金的使用从开支范围到报销程序、从项目招标到合同管理等均进行了规范管理。

④ 给予有专业引领的"纵向式"同伴互助

20 世纪末，国外学者们在检验、反思一系列校内、校外的培训效果时，通过研究发现，并非在资金充足的保证下，通过培训者不断完善和改进培训内容，再通过教师的认真参与和学习，这些培训就会起到相应的改进教师教育教学行为、改善和提升教育效果的作用。

例如，美国的一项实验研究的结果就出乎人们的意料：教师在接受培训后，能将学习到的新知识转化到自身教育教学实践中的比例不足 20%。这项研究继续将参与一个为期三个月的在职培训课程的教师分成两组。

第一组教师不只是参加培训课程，而且会被引领着在校内进行同伴间的互助指导。

第二组则只是进行了课程的学习。

将两组教师进行比较研究后发现，在日常教育教学中能有效运用课程中学到的技能方面，第一组教师的比例达到了 75%，远远高于第二组教师的15%。

此外，还有相当一部分的研究也证实了类似的结论。例如，同事间的互助指导要比单元式的工作坊效果明显。再比如，教师间的互助观摩和指导能够促进教师的专业发展等。因此，在高校和实习学校一体化教师培养培训项目的进程中要对教师给予有专业引领的"纵向式"同伴互助。

⑤ 联合进行案例教学，最大化发挥其作用

众所周知，教师培养和培训中的一个难点就是理论和实践的脱节。因此，教育实习十分重要。除实习外，案例教学是有效连接理论和实践的桥梁。

案例教学法由来已久。早在古希腊、古罗马时代，著名哲学家、教育家苏格拉底所采用的"问答法"就是一种案例教学的雏形。而苏格拉底的学生，同样为希腊著名哲学家的柏拉图将这些问答整理为书中的例子，这些例子就可以看作是案例的雏形。案例教学有许多的优势。例如，案例教学克服了传统的、单一的知识讲授的弊端，能够帮助教师理解案例中蕴含的教育知识和原理。也正因为此，案例教学法反映的学习观是反对只满足于理论知识灌输的被动式学习，而突出实践能力本位。案例教学法的主要目的在于让学习者能够运用自身所学的教育理论知识去解决实际教育教学过程中遇到的问题。

在教师的培养培训中，案例教学法是经常被采用的教学方法之一。但在真正的教师培养培训中，案例教学的优势并未发挥到极致。从教师培养的职前教育来说，采用案例教学法的过程中，教师自身缺乏对案例"身临其境"的体验，却要让师范生们根据传递的这种"想象中的体验"去"想象和获得自身的体验"，而这会让案例的效果大打折扣。

从教师培训的职后教育来说，采用案例教学法的过程中，虽然体验是鲜活的、丰富的，但教师们往往只是就着案例说案例，结果依然停留在案例的本身，没有理论上的高度，致使案例的效果就像听说了一个引起自身共鸣的故事一样，也使案例的效果大打折扣。也就是说，案例教学法同时需要理论的提升和行动的跟进才能取得较为理想的效果。但在高校和实习学校一体化教师培养培训模式中，通过高校理论型教师和实习学校层面经验丰富的骨干教师的结合，可以使得案例教学既有实践层面深层次的体验，又可以从案例中收获一定的理论。因此，在高校和实习学校一体化教师培养培训模式中，要充分利用案例教学法，并通过合理的人员配置、有效的资源利用、适宜的共同体建构来使得案例教学法的作用得到最大化发挥。

2. 高职教师入职教育模式

早期的教师教育只包含职前培养的阶段。随着社会发展速度越来越快，职前培养的内容已经不足以贯穿教师们的整个职业生涯。在职的教师们急需在岗位中继续根据社会的发展和教育的发展提升自身。于是，教师继续教育、在职培训等事务才应运而生。在新中国成立的初期，随着教育事业的逐步恢复，就出现了师资不足的情况，急需补充人才进入教师队伍。为了解决这一难题，教育部提出通过开展师资短期培训来补充师资力量，这是教师在职培训在我国发展的雏形。我国教育部在 1977 年下发的《关于加强中小学在职教师培训工作的意见》中首次使用了教师培训的概念。

（1）高职教师入职培训的内容

《实习教师指导手册》指出入职教师包括五大项内容："提前了解""积极沟通""示范引领""指导反馈""及时总结"五大项内容。

① 提前了解。了解自己将要指导的实习教师，不仅帮助实习教师们提前认识自己的指导教师，同时实习指导教师也借此机会提前认识和熟悉自己接下来将要指导的实习教师。实习指导教师作为指导者，对于双方互留联系方式等其他沟通途径的建立应该更加积极和主动。

了解实习指导工作的具体目标、内容和任务——在"实习工作任务说明会"上，实习教师们更好地了解实习工作的具体目标、内容和任务，并据此制订自身详细的教育实习指导工作计划。相对应地，实习指导教师在业务层面领导组织的相关说明会议中也要明确自己的实习指导岗位职责，明确实习指导工作的具体目标、内容和任务，并不简简单单就是传统意义上认为的安排实习教师帮助班级做做环境创设等工作，双方都做到"有准备"，才能互惠互利，彼此有较大的收获。了解实习工作的其他注意事项和方法技巧——通过开展"实习指导工作动员会议及注意事项说明会"等方式，向实习指导教师们明确在指导过程中需要严肃注意的其他问题。

② 积极沟通。积极沟通不仅是实习教师们融入入职学校这个新场域，并与新场域中的实习指导教师、实习学校领导、在职教师与家长等人物建立良好关系的有效途径，积极沟通还是指导教师有效完成指导的一个关键。通过沟通，指导教师能够了解到自己需要指导的这位实习教师目前的能力和水平，及其自身的想法、需求等。这样有利于双方协商，共同制订一个实习的总体计划。

同时，沟通能力在《教师专业标准（试行）》等文件中被反复强调。沟通能力是教师能力中非常重要的一个方面，实习指导教师们要在日常的工作中展示自己积极沟通的一面，如与自己学生的积极沟通、和学生家长的积极沟通、和同事之间的积极沟通、和领导之间的积极沟通等。当然，最重要的是和实习教师之间的积极沟通，让实习教师们感知沟通的重要性。这样也非常有利于准教师们提升沟通这项基本技能。

③ 示范引领。既然要求实习教师们通过在学校这个实习场域中认真观察分分秒秒发生的事情，以提升实践知识的获得和实践能力，因此，实习指导教师们就要进行示范引领。这种示范和引领同样要把握住自身所在学校一日活动各个流程的开展，集中教育教学和游戏等活动的组织等，同时还要注意，对实习教师的这种专业引领要有计划性并体现专业水准。

④ 指导反馈。实习指导教师要对实习教师的各项工作进行积极的反馈和指导。最好的做法是首先明晰实习教师们在实习工作阶段规定的相关任务，如组织五大领域集中教育活动等。然后针对这些任务对实习教师进行指导，并在其完成后反馈并再次指导，形成一个实践知识和能力提升的螺旋式循环上升系统。

⑤ 及时总结。实习指导教师和实习教师们一样需要及时地反思与总结。通过高校和实践基地共同开展"欢送仪式""总结大会"等形式的总结仪式和工作会议，实习指导教师首先要对自身的实习指导工作进行认真梳理、反思与总结，还要引导实习教师回顾整个实习过程，帮助实习教师梳理自己的收获。

（2）高职教师入职培训的"三大需求"

高职教师入职培训体系模式构建必须符合以下几个需求，并实现这几个需求之间的有机统一。

① 从需求主体来说。高职教师入职培养培训模式的需求主体包括高校、入职学校和其他利益相关共同体。从需求主体来分析，高职教师入职培养培训模式的构建，一是要符合并满足高职院校自身的发展需求，包括高职院校专任教师的工作、学习与发展需求，高职院校教育专业课程设置改革的需求，高职院校提升人才培养质量的需求，高职院校教育专业提升专业培养质量、提升专业品牌知名度、提升就业率的需求。二是要符合入职学校发展的需求，尤其是新教师专业发展需求、教师队伍建设需求。其他还包括入职学校教育质量提升与发展的需求。三是要符合社会或者当地对教育人才的需求。

② 从教师教育转变趋势来说。现在我国的教师培养和培训不再由师范院校单独承担，而是呈现出一种多元开放的格局。这种多元开放正体现出了以下三个转变：

第一个转变，从教师总体上的供求关系来说，已经逐步从数量满足向结构调整转变。

第二个转变，对教师的学历要求方面，已经从学历达标向学历提升转变。

第三个转变，对教师素质的要求已经从单一的技能型人才向研究型、专家型教师转变。

以上这三个转变主要针对中小学教师，但这些转变趋势对不同阶段的教师同样适用，这三大转变带来的需求也是教师入职培养培训模式应当追求的。

③ 实现机构一体化。造成职前和职后教育分化、孤立、各说各话的根本原因在于，就目前我国教师教育来说，职前教育机构和职后教育机构是分立的，而这种分立是造成职前、职后脱节的主要原因之一。师范院校、高校等负责职前教育部分，地区性教育学院和教师进修学校负责职后培训。为了扭转这种局面，必须以政府为牵动，实现这些机构的一体化。这里的一体化并非指高校和教育学院、进修学校、入职学校的完全合并，而是必须达成一种深度的联合状态。管理体制一体化。在这个问题上，有学者建议，要建立以高校为本位的教师职前教育和教师职后培训一体化的管理体制。类似于上述的机构一体化，对于两个机构，要实现管理体制完全的一体化也是不太现实的。但是最起码最基础性的要求是要达成在教师培养培训和专业化发展支持方面的一体化，例如一体化的教师成长档案建立等。这样才能使两者能够协调配合、紧密合作。师资队伍一体化。师资队伍一体化是指为合理配置和有效利用资源，高校师资和教育学院、教师进修学校师资及其入职学校的实践层面师资互相分享的方式。

课程内容一体化。根据高职教师专业发展的整体进程合理设置各个阶段的课程，实现课程内容上的一体化，让高职教师的成长和专业化更加高效，不走弯路。

（3）高职教师入职培训的策略

① 平等、信任的文化建设。有效的高职教师入职培养培训模式，首先要建设平等、信任、分享的合作文化氛围。只有信任、平等文化的建设，才能促使双方真正实现坦诚相待、真诚分享，才能实现资源利用的最大化。在高职教师入职培养培训模式中，只有所有成员互相信任、互相尊重，每位参与成员感受到自己被信任、被尊重，才能确保每个人真诚地奉献自身的经验和智慧，在工作的过程中才能感受到身心的愉悦。否则，成员将不乐意或拒绝分享，而使得高职教师入职培养培训模式的作用被大大抑制，事倍功半，达不到预期的效果。

② 各项保障机制建立。要进行持续的、长期的合作，还要充分考虑到高职院校和入职学校属于不同的管理体制，分别要面临不同的具体情况，因此，需要建立必要的保障机制，以确保在不可预期的问题出现时，合作能够继续

进行。在这些保障机制的作用下，高职院校和入职学校联手才能打造出不断研究与学习的氛围，不仅加强了高职院校教育专业师范生和经验丰富的骨干教师之间的联系和交流，也加强了一线教师与学术人员之间的联系与交流，使两个分别的场域和场域连接之间都形成一种开放的、不断吸收与学习的共同体。

③ 领导者的核心领导力提升。卓越的领导力是一个项目是否能够成功实施的关键。在高职教师入职培养培训模式中，启动构建双方合作关系的人往往都是高职院校和入职学校的核心领导人。领导者必须具备卓越的领导力，了解并熟悉双方在教师培养培训方面存在的基本问题；同时具有高效的决策力，能够提出合作的可行方案和遇到问题时的合理解决方案；还应具备良好的组织力，在合作方案实施的过程中，不断通过良好的组织，促进高校和入职学校之间合作关系不断趋于成熟，使两个组织部门不断发展出凝聚力。

④ 鉴于卓越的领导力在高职教师入职培养培训模式建构中的重要作用，核心领导者们还应该具备先进的教育理念、迎难而上的勇气和决心、坚韧不拔的优良品质等。卓越的领导者自身还必须首先坚信并秉持互信、互惠、互利、平等的合作原则，并渗透给教师们和参与者们，这样才能促成高校和入职学校之间持续的、深入的合作，才能最终形成高职教师入职培养培训模式。

⑤ 知己知彼策略运用。高职教师入职培养培训模式中，高职院校与入职学校双方要从割裂到衔接再到融合，需要双方充分了解和熟悉彼此。只有经过充分的熟悉和深入的把握，双方才能真正做到"你中有我、我中有你"的融合。要做到深入熟悉，有两个方面的具体做法。一是高职院校的专业教师通过在入职学校的挂职、驻园、开展培训和教研等形式充分理解和体验教师教育教学的现状及其具体的专业发展需求。二是入职学校的骨干力量走进高职院校进行交流甚至任课，通过与高职教师的交流和对师范生学习现状的把握，清晰掌握高职教师的具体从业要求，有助于加强在职教育的规范性。

⑥ 反思性经验生成。在高职教师入职培养培训模式中，要及时反思关系，总结经验。以某一段时间为节点，如每个学期末，引领教师重新回顾整体目标，总结在这个合作的过程中，哪些内容在教育实践的改进中发挥了重要的作用。通过对合作经验的回顾与讨论，可以帮助高职教师充分认识到合作的作用、自身参与的价值。这样，有利于高职教师持续积极参与合作，参与高职教师入职培养培训的相关项目，并通过贡献自己的智慧获得自身的专业发展。

3. 高职教师职后教育模式

（1）加强高职教师教学反思

反思性实践在高职教师专业发展中被认为越来越重要，很多学者一致认为教师通过不断反思自己的教学经验，从经验中学习。教师在教学实习期间学会教学的各种授课活动，更多的就是通过反复探索、反复尝试、反复训练获得各种教学经验。在高职教师专业发展中，知识构建的一个重要渠道便是教师与教师之间一起合作，一起反思。本章就从实训基地构建、教学反思、教师发展共同体、科学研究与行动研究几大层面来探讨高职教师专业发展的优化路径。

正如阿尔弗雷德·许茨（Alfred Schutz）在《社会世界的意义建构》中认为，如果行动只是朝向行动对象，这是没有意义的行动。只有在反思中将行动所获得的知识转变为经验，行动才会变得有意义。反思性不仅仅是一种属性，而且还是行动的内容。反思不论是个人层面还是行动的模式化层面，都是对已经发生的事件进行检视的过程和结果。对于教师的专业能力，一般有两种认知倾向和争论。到底教师是作为"技术熟练者"还是"反思性实践者"的身份存在于教学专业活动中。对教师专业属性的明确定义以及相对应的专业角色的定位，对教师专业发展具有重要意义。

教师专业发展一直是教学研究中的关注点，但是从相关的研究具体内容来看，研究的侧重点基本上都在探讨教师某种教学素养和能力的养成。教师的自我反思是教师作为专业教学人员所应该具备的一项重要能力。教师通过对从不同教学情境中所获得的经验进行反思，可以有效地促进教师的自我发展。有效的专业反思需要教师深入理解反思性教学的实际内涵，对于语言教师来说，反思应该是由一系列的批判性思维活动所构成的循环，并不断地通过反思来指导教学实践，这样有助于教师成为自身教学活动的评估者。与教师的反思性教学能力发展息息相关的，就涉及教师对于教学现场的实践经验的学习以及对各种资源的利用能力发展。行动学习是指教师在教学行动中通过对教学现场的理解并结合自身经验而进行决策的能力，与教师专业能力发展息息相关。行动学习作为教师现场式学习的一种有效途径，可以有效促进教师的多维专业能力发展，提高教师的批判性教学反思能力。教师的教学事件无论是其实际的教学决策还是反思能力，都与教师对于与教学相关的资源进行利用有关。教师与各种教学相关资源之间的关系，被很多研究者认为是一种互动式的关系方式，教师既利用已有资源进行教学，同时也是教学资源的创造者。这种互动式的教师与资源之间的关系对教师在教学实践中的能力发展，特别是教学设计能力有重要的影响。从概念表面上看，这种理念与吉登斯的结构化理论有了呼应，但似乎还是有将资源作为独立于教师之外的某种客观性的存在，并特别关注教师与这种客观资源之间的互动关系模式。也有研究者将教师自身作为资源来对教师与教学资源之间的关系进行深入理解，并在更加注重教师教学能动性的角度来对外语教师专业发展进行研究。随着作为重要的国际信息载体，已成为各个为非母语国家的教育战略重点。以自身为资源体现了教师注重自主专业意识、教学、科研、实践等方面的自主反思、自我规划、自我评估的专业发展模式。

对于沟通行动在教学活动中的作用，有学者认为交往行动有助于多元共生教学思维模式的形成，并促进新型教学方式。也有研究者认为权力的赋予有助于加强对教师个体层面的关注，有助于教师在教学行动中生成专业认同，形成专业共同体，促进教学行动和教师专业发展。

在教学活动中，行动者并非只有教师，但是教学活动中教师的主导作用及其教学权力决定了教师是教学行动中的行动者。以教师作为出发点来对教学行动及其相关要素之间的关系进行实证研究，并尝试理解教师的教学行动，对于教学研究有重要的实践意义。王乐（2002）通过课堂观察和课后采访的方式对 3 位外语教师的课后反思情况进行了调查。结果显示，目前外语教师的教育理论与行动理论之间还存在较大脱节，教育理论的掌握如果没有行动理论的支撑，则会大大影响教学效果。当然，该研究并不是一个规范的质性研究，其研究结果的有效性值得商榷，但是该研究为我们提供了一个从行动来对教学进行研究的视角。教师的教学行动引导学生的学习行动，进而形成互动。而教师作为行动主体所拥有的符号资源，以及作为行动者的利益偏向，目的理性行动都是教师教学权力的来源以及教学行动可利用的资源。从社会属性来看，课堂教学中的社会行为可分为控制与服从、对抗与磋商、竞争与合作三个大类。有效的教学行动策略对于教学活动的有效性起到重要的作用，虽然我国课程改革在教学上已经取得了一定的成就，但是教师的教学习性对于教学行动策略有着重要的影响，教学习性是教师在理解课改，并生成教学时间行动的内在依据。在我国教学改革的不断推进过程中，仅仅注重形式上的教学行动改革是远远不够的，要改变教师的已有教学习性，并使教师的教学主体自觉性不断发展，需要我们对教师的教学观念和价值观进行深入的研究和探索。

教育教学改革的成败关键在于教师的教育教学理念，因此教师的专业发展应该注重从教育教学理念的形成和发展的角度进行探讨。教师教学理念的形成，在很多研究者看来与其知识有一定关系，但是却和工作中的同事、同伴的影响关系更加密切。因此有研究者认为除了注重对教师自身的反思性教学能力以外，从教师团体的角度来对教师在与同事协作过程中的专业发展进行研究，也具有一定的实践意义。作为教师队伍中特点鲜明、规模庞大的群体，同伴互助更有利于教师群体间的协作与反思。由于多方面的原因，教师中女性教师的数量比例一直较高。女性教师数量较多虽然在教学工作中是一个较为普遍的现象。这个现象的形成原因较为复杂，因此我们更应该将研究关注点投入到对这一特殊群体在现实情境中的专业发展上，而不是仅仅去讨论其形成原因。女教师的多重社会角色需要我们对其职业生涯发展的影响因素进行进一步的人类学、社会心理学方面的探讨，有助于我们深入了解女教师群体的专业发展和职业规划特点，并对其职业处境投入人文关怀。女教师的多重社会角色决定其职业规划和个人应对在其专业发展中所产生的重要影响，客观公正的教师专业发展管理和政策制定有赖于对这部分群体的深入研究。除了教师群体中的性别因素外，教师专业发展方面的研究也对新手教师这一群体的研究投入了较多的关注。新手教师作为教学一线的新生力量，带着新时代的教学观、教学价值观等新观念进入到教师群体中，在很大程度上对大学教师的专业发展、提高教学质量、推进教学改革起着相对重要的影响。

① 高职教师进行教学反思的意义。高职教师进行教学反思，是以教学活动为对象，对教学中的教学方法、策略、手段、效果等进行全面审视、全面回顾和重新认识的过程。通过教学反思，高职教师能够产生新的更合理的教学方案与实践活动。

高职教学反思的本质在于实现理想与实践之间的对话，它是理想自我与现实自我进行沟通的桥梁。这里的"反思"是一种内省活动或者独处放松时自己的冥想，是需要高职教师认真努力进行的有目的、有系统的深刻批判与反省，与一般的反思有一定的区别。教学伴随着整个教学活动的始终，对整个教学活动进行监视，对自身的教学经验进行分析和总结。

高职教师对在校学生的影响主要为学术影响，教师在教学中表现出来的认真、严谨、实事求是的学术态度，能够在潜移默化中影响学生。因此，高职教师有必要加深自己的学术知识，提高自身的人格修养。学术知识更多地表现为理论的总结和专业知识修养，但教学要求高职教师具有将自己所知教给学生的教学能力。高职教师只有在经验中学习，培植反思意识，适时更新教学观念，发现、解决问题，打破陈规，逐渐使自己成长为一名优秀的教师。

② 高职教师教学反思的主要特点。高职教师的教学反思在目标上直接着眼于教学行为的改变，而不是为了获得某一知识。从根本上说，高职教学反思关注的是在实践中运用知识，形成教学反思能力，改善教学行为。

高职教师教学反思的内容，要实现陈述性知识与程序性知识、现有知识和探索出来的新知识、理论与实践的结合。同时，它不仅仅关注所倡导的理论，更重视理论的实施及行为的结果。

高职教师教学反思形成方式多为实践性的，需要在实践中不断地练习以形成较高的反思能力。对于高职教师来说，要重视对教学技能的反思和教学策略的反思，从而不断促进教学质量的提高。

（2）加强高职教师的教育行动研究

所谓教育行动研究，就是教育工作者，或与研究者结合，在具体教育教学情境中，以解决教育教学实际问题为目的的一种教育科学研究类型。教育行动研究强调教师的主体地位和教育教学实践的理性化，强调教师与教育理论工作的结合。教师专业自主发展最重要的一条途径在于"使教师成为研究者"，开展教育行动研究，无疑能够大大提高教师的理论述评和实践能力，提高教师的科研能力。在开展相关的教育行动研究中，应该注意以下几个方面。

① 建立健全行动研究的外部机制。建立良好的学校管理制度和评价制度等外部机制，能够有效调动教师进行教育行动研究的积极性和主动性。为此，学校要认同、尊重和理解教师的专业地位和主体地位，给予学校青年教师一定的自主权，使学校青年教师真正成为学校的主人。另外，还应该为教师提供理想的职业环境，发挥教师自身的专业潜能和创新能力。学校激励教师开展教育行动研究，要重视为教师提供制度保障。

② 提供相关的研究资源。学校青年教师通过进行教育行动研究进行学习、促进自身专业发展过程中，必然会受到一系列主、客观因素的限制。此时，需要加强科学管理，发挥自身在人力、物力、财力、时间、空间和信息等方面的作用，以不断培养高素质的研究型教师队伍。学校要为学校青年教师创造实现其知识更新的有效途径和有利平台，使教师能够在一个宽松、民主的研究氛围中，围绕着日常教育教学问题进行教育行动研究，不断实现自身专业的发展。

③ 明确教育行动研究的具体步骤。一个典型的教育行动研究，包括：计划—行动—观察—反思四个环节。随着对研究的不断反思和深入，很可能还需要两轮或三轮循环的行动研究，即深化为：计划—行动—观察—反思—再计划—再行动—再观察—再反思。如图 4-2 所示。

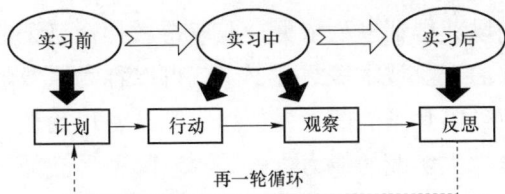

图 4-2　行动研究路线图[①]

计划阶段：厘清本行动研究的总体设想和行动目标，分析教师教育者对教师实习实践成效的影响，以期通过本次行动研究，教师在实习教学效果上有明显改善。

行动阶段：对教师教育者的落实和检验。一方面，作为行动者，将本行动研究计划付诸实施；另一方面，作为研究者，监控行动研究进展，搜集数据资料，实时观察行动过程。此外，因本研究持续时间跨度较长，此处的"行动"，还可以理解为"行动干预"，既包括导师个人层面的行动措施，又包括组织单位层面的行政和教务方面对双导师制的改革和推进。

观察阶段：灵活使用问卷和访谈，深入师生群体，观察教师的课堂实践授课效果。搜集、整理、复印教师的实习日记、教学日记，以及教师教育者对教师的评价记录，教育行政部门与教师教育者的交流和会议记录。

反思阶段：归纳整理上述各种材料，对每一名参与教师教育活动的人员进行描述与评估，从而对本次行动研究的过程和结果进行评价和判断。分析成效高低的原因，反思教训和不足，设计进一步提升路径。

4. 高职院校双师型教师队伍的构建

（1）"双师型"教师的内涵

就字面上理解，"双师型"教师就是具有两种及两种以上培养人的能力资质的教师。其中教师是其首要的身份，是主体，其他的身份都是依附于这个身份之上的，强调的是教师的"一专多能"。不是从事教学工作的人员，即使具有多重的"师傅"身份也不能称作"双师型"。如果在传统的"教师"身份之外，还具备工程类、财会类、金融、司法类等方面并经过正规机构认定的专业职称或等级证书，都属于"双师型"教师的范畴。有的地方把具有基础教育教师职称或具有企业、行业和行政管理经历的教师也称为"双师型"教师[②]。

在国内的相关研究中，对"双师型"教师的认定还没有统一公认的标准。

① 吴蓓蓓，徐莎. 工匠精神视域下高职院校"双师型"教师队伍培养路径探究 [J]. 无锡职业技术学院学报，2019，18（06）：5-8.

② 张铁岩，吴兴伟. 高职院校师资队伍建设研究 [M]. 沈阳：东北大学出版社，2004.

一种观点认为应当以获得证书为依据，在取得教师资格证的基础上另外再获得经正规机构认定的专业技术等级证书，就可以称为"双师型"教师。另一种观点则认为，应当以具备的能力为依据，既具备理论教学的能力，又具备实践课教学和指导学生实践的能力，就是"双师型"教师。还有一种观点认为，单凭证书或单凭能力都难以认定为"双师型"教师，因为很多证书并不能证明获得者具有相应的能力，更无法证明他有相关的实践经验和实际操作技能。至于说是否具备某种指导学生实践的能力，没有相关的专业等级证书也很难确定。这种观点认为，"双师型"老师的认定，既要看证书，也要看能力，除具备高校教师资格证和相应的教学能力外，还要具备非教学系列的专业技术证书以及相应的资历和能力。虽然目前国内还没有完善的"双师型"教师的内涵界定和执行标准，但对"双师型"教师应当具备的基本素质还是有很充分的论述，归纳起来，"双师型"教师除具备高校教师的一般专业素养外，还应当具备以下几种素养。

① 行业专业素养。看一个人是不是行家，并不只是看他是否掌握了这一行的几项技能。一个会做家具的人并不一定是这一行的行家里手，一个熟练的车工也不一定能成为行家。行家的内涵比掌握一项技能要丰富得多。"双师型"教师应当是某方面的行家，具有较为深厚的专业素养。一是具有丰富的职业、行业基本理论知识，了解本行业的历史沿革和发展现状，对行业的前沿技术和发展前景有深刻的认识，熟悉本行业的政策法规，在必要的时候能提出有价值的意见和建议。二是对企业、行业文化有较深入的研究，能准确把握本行业文化的实质与核心，善于利用行业和企业文化凝练行业、企业精神，用文化元素推进企业管理和行业发展。三是具有相应的管理协调能力，能进行有效的沟通、协调和组织管理，整合相关资源，调动各方面的积极因素，激活创新和发展潜力，化解企业生产和营销过程中的各种矛盾和消极因素。四是具有较强的专业实践能力，熟悉行业的生产工艺和操作技能，熟悉企业的生产环节和销售流程，能有序组织企业按章程和计划开展业务，在行业或企业出现不景气的情况时能够提出科学有效的应对之策。虽然在目前的教师成长机制下，很难有高职院校的教师达到这样高的行业专业素养，但作为"双师型"教师的认定标准和发展目标，从培养高素质应用型人才的需要来看，高质量的行业专业素养还是值得每一个"双师型"教师做出不懈努力。

② 行业道德素养。在中国传统社会里，七十二行，每一行都有不同的行规，这种行规包含与本行业相适应的道德约束。养成自觉遵守行业规定的习惯，就是行业道德素养。在新社会特别是改革开放的新形势下，很多行业的

界线被打破，一些过时的行规被废除。但是行业道德素养依然存在，也有其内在的合理性。"双师型"教师不仅应当具备行业的职业素养，还应当拥有相应的行业道德素养，这种素养对培养学生的社会公德和社会适应能力至关重要。当下的行业职业道德可分为两大类，一类是各行业约定俗成的公约和规矩。这类规矩有的是显性的，对行业之外的人也是公开的；有的是隐性的，只在行业内部流传而不足为外人道的，特别在一些传承性比较明显的手工行业，比较讲究行业规矩，包括尊重师傅、关键工艺的保密、一些秘而不宣的仪式等。另一类是各行业都普遍适用的职业道德，如不能恃强凌弱、不能欺男霸女；要讲诚信，不以次充好，以假充真；要积善行德，用余钱做一些铺路架桥的善事，回报社会，不能为富不仁；要同情弱者，关心弱势群体，接济和帮助那些遇到不幸和困难的人。行业道德并不是一成不变的，特别是在市场经济背景下，追求利益最大化的动机使很多规范行业行为的道德原则被遗弃，行业道德总体水平呈下滑态势，但作为以教书育人为目标的教师，不仅应当了解和尊重各种优秀的行业道德，还应当把行业道德内化为个人修养，用言传身教影响学生。

③市场经济素养。企业和行业，大多数都是市场经济的主体，没有市场经济素养的人是办不好企业的。同样没有市场经济素养的教师也是培养不出优秀的应用型人才的，因此"双师型"教师应当具备较高的市场经济素养。市场经济素养的内容比较复杂，其中特别重要的有以下几点。第一，依法经营意识。市场经济是法治经济，市场主体需要遵守相关的法律法规，依法经营，依法纳税，自觉维护消费者的合法权益，才能保证市场的充分发育和正常运转。第二，错位发展意识。市场经济是竞争性经济，跟在别人后面去发展永远形不成竞争优势，只有找准市场空当，发展人无我有、人有我优、人优我特的路子，才能在市场竞争中占得一席之位。独到的市场眼光往往比拥有其他市场要素更重要。第三，合作共赢意识。市场经济是合作经济，通过合作可以达到扬长避短、整合资源、做大优势之效果。市场主体的合作需要双方有坦荡的态度、互利的胸怀、协商的诚意等。第四，资源配置能力。能够盘活存量，扩大增量，激活市场要素的能量，聚集各个方面的资源，使包括人力资源在内的各种资源得到合理而充分的利用。通过知与行、智与技的综合运用实现资源的优化配置。第五，市场营销能力。产品只有通过市场销售才能成为商品，才能产生剩余价值。市场营销能力是市场经济素养最重要的内涵，囊括从产品设计、生产、包装、宣传到售后服务等环节，其中任何一个环节出现了背离市场经济规律的现象，都会对企业和行业带来严重甚至

致命的后果。从总体上说，目前高职院校对"双师型"教师的认定标准还停留在掌握一两项技能的层面上，"双师型"被简化为"老师""技师"，对与企业行业相关的职业素养还没有引起重视。这种结构的"双师型"教师很难培养出优秀的应用型人才。其实，一个学生具有良好的综合素养比他掌握一两门实用技能重要得多，技能可以在较短的时间内通过教学和实训来获得，而良好的企业和行业素养往往需要身临其境地熏陶和磨炼。如果高职院校的教师能够在学校里给学生传达一些相关的信息，引导和指导学生加强企业和行业素养，再辅之以现场的时间相对较长的实践锻炼，就能让学生在进入企业和行业后少走弯路，少遇挫折。

（2）高职院校"双师型"教师队伍建设的意义

如果说教师是教育的根本，那么"双师型"教师则是高职院校赖以生存和发展的命脉。"双师型"教师队伍的数量与质量如何，直接决定高职院校的办学质量和发展前途，直接决定转型发展的成功与失败。

① 从学校人才培养目标的转型来看，"双师型"教师队伍建设是培养应用型人才的需要。国家确定高职院校以培养应用型人才为主要目标，这是全国高等教育布局的科学调整，是与国家经济社会发展战略调整相适应的。对高职院校来说，人才培养目标由学术型向应用型转轨，既是机遇，更是挑战。能不能将机遇转化成优势，将挑战转化为发展动力，最终取决于"双师型"教师队伍建设。

第一，"双师型"教师是培养应用型人才的先决条件。有什么样的教师就会培养出什么样的学生，只有具备实践应用能力的教师才能培养出应用型学生。在现行高等教育体制机制下，高校学生接受的教育主要在学校，教师是培养和塑造学生的主导力量，学生的实习实训活动更多的是体验而不是增长知识和能力，聘请行业专家来校给学生作讲座只能起到"拾遗补阙"的作用，真正系统地、循序渐进地传授学生专业知识和实践能力的还是学校的教师，其他任何力量和方式都无法取代教师的地位和作用。高职院校要实现人才培养目标的转型，建设一支健全的"双师型"教师队伍是最根本最迫切的任务。

第二，"双师型"教师队伍的素质决定应用型人才的质量。高职院校培养出什么样的应用型人才，是真应用型人才还是假应用型人才，并不是学校说了算，而要看毕业生的一次就业率和就业之后的待遇。社会需要高素质的应用型人才，高素质应用型人才的培养需要高素质的"双师型"教师。学生的专业知识扎实与否，学生的实践操作能力强弱如何，相关的职业修养和市场经济素养如何，在很大程度上取决于"双师型"教师的基本素质。有名无实的"双师型"教师只能培养出有名无实的应用型人才。高职院校不仅要保证"双师型"教师队伍的数量，更要保证"双师型"教师的质量。

第三，"双师型"教师队伍的结构决定应用型人才的适应能力。应用型人才既强调专业化，也强调复合型，即具有较广泛的专业知识和应用能力。在各种知识交叉融合越来越快的当下，具有复合型知识和能力的应用型人才，不仅就业的适应性更强，而且创业创新的思路更宽更多，复合型是高质量应用型人才的重要特点。这种复合型应用人才的培养受"双师型"教师的专业和能力结构的影响。高职院校应当根据社会对人才需求的特点，调整专业设置，培养和引进相关专业的"双师型"教师，完善"双师型"教师的专业结构，为培养复合型应用人才奠定厚实的师资基础。

② 从学校服务对象的转型来看，"双师型"教师队伍建设是服务地方经济社会发展的需要。高职院校在人才培养目标转型的同时，也有一个服务面向转型的问题。过去高职院校的服务方向是模糊的，多向的，现在国家明确要求高职院校的服务方向要转到当地经济社会发展和文化建设上来。这种服务更多的是专业技术和专业能力的服务，而不是抽象的理论和学术性服务。能够承担这种服务的主力也是"双师型"教师。从大的方面讲，高职院校服务地方主要在三个方面，其中任何一个方面都需要"双师型"教师担任。

第一，服务地方产业建设需要"双师型"教师。产业建设是地方经济社会发展的基础，也最需要地方高校给予人才和技术支持。改善生产工艺、解决技术难题、优化产业布局等，都是地方与高校的服务对接点。高职院校要达成这种服务，需要一大批懂专业技术、有实践指导能力的"双师型"教师，纯学术型教师难以在具体技术服务中发挥作用。

第二，服务地方区域经济和社会发展需要"双师型"教师。当地政府在进行区域经济和社会事业发展的顶层设计中需要进行多方面、多角度的思考和论证，需要采集方方面面的合理化建议。地方高校在这方面具有相对独特的优势，一是人才优势，二是专业优势。相对而言，高职院校的教师既有比较开阔的专业视野，也能够跳出地方看地方，不囿于地方政府原有的成见，在发展思路和措施上提出有价值的意见和建议。已经有一些地方高校建立了专门为当地区域经济和社会发展出谋划策的"智库"，能够入选"智库"并真正发挥作用的也是"双师型"教师。那些对区域经济发展、社会综合管理、城镇规划布局、城乡统筹发展等方面有深入研究的教师最受地方政府的欢迎。

第三，服务地方文化建设需要"双师型"教师。在地方经济建设风生水起的同时，地方文化建设也渐渐被提上重要议事日程。高职院校所在的行政区划内，很多富有特色的传统文化和地方文化有待挖掘整理和开发利用。相对而言，地方政府能够对地方传统文化进行深度发掘整理利用的专业人士并不多，亟须高等院校的积极参与。这是高职院校可以大有作为的服务领域，更好发挥面向当地、服务地方的作用，在服务中达到保护和传承民族和地方文化、丰富当地发展的内涵和品质、活跃群众文化生活的目的，同时还可以做大、做优高职院校的特色学科和专业，提高高校和地方的知名度。这种合作共赢的服务最终还是需要一支优秀的"双师型"教师队伍。综合管理、城镇规划布局、城乡统筹发展等方面有深入研究的教师最受地方政府的欢迎。

第三，服务地方文化建设需要"双师型"教师。在地方经济建设风生水起的同时，地方文化建设也渐渐被提上重要议事日程。高职院校所在的行政区划内，很多富有特色的传统文化和地方文化有待挖掘整理和开发利用。相对而言，地方政府能够对地方传统文化进行深度发掘整理利用的专业人士并不多，亟须高等院校的积极参与。这是高职院校可以大有作为的服务领域，更好发挥面向当地、服务地方的作用，在服务中达到保护和传承民族和地方文化、丰富当地发展的内涵和品质、活跃群众文化生活的目的，同时还可以做大做优高职院校的特色学科和专业，提高高校和地方的知名度。这种合作共赢的服务最终还是需要一支优秀的"双师型"教师队伍。

③ 从学校自身发展道路的转型来看，"双师型"教师队伍建设是保障高职院校特色发展的需要。高职院校自身也将从过去以外延发展为主转到以内涵发展为主的轨道上来，这种内涵发展应符合国家提出的高校"双一流"建设目标。高职院校要建设成为世界一流的高校，必须建设世界一流的学科，一流学科的建设又离不开一流"双师型"教师队伍的建设。

首先，高职院校的一流学科只能在"应用"两字上做文章，在学术理论上争创一流学科的可能性微乎其微，这是由其特点所决定的。而在应用型学科建设上，高职院校具备贴近地方、贴近实践的优势，通过与当地经济社会和文化建设相结合，在生产建设第一线不断探索创新，完全有可能创造人无我有的专业和学科优势，进而创建在国内外有影响的一流应用型：专业和学科。

其次，高职院校的一流学科只能在"特色"两字上做文章。这种特色不可能体现在某种重大前沿科学理论的发现上，只能体现在与地方的紧密融合上，因为区域经济布局的差异性决定了不同本科院校所在地的经济和产业结构的独特性，不同地区的文化和民俗也有各自的特点，只要坚持服务当地经济社会文化发展的方向不动摇，其专业和学科特色就会不期而至，就能够通过持续不断地积累，构成高职院校明显的办学特色，形成一批特色专业和特色学科。无论创建应用学科还是创建特色学科，都需要高职院校与当地经济社会文化实现精准和深度的融合，而实现这种融合的真正力量就是"双师型"教师队伍。这支队伍的素质越高，能力越强，校地合作的领域就会更宽广，联系就会更紧密，效果就会更明显，创建一流应用和特色学科的概率就会更大，学校的内涵发展就会更加持久辉煌。

（3）高职院校"双师型"教师队伍建设的现状

尽管"双师型"教师队伍建设关乎学校的前途和命运，事实上高职院校"双师型"教师队伍总的情况是基础薄弱、发展缓慢的，需要解决的问题和困难很多。具体有以下几个方面[1]。

①"双师型"教师总量少，比例低。绝大多数高职院校真正的"双师型"教师人数并不多，占专任教师的比重低。在欧美等发达国家，高校专职教师所占比例并不高，以美国高校为例，31%为专职教师，69%为兼职教师。我国的高职院校"双师型"教师占专任教师的比重都在 10%上下，与国家要求高职院校"双师型"教师应占 30%以上的比例相差甚远。问题还在于数量稀缺的"双师型"教师都集中在少数几个学科和专业，很多专业基本上没有"双师型"教师。

一是工科专业的"双师型"教师多一些，文科专业特别是文化方面的"双师型"教师少。工科专业本身比较注重培养学生的实践动手能力，不少学生在毕业之前就考取了与专业相关的技能证书，经过实习、实践后能掌握一定技能，留校后通过进修培训就是"双师型"教师。同时这些专业与企业联系比较紧密，通过企业培训"双师型"教师或直接从企业引进专业人才到学校任教都比较方便；而文科专业的课程比较抽象，缺乏实际操作特色，更缺乏培训锻炼的平台，在专业评价上也缺少统一公认的行业认定标准，因此在文化产业开发、文化策划、文化资源利用方面几乎没有"双师型"教师。

二是市场上吃香专业的"双师型"教师少，而相对过剩专业的"双师型"教师多。金融、软件开发、建筑设计等方面的人才都是市场的"抢手货"，不仅很难从外面引进人才来担任专业教师，而且学校已经培养成长的"双师型"人才也经常被企业高薪挖走。而一些市场人才需求相对饱和的专业"双师型"教师比较丰裕。这种状况一定程度上制约了高职院校对接市场需要设置专业

---

① 刘永明. 高职院校"双师型"教师培养体系构建与实践研究——以长沙航空职业技术学院为例［J］. 长沙航空职业技术学院学报，2013，13（04）：7-10.

的努力。

三是行政管理方面的"双师型"教师比较少，财会管理方面的"双师型"教师相对比较多。具有机关行政单位管理经历的人才，特别是具有一定行政职务的负责人很少愿意到高职院校来当教师，有些省市想打通高校与地方党委政府干部交流的通道，结果高校去地方任职的积极性远远高于地方干部来高校任职的积极性，相反高校里那些有管理能力的教师却总想着法子通过考公务员等途径转岗到行政机关。而其他类型的管理人员因为可以通过自学考试而获得资质，加之社会上具有这类管理资质的人员比较多，高职院校中他们所占的比例要高得多。需要说明的是，这里所表述的"三多三少"都是相对而言的，都没有改变"双师型"教师严重不足的状况。

②"双师型"教师证书多，作用少。在高职院校现有的"双师型"教师中，也存在有其名无其实的现象。一种是有证书无经历。现行制度下很多证书都是可以通过考试获得的，财会、律师、建筑等行业都有这种渠道。这种考试只考知识点，并不考查考生的实践能力，也不要求有相应的实践经历和行业工作背景，因此有的教师一个人就有好几种这类证书，但是拥有这类证书并不代表具备在实践教学中指导学生的本领。另一种是有经历无能力。虽然有些教师有过相应的行业工作背景和实际经历，但要么时间过短，没有积累足够的经验和技能；要么间隔太久，原来所了解和掌握的专业知识和技能早已过时或生疏；要么曾经任职或工作的单位或行业规模小，层次低，科技含量不高，个人专业素养和能力没有实质性提高。还有一种情况就是有能力不对岗。有些教师获得了相关的行业证书，也有过在企业行业工作的背景，但是实践能力也不弱，但其专业能力与其从事的教学内容不对应，不能达到专业技能和教学内容的有机融合。产生这种现象的原因也比较复杂，既有利益方面的考虑，如不同专业教学的效益不一样，有的教师宁愿选择没有行业证书但效益好的专业去任教；也有专业调整的结果，有的专业因客观原因逐渐萎缩，部分教师被调整到其他相关专业，其行业资质失去了效用。凡此种种，都不能成为名副其实的"双师型"教师。

③ 建设"双师型"教师队伍的制度、机制不完善。可以说，高职院校的"双师型"教师队伍建设还处于起步阶段，相关的制度机制还很不健全，工作还没有走上正轨。

一是"双师型"教师的认定制度不健全。"双师型"教师应当具备什么条件，是重证书还是重能力，或者两者兼顾，都没有一个统一的标准。哪些机构颁发的行业证书才能认可；有了证书之后需要多长时间的实践阅历才算具备相应的资质；有什么资质的企业、行业背景才能承认其从业资历，等等，都是一些值得认真商榷和解决的问题，都应当有相对完善的制度规定。要防止为提高高职院校的"双师型"教师比例而降低认定的门槛。

二是"双师型"教师的培养机制不健全。很多学校对哪些专业要培养"双师型"教师，什么年龄段的教师要进行非教育专业的培训，招聘进来的年轻教师需不需要先去企业和行业锻炼后才能上岗教学，这些都没有确定下来。教师去企业和行业挂职锻炼的经济待遇如何确定，对职称评定有何优惠，通过什么措施调动教师参加企业和行业培训的积极性，教师在企业或行业实习锻炼的效果如何评价，所有这些问题都是高职院校无法绕开的，任何一个问题解决不好，都会影响"双师型"教师队伍建设。

三是"双师型"教师的引进机制不健全。高职院校的"双师型"教师队伍建设需要培养与引进并举，引进一些学科建设急需的应用型教师，能迅速缓解实践教学师资不足的矛盾。但在实际工作中，引进应用型教师也存在许多不确定因素。在引进方式上有全职、兼职、特聘等，不同方式之间的待遇如何保持相对的公平合理，不同行业之间的兼职或特聘教师的待遇如何确定，没有一套科学的机制。在引进对象上有管理型、技术型、操作型，他们之间的等级如何确定，需不需要形成对应关系，比如企业的高管如何确定他的职级待遇，有些获得过国家级大奖却没有相应专业技术职称的人才，引进之后其待遇如何确定。这些非常具体的问题既需要完善的制度规定，也需要灵活的处理机制。高职院校相关制度机制的建设往往滞后于实际工作需要。

④ 培养"双师型"教师的实践平台少，档次低。很多高职院校所在地区的工业化水平偏低，生产型企业数量少，规模小，工艺比较落后，产品的科技含量比较低，不少还是家族式的手工业作坊。选送教师到当地企业实习锻炼，不能接触行业的先进技术和管理理念，效果十分有限。有些学科专业将教师送到省外的大型企业挂职锻炼，虽然可以起到培训教师的作用，但副作用也很明显，不仅培训成本增加，而且脱离了高职院校为当地经济社会建设服务的宗旨，老师掌握了一些先进的理念和技术，也很难在当地有用武之地。同时，受眼界和抱负的局限，多数地方企业和行业负责人抱着小富即安的心态，加之高职院校的一些专业设置与地方产业发展脱节比较严重，学校教师对地方企业行业的技术支持和专业指导有限。他们既不愿意与地方高校开展技术合作，也不愿意接纳教师去实习锻炼，经常找出各种理由拒绝前来协商的学校部门负责人。地方政府在校企合作中的主导作用也没有充分发挥，缺少引导和激励当地企业推行校企合作的政策机制，不少校企合作都流于形式。

这些现象使高职院校的"双师型"教师培养培训深陷困境。

（4）高职院校"双师型"教师队伍建设的途径

高职院校加强"双师型"教师队伍建设任重而道远。采取什么措施，选择什么路径，达到什么目标，都需要结合本校实际，听取各方意见，经过科学论证，做出正确抉择[①]。在校级层面上，一是统一思想认识，使全校上下明白加强"双师型"教师队伍建设的重要性和紧迫性，形成上下一心、齐抓共管的工作合力。二是做好顶层设计和建设方案，明确"双师型"教师队伍建设必须以提高教师实践教学和应用能力为重点，以强化学生实践能力和创新精神培养为宗旨，以促进学生就业创业为导向，不断提升教师队伍综合素质；明确"双师型"教师队伍建设的近期和中长期目标，用目标凝聚人心、汇聚力量。三是制定相关的制度、机制，根据需要建立一系列相互衔接、相互补充、相互促进的管用的规章制度，用制度保障工作的正常运行。在学校的中级层面上，主要是根据学科和专业建设实际，制订"双师型"教师培养计划，动员教师参与相关的职业技能培训，认真贯彻落实学校的工作部署，对实际工作中出现的矛盾、问题提出解决的意见和建议，供学校决策参考。在教职员工层面，主要是认清高职院校转型发展的新形势、新任务，解放思想，更新观念，抛弃落后的教育理念，积极响应学校的号召，主动参加各种学习培训活动，努力提升实践教学能力和实际动手能力，用实际行动推进"双师型"教师队伍建设。只有学校各级领导、各个部门和所有教职员工都行动起来，营造健康向上的良好氛围，形成强大的推进合力，才能促进"双师型"教师队伍建设顺利进行。在建设"双师型"教师队伍过程中，应当注意做到四个"坚持"。

① 坚持培训与引进并重，以培训为主。高职院校的"双师型"教师队伍建设，要坚持两手抓。

一手是大力抓培训，通过系统培训使学校现有大多数教师掌握一至两门专业实用技能，建设一支能力突出、结构合理的地方"双师型"教师队伍，打牢学校转型发展的师资基础[②]。一是加强教师实践（挂职锻炼）基地建设，学校与合作单位签订培养协议，建立长期产学研合作关系。每个教学学院均有相对稳定的校外教师实践培训基地或教师实践能力培养合作共建单位。每年都有计划地选派教师到实践基地进行实践操作、实践教学、技术指导、技

① 刘晓妍. 挂职锻炼应用于高职双师型教师队伍建设中的策略浅析［J］. 教育现代化. 2020，7（5）：59-60.

② 杨辉. 新建本科院校青年教师实践教学能力提升路径探析［J］. 科教导刊，2021（4）：96-98.

能培训等工作，将课堂、实验室、技能培训延伸到企业和行业。二是建立教师培训上岗机制。年龄在 45 岁以下的应用型专业的教师分期分批参加实习培训，培训之后达不到相应技能资质的教师不再上讲台教书，并相应扣减绩效工资。对拒不参加培训的教师，除扣减绩效工资外，还应取消其评先、评优和晋职晋级的资格。凡是没有企业行业工作经验的新进教师先参加培训，取得合格证书后才能给学生上课。三是建立教师培训激励机制。对通过培训获得职业技能证书的教师，给予一次性现金奖励，并解决培训期间的交通住宿费用和差旅补助，奖励性绩效享受学校教师的同等待遇，在职称评定和评先评优时给予倾斜照顾。

另一手是适度抓引进。对实践教学急需的学校一时难以培养的"双师型"教师，可以通过从企业、行业和机关事业单位引进人才的办法加以解决。从高职院校的实际情况看，引进"双师型"教师受经济实力和区位条件的双重限制，大量引进有真才实学的专业人才可能性不大，只能作为"双师型"教师队伍建设的补充措施。重点引进具有 3 年及 3 年以上企业、行业工作经历的技能型人才，考虑到他们要给学生上课，引进的人才也要有适当的学历，一般情况下应当是全日制本科以上学历。对在省级以上技能大赛中获奖的高技能人才，可适当放宽引进条件。对引进的人才当中没有课堂教学经验的，也要有计划地对他们进行教师资格培训，丰富他们的教学手段，提升他们的语言表达能力和课堂驾驭能力，真正成为"双师型"教师①。

②坚持专职与兼职并重，以兼职为主。高职院校的"双师型"教师队伍应当由专职和兼职教师构成。专职教师必须是真正的"双师型"教师，既熟悉教育教学规律，能在课堂上给学生上优质的理论教学课和实践教学课，又具备教学能力之外的其他能力，能带领和指导学生搞好实习实训。专职教师是培养应用型人才的主力，对学生的全面协调发展负主要责任。兼职教师虽然也可以列入"双师型"教师范畴，但不一定要求他们具有高校教师资格证，也不一定要求他们全面掌握教育教学技能。他们的职责主要是利用丰富的行业经验对学生进行某种专业技能的培训或指导学生开展专业实习实训。但就某一项专业技能来讲，兼职教师应当比专职教师更内行更优秀，能够弥补专职教师的不足，能更好地培养学生某一方面的专业技能。从这个意义上专兼职教师形成了良好的互补关系。专职教师选素质，少而精，兼职教师选特色，多而广。而且兼职教师针对性强，聘用灵活方便，不像引进专职教师那样要

① 曹鸿飞. 地方本科高校转型重塑的路径选择［M］. 天津：天津科学技术出版社，2018.

求全面，对学校编制和费用的负担都相对较轻，这是高职院校培养应用型人才的最佳选择。从"双师型"教师的结构看，兼职教师的比例应高于专职教师。高职院校要积极与企业、行业建立良好的合作关系，建立兼职教师队伍人才资源库，广泛吸纳各行各业的优秀人才入库，聘请有实践经验的企业技术骨干或行业专家来校担任兼职教师，指导教师和学生的实验实训，帮助校内教师了解行业发展动态，提高实践能力，促进科研成果转化和教师向"双师型"转化。

③ 坚持资质与能力并重，以能力为主。"双师型"教师是高职院校转型发展和培养应用型人才的需要，应当突出其实践动手能力的要求。保证"双师型"教师的实践能力，关键是把好"双师型"教师认定这个关口，以认定促提高。首先，要强调相应的资质，企业和行业的相关资质证书表明其拥有者接受过相应的理论教育，掌握了相关的专业知识。没有资质证书为依据，"双师型"教师的认定工作就会陷入无章可循、无据可依的混乱状态。同时对这类资质证书应当进行严格审核，但凡不是由政府授权的机构颁发的证书应当视作无效证书，不予认可。其次，要强调行业的职业背景，就是有相应的实际工作经历。这种经历应当有三个方面的要求①。一是时间的要求。就是近 5 年内在相关的企业或行业里累计工作时间不少于两年。实际工作经历的时间隔得太久其专业知识和技能有可能过时，在企业行业工作的时间太短，则无法获得相应的专业技能，更培养不出相关的职业素养。二是岗位的要求。原则上应当是证岗相符，在企业行业里的工作岗位应当与资质证书相对应，是管理类的应当有管理岗位的工作经历而不是专业技术岗位的工作经历，相反，如果资质证书是专技类的则应当有在企业一线从事本专业相关的专业技术工作的经历。三是成果的要求。在"双师型"教师认定过程中，应当适度参考其在企业行业工作期间的业绩和成果，成果突出的应当优先认定。在近 5 年主持并完成两项市级及以上应用技术研究，成果已被企业或行业采用并达到同行业先进水平的，可适当放宽在企业行业的累计工作年限，甚至不需要相关的资质证书。最后，要强调资质与经历相匹配。在"双师型"教师认定时，资质证书应当与所从事的企业行业的经历相一致，不能笼而统之地只看其有无一线工作经历而不看是否匹配，以保证"双师型"教师队伍的质量。

④ 坚持合作与共享并重，以共享为主。高职院校的"双师型"教师队伍建设不可能在校园内完成，必须与企业、行业和政府建立广泛的合作共享关

---

① 李文冰. 中国行业特色院校发展研究［M］. 北京：中国社会科学出版社，2015.

系，借助校外资源和平台实现自身的目标。首先是加强合作。高职院校与地方合作培养"双师型"教师大致有四种方式。一是与企业行业建立合作教育基地，形成产学互动关系，基地既是学校教师实习实践的平台，也是企业员工专业理论和技能培训的场所。二是与企业行业建立合作机制，由政府部门牵头，建立双方稳固顺畅的合作关系，并督促相关协定协议的执行。三是与企业行业合作开发课程，充分利用企业行业的市场、技术和人力资源优势对接地方产业发展开设新课程，筹建新专业。四是与企业行业开展课题合作，从当地经济社会发展过程中遇到的技术难题和瓶颈问题中生成科研课题，"发挥高职院校的优势，整合各相关企业的力量，开展重大技术创新研究，以重点技术的突破引领学科专业的创新与升级"[①]。这四种方式对"双师型"教师的培养具有重要意义。其次是坚持共享。共享不仅是国家层面的发展理念，也是促进学校与企业、行业和政府机构合作，加快"双师型"教师队伍建设的保证。共享主要在三个方面。一是技术共享。除专利技术外，学校和企业行业都应当彼此分享对方的学术和技术，学校教师要运用自己的专业知识帮助企业解决技术难题，企业也应当把先进的生产工艺和核心技术展示给教师。二是设施共享。学校对企业行业开放科技平台资源，包括实验室和各种实验、分析、检测仪器设备，企业和行业也应该向高校教师开放机器设备和操作流程，以提高教师实践能力。三是成果共享。学校和地方政府要不断完善科技成果的转化机制，不断提升企业的产品质量和经济效益；企业也应主动向学校教师通报技术攻关和工艺创新的成果，丰富教师的知识储备和实践技能。良好的校企、校行、校政合作关系，是高职院校培养"双师型"教师的最重要的基础。

---

① 郑山明. 地方本科院校教师队伍建设研究 [M]. 北京：光明日报出版社，2018.

第五章　高等职业教育校企合作人才培养模式

校企合作是大中专院校谋求自身发展、实现与市场接轨、大力提高育人质量、有针对性地为企业培养一线实用型技术人才的重要举措，也是社会发展的必然产物。它是市场人才适应社会发展的有效途径，其初衷是让学生在校所学与企业实践有机结合，让学校和企业的技术、设备实现优势互补、资源共享，以切实提高育人的针对性和实效性，提高技能型人才培养质量。当前，虽然校企合作有了一定程度的发展，但是也遇到了发展的瓶颈，因此要不断地纠错和规范。我们需要认清当前形势，拓展思路，对高职院校的校企合作办学加强管理，要认识到校企合作并不是万能的，其只是提供了理论与实践结合的土壤，因此必须从区域经济发展需求出发，结合实际的情况，构建与新形势下我国国情相符合的校企合作模式，这样才能真正地推进高职院校教育的健康发展。

第一节　高等职业教育校企合作办学的内涵和条件

一、校企合作的内涵

实行教育与生产劳动相结合是党的教育方针的重要内容，也是马克思主义教育思想的重要内容。对于高职教育来说，实行教育与生产劳动相结合，具有更加重要的意义，是高职教育改革与发展的必然要求，这是由高职教育的本质特征所决定的[1]。发展有中国特色的高职教育必须研究校企合作，因为校企合作是高职教育的重要特征之一，也是产教结合的重要基础和前提。只

---

[1] 张忠信，高红梅. 校企合作的理论探索与实践 [M]. 沈阳：辽宁大学出版社，2007.

有坚持校企合作，才能办出高职教育的特色。

学校与社会用人部门结合、师生与实际劳动者结合、理论与实践结合是人才培养的基本途径。或者说，教学与生产服务、科技工作以及社会实践相结合是培养技术技能型应用型人才的基本途径。这是高职教育人才培养模式的基本特征①。

与校企合作最具相关度的是产学合作、产教结合、工学结合、半工半读等几个概念。

（一）产学结合

目前，对于产学结合较为权威的诠释是联合国教科文组织第二届国际技术与职业教育大会（1999年）形成的一份题为《技术与职业教育和培训：21世纪愿景》建议书中的说法：必须在教育与职业界之间建立一种新的伙伴关系，以满足在教育与产业部门以及其他各个经济部门之间形成协同作用的需要；以促进一般能力、职业道德、技术的和创业能力的培养；以传授人类的价值观和培养有责任感的公民。"在保证从学校到工作岗位能有个顺利过渡中，技术与职业教育特别重要。为此，它需要有整体化的措施，能够克服学科与职业、理论与实践、知与做、动脑与动手之间的对立。这就要求在学校与产业界和其他经济部门之间建立有效的伙伴关系，价值共识、课程共建、资源分担、产出共享。""所有利益相关群体，尤其是产业界和教育者，必须被纳入到新的技术与职业教育伙伴关系中去。"②由此可见，产学结合应该是在学校与产业界和其他经济部门之间建立一种新的有效的伙伴关系，价值共识，课程共建，资源分担，产出共享。产学合作教育与产学合作办学在严格意义上是有区别的。合作办学侧重于学校与行业企业在教育资源方面的合作，企业投资建校，向学校提供资助、提供教学设施，学校给予投资回报和提供企业所需的人才，是合作办学的典型形式。合作教育重点在教育，其合作范围则要宽泛得多。除了教育资源的合作外，应渗透到教育全过程，体现在教育各方面的全面的校企合作。这是紧密型的结合，是学校与企业你中有我，我中有你的双赢机制，形成利益共同体；是富有弹性的结合，学校教育由此具有开放性、柔性化；企业则利用学校教育资源，改善员工和管理质量，形成双方优势互补。

① 邢晖. 多角度解析"工学结合""半工半读"[N]. 中国教育报，2006-11-15.
② 顾振华. 论高职教育中产学结合的系统观——实用主义教育 思想对我国高职教育的影响之三[J]. 职教论坛，2004（5）.

（二）产教结合、工学结合

产教结合、工学结合，即教学活动与生产实践、社会服务、技术推广及技术开发相结合，工作与学习相结合。其实质是教育与生产劳动相结合，是教育与生产劳动相结合理论在职业教育领域的具体应用。实行教育与生产劳动相结合是党的教育方针的重要内容，也是马克思主义教育思想的重要内容。对于职业教育来说，实行教育与生产劳动相结合，具有更加重要的意义，是职业教育改革与发展的必然要求，这是由职业教育的本质特征所决定的。《中国教育改革与发展纲要》指出，"各级各类职业技术学校都要在政府的指导下，提倡联合办学，走产教结合的路子。"《职业教育法》规定："职业学校、职业培训机构实施职业教育应当实行产教结合，为本地区经济建设服务，与企业密切联系，培养实用人才和熟练劳动者。"1999 年，中共中央、国务院颁布的《关于深化教育改革全面推进素质教育的决定》明确要求职业学校要实行产教结合，鼓励学生在实践中掌握职业技能。2000 年，教育部在《关于实施素质教育深化职业教育教学改革的意见》中强调，"职业学校要实行产教结合，密切与企业的联系，鼓励学生深入生产实际，开展技术推广和技术革新等创新和实践活动，把教学活动与技术开发、推广、应用和社会服务紧密结合起来。"2002 年《国务院关于大力推进职业教育改革与发展的决定》提出，"职业学校要把教学活动与生产实践、社会服务、技术推广及技术开发紧密结合起来，把职业能力培养与职业道德培养紧密结合起来。"2005 年，《国务院关于大力发展职业教育的决定》强调，"促进职业教育教学与生产实践、技术推广、社会服务紧密结合，积极开展订单培养。"教育教学活动与生产实践相结合，学习活动与工作实际相结合。这两种场所和两种活动之间不是截然分开的，而应该是"学中有工，工中有学"，"你中有我，我中有你"。这种办学形式既是国际上的普遍规律，又是中国的职教特色；既是中国历史的产物，又是当今职教的亮点。在特定条件下，产教结合尤指校内，即专业教学与科研（生产）结合的情况，而工学结合在更多情况下是指在校外。

（三）半工半读

半工半读是现代职业教育的一种学习制度，是校企合作、工学结合的一种人才培养模式，其基本形式是学校与企业等用人单位合作培养学生，学生通过工学交替完成学业。目前开展的半工半读，主要是以学校为主，学生到企业实习，也有少数是以企业为主，学生边工作边学习，取得相应学历。半工半读这种学习制度，体现了职业教育发展的内在规律和本质要求，是全面贯彻党的教育方针、实现教育与生产劳动相结合、培养造就高素质劳动者的根本途径；是坚持以服务为宗旨、以就业为导向，实现校企合作培养人才的重要模式；是帮助学生特别是贫困家庭学生完成学业和成才就业的有效措施。半工半读在我国并不是现在才提出的，早在 20 世纪 20 年代，周恩来、朱德、邓小平等老一辈革命家就是通过勤工俭学、半工半读前往法国等一些国家求学，探索救国救民的革命真理。20 世纪五六十年代，刘少奇同志就倡导实行两种教育制度和两种劳动制度，中央政治局还就建立半工半读制度印发了文件。天津等一些地方和学校积极开展半工半读试验，取得了很大的成绩，积累了许多宝贵的经验。进入新世纪以来，我国经济社会快速发展对技能型人才培养的规模和质量提出了更高的要求，传统的以学校和课堂为中心的职业教育人才培养模式已经明显不能适应新形势的需要。2005 年 10 月，国务院印发了《关于大力发展职业教育的决定》，明确提出，要坚持工学结合、校企合作、半工半读，强调这是我国职业教育改革的重要方向，是我国职业教育发展的根本举措。半工半读也是国际职业教育发展的一条成功经验，德国的双元制职业教育模式，以及丹麦、澳大利亚等许多国家实施的现代学徒制度，实质上就是半工半读，学生边学习边工作，工学交替，既是学生，又是学徒。在工学交替的具体形式上，学生可以在学校集中学习一段时间，然后到企业实习；可以在学校和企业实行工学多次交替的学习方式，学生边学习边工作，完成学业。山东省结合自身实际，摸索出了四种形式，一是工学交替型，即学生半天生产实践、半天理论学习，学生工学交替完成学业。二是校企合一型，即把工厂办在学校、把学校办在企业。由校企双方共同制定培养目标，学校招生与企业招工同步，教学与生产同步，学校管理与企业管理同步，毕业与就业同步。三是校企契约型，即学校与企业建立契约性关系，使企业成为学校的固定实习基地和学生的就业基地，学生可以到企业顶岗实习，企业员工也可以到学校进修学习。四是学校自办产业型，即学校围绕人才培养的需要创办产业，既为学生提供实训场所和实习机会，又促进当地经济发展。

以上这些概念有着极高的关联度，彼此间有时相互包容、渗透和替代，都体现了教育与经济、学校与企业、读书与劳动的有机结合。其中校企合作表明学校和企业两个主体之间的联系，工学结合表明学习者的劳动与学习两种行为之间的合作，是两个核心概念，都强调学校与企业的"零距离"、重视学习与劳动的"双交叉"、强化学生的生产实习和社会实践，这是职业教育培养技能型人才的最佳模式。校企合作是一种办学模式，是工学结合的基础和条件；工学结合是一种教育模式，是校企合作的表现形式。

二、校企合作的条件

第一，校企合作中企业应具备的条件如下①。

（1）企业具有朝阳产业。

（2）企业热心教育事业。

（3）有投资的实力。

（4）动机纯洁。

（5）有吸纳、引进人才的能力。

（6）专人负责合作事项。

第二，校企合作中院校应具备的条件如下。

（1）满足企业所需的专业设置。

（2）具有进行科研、培训的能力。

（3）具有建立实训基地的场地和办公条件。

（4）完善的教学设施、教学环境、教学手段。

（5）专人负责合作事项。

（6）独立签订合同的法人资格。

三、校企合作的创新模式

（一）基于不同目标导向的模式

王章豹教授根据校企合作目标导向的不同，将校企合作模式分为如下四种②。

1. 人才培养型合作模式

这一模式是企业从市场需求与自身特点，同职业院校展开订单式培养模式。在人才培养上，很多校企建立了合作关系。

一方面，职业院校可以利用科研条件，为企业培养定向科技人才与管理人才，这一定程度上可以解决企业人才匮乏的问题。

另一方面，企业可以运用先进的设备，为职业院校提供实习基地，这也成为职业院校培养人才的重要内容。

采用这一模式，职业院校主要是为了提升学生的创新与实践能力，企业则是为了面向市场与生产开发高素质的创新人才。这一模式的特点在于以合

---

① 颜彩飞. 高职院校校企合作机制创新研究［M］. 长沙：中南大学出版社，2016.

② 王章豹，祝义才. 产学合作：模式、走势、问题与对策［J］. 科技进步与对策，2000（9）：115-117.

作教育作为手段，通过定向模式为企业培养人才。

2. 研究开发型合作模式

这一模式以校企双方以科研为突破口，促进双方科技与经济的结合，提升各自的企业技术创新能力。一般的形式是职业院校向企业转让科技成果，或为企业提供管理、技术咨询；校企之间联合开发重要科研项目；校企共建联合实验室、工程研究中心等。

3. 生产经营型合作模式

这一模式是校企开发科技含量高、附加值大的产品，用以满足市场的需求，提升企业效益。在这一模式下，职业院校一般以技术入股，参与技术开发，个别职业院校当然也会注入一定的资金，实现双方的共赢，当然也共担风险。

4. 主体综合性合作模式

这一模式使校企双方合作的目的具有多向性，即通过深层次的合作，实现培养创新人才的目的，同时还能够获取最佳的利益。这一合作模式不是一对一的合作，而是一对多、多对多的合作，这一模式便于建立较大的产业园、科技园。

（二）基于不同主体作用的模式

李焱焱等根据校企合作的主体作用不同，将校企合作的模式分为以下三种[①]。

1. 企业主导型校企合作模式

这一模式是企业为了与市场需求相符合，一方面要不断提升企业自身的研究能力，另一方面还要寻找高校进行合作。企业占据主导地位，并承担着相应的科研风险，职业院校的技术创新活动围绕着企业的需要展开，其研发形式、研发内容往往是由企业做决定的。

2. 高校主导型合作模式

职业院校凭借自身的技术、人才从事创新工作，成熟之后可以将技术转让，提供给企业尤其是中小企业，实现技术从成果到利益的转化。在这一模式下，职业院校占据主导地位，对研发内容、合作等起着决定作用。

3. 共同主导型合作模式

这一模式中，校企是平等的关系，并不存在谁主导谁的问题。二者以利益作为纽带，以契约作为依据，发挥各自的设备、技术、资金等的优势，共

---

① 李焱焱，叶冰，杜鹃，等. 产学研合作模式分类及其选择思路[J]. 科技进步与对策，2004（10）：98-99.

同开发、共担风险、利益共享。由于这一模式减少了技术向市场转化的步骤，因此这一模式是最直接的校企合作模式。

第二节　高等职业教育校企合作
人才培养模式的问题及成因

一、高职教育校企合作人才培养存在的问题

（一）校企合作处于低层次

目前，校企合作大多是自发性的行为。不少学校开展校企合作仍停留在聘请企业专家上课、送学生去企业参观实习共建实训教学基地等浅层次合作。这些合作大多是短期的、不规范的、靠感情和人脉关系维系的，未能形成统一协调的、自觉的整体行动。尽管大部分合作签订了契约，但是契约本身的质量和执行情况并不理想。企业投入资源的数量较少，且以资金成本低、风险相对较小的人员、技术、信息、实习实训设备等资产为主，投入方式以捐赠这种企业对合作资产行使权利最小的方式为主。在各合作项目中，除"顶岗实习及指导"这项合作是以校企共同主导为主以外，专业建设、课程建设、师资建设。实习实训基地建设、学生能力考核评价、研究开发、招生就业等都是以学校为主导为主，没有以整体战略作为视角制定可应用的资源响应产业所需求的技能人才的具体措施。可见，校企合作中，企业的主导性还很低，双方合作还处于低层次。

（二）企业参与性不高

在寻找合作伙伴中发现，企业主动与学校联系"校企合作"的不多，积极性不高，多数企业认为培养技能人才是学校的事，与企业关系不大，即使不通过合作方式，企业同样可以招聘到所需人才；有的企业由于生产任务无定数，用工需求难以预测，对于安排学生进厂实习尤其是进行适应性实习，一般企业不乐意，担心影响生产进度和效益。

实际上，通过校企合作，企业不仅可以直接获得人才储备，还可以提高在职在岗员工的技能水平，优化企业人才结构。企业到人才市场去招聘高技能的应用型人才所支付的成本比通过校企深度合作双方共同培养出来的应用型人才所支付的成本要高很多。

（三）合作不稳定，融合渠道不贯通

由于企业与学校在体制、性质等层面存在差异，在初期，校企双方的合

作是很难的。公司主要是为了赢得利润，需要创造较高的收益，因此企业缺乏与职业院校之间进行合作的动力。很多校企合作关系的建立大多是依靠人脉产生的。这样的合作关系往往是短期的，很难长久维持下去，并且即便合作，合作的效果也是非常差的。要想解决这一问题，就需要构建以政府为主导的校企合作政策，建立完善的机制，以立法手段制定相关的法律法规，明确政府、企业、高校之间的责任和义务。

在鼓励措施上，目前政府机构出台的政策往往比较宏观，缺乏强制性，因此无法对企业的行为加以规范，因此，很多校企合作教育的开展仅是对经济利益的关注，并不愿意真正地融入职业院校的人才培养工作；校企之间的深层次交流十分缺乏，很难将产教融合发展的意义体现出来。

基于各种制约因素，当前的高职教育产教融合仍旧存在明显的不足，尤其是管理体制、鼓励机制、政策法规上，很难保障完善的产教融合。

（四）校企合作的经费难以保障

校企合作是一个非常复杂的过程，校企双方进行科学研发，共同建设实训平台，都需要人力、财力的注入。但是现实情况是，国家和地方政府对于助推校企合作的机制还不完善，国家深度参与高职教育税费政策、信贷政策还未落实到位，社会缺乏健全的捐助渠道。就企业层面而言，根据校企合作育人的要求，企业应该全程参与其中，为人才培养提供一定的人力资源、物力资源，但是当前，很多校企合作都是以学校教学为中心，未发挥企业的作用，并且也未能保障企业的效益，因此企业参与程度不高。就职业院校而言，很多经济发达地区的职业院校，经费充足，但是欠发达地区的职业院校，经费匮乏，投入有限，因此这些地区的校企合作很难实现。

（五）校企合作法律体系不健全

校企合作要求理想的制度环境。综观发达国家的经验，健全的法律体系给职业教育进行"企业参与、行业引导、政府主导"带来了约束和要求。借鉴国外经验，我国也正在探索适合中国国情的校企合作制，虽然实现了相应的效果，但是依旧处在基础时期，未能获得突破性的进展。虽然国家和地方政府高度重视职业教育，但还没有形成完善的法律、政策和制度依托，缺乏根本性的保障。例如，现有的促进企业积极参与校企合作的政策法规存在着如下缺陷。

1. 倡导性多

《国务院关于大力发展职业技术教育的决定》指出，"提倡产教结合，工学结合"《关于以就业为导向深化高等职业教育改革的若干意见》指出,"积极探索校企全程合作进行人才培养的途径和方式";《关于进一步加强职业教育工作的若干意见》指出,"推动产教结合,加强校企合作,积极开展订单式培养"。

2. 鼓励性多

《中华人民共和国教育法》指出,"国家鼓励企业事业组织、社会团体及其他社会组织同高等学校、中等职业学校在教学、科研、技术开发和推广等方面进行多种形式的合作";《中华人民共和国高等教育法》指出,"国家鼓励高等学校之间、高等学校与科学研究机构以及企业事业组织之间开展协作""制定优惠政策,鼓励企业接收学生实习实训和教师实践,鼓励企业加大对职业教育的投入"。使用"鼓励"等表述,从法理角度分析,这是授权性和引导性规定,没有真正的法律约束力。

3. 应当性多

《中华人民共和国职业教育法》指出,"职业教育应当实行产教结合""企业应当根据本单位的实际,有计划地对本单位的职工和准备录用的人员实施职业教育";《中华人民共和国就业促进法》指出,"职业院校、职业技能培训机构与企业应当密切联系,实行产教结合"。采取"应当"的表述,只是一种原则性要求,不符合一般法律规则所包含的行为模式和法律后果两个有机组成部分,这与道德的号召没有区别,在实践中也缺乏法律约束力。

4. 责任性少

现有促进企业积极参与校企合作的政策法规都没有明确规定企业对于职业学校教育应承担的责任,尤其是未规定企业必须参与学校的课程设计以及教育活动等,企业不具有与职业院校共同培养人才、发展职业教育的法定责任。

5. 权威性少

所有法律法规只是原则性地规定了企业开展职业教育的义务,没有建立起企业参与校企合作的权威、完整的准则和规范,特别是缺乏对企业渗入职业教育的正面激励和刚性需求,无法真正解决校企合作运行过程中遇到的问题。

6. 配套性少

尽管法律法规众多,但出台企业参与校企合作的配套法规少,因担心在校企合作过程中的地位和权利得不到有效保证,故影响了企业参与校企合作的积极性。

7. 激励性少

国家尚未形成对企业参与职业教育人才培养的有效激励机制，特别是在税收问题上，不能使企业获得利益，参与人才培养被看作是一种义务，使企业缺乏参与职业教育的积极性。

8. 操作性差

德国的《职业教育法》中就有培训合同不能有哪些内容，学徒的津贴以什么形式支付等细节的规定，《职业训练条例》和《职业培训规章》规定违反职业培训条例就是违法，可"判处关押"或"处以不超过一万马克的罚金"。而我国的法律法规往往表述为"提供实习""支付报酬""相应税收优惠"等，对"不同规模的企业每年必须在多长时间内接收多少实习生？""支付报酬的标准与方式？""相应税收优惠包含哪些税收政策？""每一种税收政策的优惠程度是多大？"等，都没有做出明确规定。

二、高职教育校企合作人才培养问题的成因

（一）各方对校企合作的意义和目标认识不统一

通过理论框架梳理，以目标为导向的网络治理有利于网络主体达成共识，规范网络主体的行为，能有效提高网络协同效应，提高网络运行效率与绩效水平。通过调研发现，高等职业教育校企合作存在合作主体目标分歧和协调的困境，从根本上不利于校企合作水平的提高，不利于校企合作网络的平稳运行[①]。而校企合作主体在合作目标的分歧和协调困难的根本原因在于合作主体观念滞后导致对于校企合作的意义认识不统一。

（二）校企合作运行机制不健全

网络治理机制是指利用一系列激励约束、资源配置等方式对网络结点和主体的行为进行规制和调节，以达到使网络有序、高效运作，提升网络运行绩效的规则的综合，其作用是通过网络结点之间共享合作，提高资源的配置效率，最终实现网络整体的运作绩效的提升[②]。校企合作网络治理机制包括校企合作网网络形成和维护机制、互动机制与共享机制，是提高校企合作网络运行绩效和保证校企合作网络顺利运行的网络制度规则设计。目前校企合作网络治理机制的困境是限制校企合作水平提高的重要原因。

[①] 人力资源和社会保障高技能培训联合委员会. 新时期校企产学研合作创新指导手册 第 1 卷 [M]. 北京：中国劳动社会保障出版社，2009.

[②] 刘红莲，汪琳姝，杜佳容. 基于校企合作的专家互聘互派需求研究——以酒店管理专业为例 [J]. 现代职业教育，2020（23）：118-119.

（三）校企合作政策法规保障不力

职业教育校企合作的开展离不开政府层面的支持和引导，而出台相关校企合作的政策法规是对职业教育校企合作的有力保障，对于职业教育校企合作的开展有着重要的意义。而目前一些地方出台了一系列有关高等职业教育校企合作的政策法规，有力地促进了校企合作的发展，但是在调查中发现校企合作的政策法规对校企合作的保障引导的效能还没有得到充分发挥，深入挖掘政策法规的保障作用还有待进一步提高[①]。

政策执行作为公共政策的重要环节，也是公共政策的最终环节。一些省市为推进职业教育校企合作的发展，在健全政策保障的方面做了不少工作，但是在实际中，政策的落实方面存在着不少的问题，导致了政策法规保障校企合作的作用没有充分发挥，高等职业教育校企合作政策法规落实不到位主要体现在以下几个方面：一是表现在政策法规的宣传不到位，在企业方面，主要表现在很多的企业对政府的校企合作政策法规不了解，甚至很多企业不知道这方面出台的政策法规，从而导致了企业参与校企合作的积极性不高。在职业院校方面表现在院校对校企合作的政策法规理解不透彻，导致了不少职业院校存在校企合作走形式，敷衍上级检查，导致校企合作的效果不佳。二是表现在政策法规本身的缺陷导致政策落实不到位，政府出台的相关政策法规存在重指导性轻强制性，政策法规本身缺乏细则和可操作性。三是表现在政策执行缺乏监督，在相关针对校企合作的政策法规执行过程中，缺乏对政策的执行效果和政策主体监督，导致政策未能发挥其作用。

（四）校企合作网络结构僵化

林润辉等认为，网络结构要素应该包括以下三个方面：网络中的结点、结点与结点之间的联系以及整个网络的形态。高等职业教育校企合作网络在结构方面，包括网络主体（政、行、校、企、学等）自身的问题，同时也存在主体之间联系与校企合作网络整体形态的问题。由于校企合作网络结构的僵化，导致合作主体活力不够，合作能力不强，以及整个校企合作网络的缺乏活力。校企合作网络结构僵化的问题包括合作主体活力不足能力不强、合作主体之间关系不紧密、校企合作网络整体形态的僵化，而资源依赖理论很好地解释了产生上述问题的原因。根据资源理论的解释，合作主体之间资源的依赖程度和主体自身的自主性是合作的两个变量，将影响合作的深度与持久性。

---

① 李忠军. 高校辅导员工作案例研究方法与实证 [M]. 北京：人民出版社，2010.

1. 校企合作中职业院校的自主性不强

根据资源依赖理论的解释，合作的过程意味着资源是依赖的，但是前提条件是组织必须具有自主性。在校企合作网络中，政府和职业院校都是参与主体，但是在现行教育体制下，职业院校和政府在很大程度上还属于科层管理体制下，职业院校在办学的自主性上还受到很大限制，导致在校企合作过程中，职业院校在财权、事权等方面没有自主性，使得职业院校在校企合作中的主动性减弱。从而使得职业院校在校企合作网络中的活力降低。

2. 职业院校与企业的资源依赖程度不高

职业院校和企业在本质上是两个不同的组织领域，有着不同的利益诉求和管理理念。职业院校对外界环境依赖的资源主要来自政府部门，而企业对于外界环境的资源依赖主要来自市场，根据市场的规则来配置资源，双方由于资源的依赖性低，导致了校企合作本身基础薄弱，没有可持续性。

3. 地方政府在校企合作中角色功能缺位错位

在校企合作网络中，政府作为关键资源的掌握者，根据政府的职能定位，政府部门是校企合作政策的制定者和机制建立者，是合作建立的引导者，同时也是相关经费的投入者，更是校企合作的监督者。但是调研结果显示，一些高职教育校企合作过程中，由于政府在校企合作中政府的缺位和错位，导致政府在职业教育校企合作中角色和功能的缺失，从根本上限制了校企合作的运行绩效。政府缺位是指政府在校企合作目标设定、政策法规制定、经费支持、监督评价等环节未发挥其积极的作用，政府错位是指政府在校企合作中没有将该分权的事项进行分权，限制其他主体在合作中的积极性和主动性。

4. 校企合作网络整体形态松散缺乏创新

在网络治理视角下，校企合作网络整体形态是对校企合作网络整体状态的描述，是网络结构是否优化的外在表现。通过调研发现，当前一些高职教育校企合作网络呈现网络结构松散、不稳定、封闭、缺少创新等困境，主要体现在以下几个方面：一是校企合作网络整体呈现结构松散，表现在校企合作网络主体不完整，角色缺位，在一些校企合作项目中，只存在校企和企业双主体，在校企合作中存在政府指导缺位，行业指导缺位。从而导致校企合作缺乏监督指导，产生校企合作混乱，校企合作效果低，另外由于第三方社会评价机构缺失，导致校企合作绩效评价和反馈提高难度。二是校企合作网络不稳定，校企合作缺乏长效机制，导致校企合作网络呈现不稳定。一些校企合作项目维持时间不长，由于合作各方在利益分配、权力归属和责任划分出现矛盾，导致校企合作无法稳定运行。三是校企合作网络封闭，在校企合作网络中没有形成退出机制与准入机制，导致校企合作主体单一，长期的校企合作主体固化不利于校企合作的创新发展。四是校企合作网络缺乏创新，在校企合作中缺乏创新机制，导致校企合作网络无法从校企合作结构机制模式进行创新，导致滞后于社会环境的变化，校企合作水平长期得不到提高。

（五）校企合作绩效评价不足

绩效评价是对校企合作运行结果的检验，也是信息反馈和再提高的过程。绩效评价一方面需要相关主体认识到绩效评价的重要性，同时也需要校企合作主体有能力来对校企合作绩效进行科学的评价。目前高等职业教育校企合作绩效及评价问题的主要原因存在于以下几个方面。

1. 相关主体对校企合作绩效评价重视不够

相关主体重视程度不够。特别是政府部门重视不够，政府部门作为职业教育的举办者，负有监督和最终负责的责任，需要对校企合作的效果和信息反馈提高起到监督作用。职业院校和企业对校企合作绩效评价重视不够，职业院校对于校企合作盲目追求合作项目数量，对于合作项目对学校育人水平和学生综合素质提升明显重视不足，存在将学生推出去就不管的现象，为建立信息反馈和提高机制，相关激励措施和问责程序亟待建立。企业对于合作项目采取合作结束就结束，未对校企合作项目对于自身发展采取评价措施，导致在合作项目结束后感性评价多于理性评价，评价手段和方式不足。

2. 信息系统等硬件建设不完善

相关信息系统建设不足。校企合作评价需要坚实的信息系统作为技术支撑，以对信息进行收集、整理、存储等。相关主体对于信息系统建设投入不足，导致信息交流存在障碍，信息收集、整理、存储等不足限制了校企合作绩效评价的开展。在校企合作过程中，需要建立信息系统对校企合作的整个过程进行监控和记录，以对校企合作的质量进行评价和反馈，一方面有利于政府部门对校企合作的开展情况进行掌握，也有利于职业院校和企业对校企合作进行过程控制。而目前高职教育校企合作的信息系统建设还非常不足和滞后，不利于校企合作的发展。

3. 政府财政投入不足

政府财政投入不足。在校企合作绩效评价中，政府除了作为监督者和评价主体，需要政府加大财政投入，严格落实政府在职业教育中的财政保障职能，以支持相关信息系统的建设，积极引入第三方评价机构等。而高等职业教育生均拨款在 6 000 元左右，虽然在中西部处于较高水平，但是明显低于沿海省份的拨款标准，拨款水平较低限制了校企合作中相关硬件设备的改善和购买第三方服务的能力。

第三节　高等职业教育校企合作人才培养模式的实施路径

一、构建高职院校与企业合作总目标

教育目的决定教育活动。供求矛盾的根源在于供给的非市场性。高职院校与供给相关的活动中，应确立以需求为导向的基本思路来破解难题。由此，首先，需要确立校企合作的总目标，为合作模式中人力资本核心目标的优化提供依据。

高职院校与企业合作总目标应走向多元主体互惠共赢的命运共同体。总目标的设计包括基本规格、原则以及建构路径。

（一）明确基本规格

基本规格由内涵、界线和路径构成。基本规格的构建是高职院校与投资企业嵌入式合作的依据，关键在于把握高职院校供给侧的质量优化指向与合作路径的创建指向。实体合作中，应更多地关注螺旋体内各主体的意义，以及共同体所承载的共同信念和价值取向。

基本规格有其存在的界限。首先，职业院校的办学功能需"服务于个体就业与经济发展需要"。让学生获得经济社会及用人单位所需要的职业能力是职业教育的核心目标。高职院校与企业合作的本质是人才培养，其合作目标的基本规格以培养人才为依据，形成合作组织内各主体都认可的共同限定。其次，当前高职院校与企业合作，与国际化办学的关联，是合作目标基本规格的基础，也就是需要确定合理的院校国际化发展目标。最后，高职院校与沿线企业的合作时效受高职教育培养时效的制约，一般为三年，以每学年 40 周教学活动，每周 40 学时，三年的有效学习时间额度为 4 800 学时。那么合作目标的基本规格就须考虑该学时下培养目标达成的可能性。

（二）明确基本原则

一是动态原则。高职院校与企业的合作过程是一个动态变化的过程。在合作的区域网络内，由于合作的需求、对象在发生变化：即作为合作的核心指向，高职学生在人才培养上呈动态变化；校企合作的企业主体也会随着企业发展环境和战略的变化而动态变化，从初创期进阶为成长期。故而，对校企合作中的人力资源、合作形式产生不同的需求。

二是分类原则。要服务于学生的分类成长。高职学生作为校企合作模式中的核心目标，培养原则的确立应在国家的、社会的和自身的发展需求框架之内。分类成长是国家的时代期望，也是经济社会主体的切实期待，更是高职学生的自身职业发展的迫切需求。还要服务于企业的分类特征，其分类特性包括规模、阶段以及不同的分类经营状态。根据企业规模分类，有大、中、小、微型企业之分，不同规模的企业与高职院校合作的目标不一；根据企业成长阶段分类，有初创期、成长期和成熟期，不同阶段的企业对院校的合作需求不一；根据企业所有制分，有国有企业集体企业和私营企业，所有权和控制权的主体不同，其在"走出去"过程中与高职院校的合作限制不一，如在2022年实施的《中华人民共和国职业教育法》中就明确做出国有企业深度参与职业教育的要求；按投资方式划分，企业又可以分为独资企业，合资企业，以及股份制企业，不同投资方式的企业对高职院校的合作需求不一。高职院校与企业的合作总目标，也应服务于企业的类型特征。

（三）明确建构路径

首先，优化合作模式的运行要素。即以优化校企合作的产品质量和产品结构，从四螺旋理论出发，优化模式内的供给要素以及连结供需的中介要素等，以增强知识、信息等自由流动效益。其次，优化合作模式的运行关系：一方面，要形成国家和地方层面校企合作目标的基本规格，各地各校具体化、多元化操作中有实施依据和核心基础，根据目标规格的制定，立足区域经济社会发展的总体水平、当地企业对外直接投资水平以及高职教育发展水平，制定相应目标的规格。另一方面，还要协同各地区各高职院校与企业形成校际层面的合作目标。最后，优化具体的建设目标。可包括：根据区域经济社会中投资国家的企业的人力资本需求，建构高职院校内生质量优化目标，包括人才培养规格、课程体系和师资队伍改革建设目标。根据区域经济社会中正在和即将"走出去"国家投资行业的产业结构动态调整专业设置，建构专业设置改革目标。

二、构建创新型的实训基地，加强实践

（一）实训基地科学建设遵循的基本规律

实训基地建设承担着社会需求、企业需求、教育需求和政府的愿望等诉求，有自身发展的需求，因此实训基地建设除了遵循自身的建设发展规律之外，还必须遵循教育规律、经济和人口发展的规律以及自身规律等不同

规律①。

1. 实训基地建设要遵循教育规律

实训基地说到底是培养人才的场所，因此实训基地的建设和使用必须遵循教育规律和高职教育的规律。所谓教育规律，是指教育现象同其他社会现象或教育现象内部各构成要素之间的固有矛盾，或彼此之间的内在联系。从总的规律层面看，教育规律包括了教育与生产力之间的相互关系、教育与社会经济制度之间的相互关系、教育与人口控制之间的相互关系、教育与社会文化之间的相互关系，教育与部门不同构成要素之间的关系等。

（1）实训基地建设应该遵循基本教育规律

所谓基本教育规律，是相对于高职教育规律而言的②。我们讲的基本教育规律，指的是教育现象内部固有的关系，而实训基地建设必须遵循这些基本教育规律。

第一，实训基地遵循育人规律。教育是指按照一定的要求，有目的、有计划、有组织地向受教育者传授知识和技能、培养思想品德、开展智力和体力的活动。实训基地是为高职教育服务的，因此实训基地必须遵循育人规律，按照社会人才的需求来培养技能人才。

第二，实训基地遵循人的成长规律。实训基地多是为职业院校在校生培训服务的，职业院校在校生正处在成长阶段，这些学生有着年轻人的一切成长特征，因此，实训基地的建设和使用必须遵循人的成长规律，对受教育者加以引导，使之善化，使之不断发展。

第三，实训基地还必须遵循教育的升学规律。我们国家的人才使用有一个独特性，那就是"文凭论"，不少企业聘用员工时仍先看文凭。实训基地的教育还必须为学生获得某些文凭服务，这是一种社会对高职教育的制约。

（2）实训基地建设应该遵循高职教育规律

所谓高职教育规律，是指高职教育现象内部各构成要素之间及与一定时期社会经济发展之间的内在联系③。遵循高职教育规律，就是遵循高职教育结构、功能和发展等规律。

第一，实训基地遵循高职教育的结构规律。所谓结构规律，是指揭示实训基地教育要素之间的关系及其组合形式、结构形式的关系。实训基地建设是政府主导、企业以及经济发展需求、职业院校使用的构成形式，这三种构

---

① 沈洋. 校企合作模式下的高职校内实训基地内涵建设研究［J］. 黑龙江科学，2017，8（23）：52-53.

② 朱其训. 实训基地科学建设论［M］. 徐州：中国矿业大学出版社，2011：25.

③ 同②.

成形式结合的目的就是为了完成职业培养的任务。实训基地的结构规律是较为独特的规律，是实训基地建设中必须遵循的重要规律。

第二，实训基地遵循高职教育的功能规律。"以就业为导向、以服务为宗旨"是高职教育培养人才的方针也是其功能规律。实训基地培养有技能的职业人，必须以职业需求和保证就业为导向，必须以服务经济发展为要求，"就业服务"是实训基地育人的主要功能。

第三，实训基地遵循高职教育的发展规律。高职教育实训基地的发展规律指描述实训基地从一种状态向另一种状态转变的规律，高职教育实训基地发展规律的核心问题是从纯教育的形式向工学结合、校企合作的方式发展。实训基地不仅仅只是为了培养学生的技能，而且是为了在培养学生技能中实现工学结合和校企合作，让学生学到以后工作中的真本领，并从实训中获得一定的经济收入。

2. 实训基地建设要遵循经济和人口发展的规律

经济的发展与人口是紧密相关的，我国实施的是计划生育政策，即人为地、有计划地调节人口生产数量以提高人口素质，使人口的再生产与物质资料的再生产相适应，以保证劳动者充分就业。

（1）实训基地建设要注意遵循人口增长规律

人口增长有其自身的特点：人的生存必需消费各种物质资料，人口数量和质量如果有问题，没有速效的补救措施；人口的增长多是以家庭为单位进行的；人口的生存周期大大高于人口的生育周期；人口再生产有惯性；人口再生产在计划生育条件下有规律性。实训基地建设要注意人口增长的规律性，从而更好地为人们提供培训服务。

第一，实训基地建设为教育分流服务。中国作为发展中国家，把所有人口都培养成受过高等教育的理论研究工作者是不现实的，经济建设需要技能人才，教育必须实现科学分流，使高等教育与高职教育各在其位，培养不同层次的人才。而实训基地建设就是要为分流到高职教育的人口服务，使他们成为掌握技能的人才。

第二，实训基地建设为就业服务。就业因区域不同而有其自身的规律，实训基地建设要为区域人口的就业服务，让分流出来的人学到技能和本领，从而能够就业，能够体面地生存和生活。

第三，实训基地建设为提升人口素质服务。职业院校的学生多是中考、高考的落榜生（中职更为明显），他们普遍有灰暗的心理。要帮助他们从考试失败的阴影中走出来，培养成为社会所需要的技能人才，实训基地的教育形式功莫大焉。实训基地的教育和培训不仅要教会受训者技能，还要教会受训者做人。

（2）实训基地建设要遵循区域经济发展规律

经济发展有全局性规律，也有区域性规律。中国古话"一方水土养一方人"和"靠山吃山，靠海吃海"讲的就是一种区域经济的特点。这些经济特点就可以形成区域经济发展的规律，成为实训教育必须遵循的规律。

第一，区域经济中主导产业的引导规律。区域经济的主导产业是区域经济发展的龙头，引领着区域经济的发展走向。高职教育的培训基地正是在主导产业导引下建立和发展的，并且为区域经济发展不断调整自己的专业方向。

第二，经济收入规律。由于发达和欠发达地区有所不同，所以经济收入直接或间接地影响着就业方向。"外来妹"一词就是描述人们向往经济收入较高的地区、向往经济较为发达地区的人口流动现象。实训基地既要为当地就业者培训服务，也要为外来就业者培训服务。

第三，风俗习惯规律。由于区域不同、民族各异，不同区域有不同的风俗习惯。实训基地的建设要注意不同区域的风俗习惯，培养区域习惯用得上的技能人才。

3. 实训基地建设要遵循自身的规律

实训基地的建设使用和发展有其自身的规律，这些规律是实训基地得以发展的保障。实训基地的主建单位、主管单位必须熟悉这些规律，运用好这些规律，按规律办事，以保证实训基地科学发展。

（1）实训基地的学用统一规律

高职教育的工学结合、校企合作、顶岗实习等方式都是为了学用统一，为了让学生熟练地掌握一门技术。"学用统一"是实训基地培养人才的根本规律。

第一，工学结合的规律。工学结合也是近几年从实践中总结出来的一条可以遵循的并促进人才科学培养的规律及原则。工，就是工作；学，就是学习。工学结合就是在工作中学，在学习中操作，使工作学习结合在一起。这样做的好处，是使学生在学习中掌握了工作需要的技能，在工作中又学到了技能和操作技巧，并把技能理论用到实践中，同时还有部分收入，解决了实践学习中的经济需求。

第二，用学一致的规律。用学一致源自"学用"结合。在实训基地学习，首先是把所学的知识和技能用到实际操作中，当然这种"用"也是一种学，但主要内容是用，是用所学的理论知识和传授的技能，操作完成一个项目或一个课题，"用学一致"也是职业院校实训基地培养人才的基本途径。

第三，校企一体的规律。在一般院校中只提校企合作，"校企一体"作为校企合作的目标是 2009 年才提出来的。校企一体可以从三个层面来理解，首先是学校办工厂，前校后企，实现一体；其次是企业办校、校企一体；最后是实训基地企业化管理，使学校与实训基地融为一体。校企一体是一种方向和理想，真正全部实现校企一体仍需要相当长的时间，需要实践的检验。

（2）实训基地的技能培训规律

实训基地是面向社会、面向人人的教育场所，技能培训应是实训基地的"天职"[①]。技能培训受企业发展和就训者喜好的制约，因此遵循企业需求和引导就训者实训方向成为实训基地的重要任务。

第一，技能为核心的培训规律。实训基地的培训是培养受训者技能的，技能第一，技能为中心应是实训基地教育的特色。无论是社会人员培训还是在校生的培训都应以培训技能为核心。国家大力推行学历证书及职业资格证书"双证书"制度实行"先培训、后就业""先培训、后上岗"的规定，这都是按技能培训规律提出的要求。

第二，奇招绝技的发掘和延续规律。所谓奇招绝技，是指少数人掌握的不易被大多数人学习掌握的特别技能。这些奇招绝技大都是祖传或师承下来的，实训基地应该遵循技能发掘发展的原则，注意奇招绝技的传承和训练，总结出奇招绝技的延续规律。

第三，科学进行技能鉴定的规律。所谓技能鉴定，是指对受训者或社会掌握技能的人员进行技术能力考核的确定工作。技能鉴定是对受鉴定者一种技能的确认，对他们的再进步和就业有较大的帮助。技能鉴定具有考核性，对受技能鉴定者可以考核和确认；技能鉴定具有引导性，即可以对某项或多项技能进行推广或扩大影响；技能鉴定具有鼓励性，即对受鉴定者的某项技能予以认可认同并加以确认，从而鼓励受训者和其他人继续努力；技能鉴定具有规范性，即可以对技能培训方向和每个人的技能水平加以规范。

（3）实训基地的市场性规律

所谓市场性，是指实训基地应依据市场经济条件下经济发展的规律而设计和建设，并用市场化管理方式对实训基地加以规范和管理。市场是实训基地发展的导向，这个市场除了经济的大市场之外，还有受训者市场、企业市场、就业市场等。

---

① 朱其训. 论职业教育实训基地科学发展的途径 [J]. 江苏高教，2011（6）：143-145.

第一，就业市场规律。就业市场规律指就业过程中技能人才与企业和受训者之间的内在联系。这种规律反映了企业的就业技能导向，受训人员的技能水平和悟性、实训基地的培养能力等关系。就业市场规律是实训基地内在的首要规律。对于受训者来讲，到实训基地学习就是为了学本事，找个饭碗。企业应该提前设立需求岗位，以使实训基地有的放矢地培养人才。

第二，改善民生的原则。所谓民生，是指百姓的生活、生存和生计。加强高职教育，搞好实训基地的技能培训，就是促进就业，就是解决民生。实训基地表面上是培养技能，实质是在解决就业这第一大民生问题。

第三，风险规律。所谓风险，是指实训基地的建设和使用时存在着"无米下锅"的危险，这种危险在公共实训基地表现得更为明显。假如没有人去基地实训，也就没有人去搞鉴定培训，那么，实训基地就不会有效益。因此，实训基地存在着不可用的、不好用的、不可维持的风险，这是实训基地科学发展中应该注意的。

（二）实训基地的创新建设

所谓科学建设，是指对正在建设的实训基地要科学筹划，具有战略的眼光，跟上企业发展的需求和高职教育发展的实际情况来设置实训基地的专业（工种）方向；对于已经建好并已使用的实训基地要加强内涵建设，要科学管理，及时调整专业（工种）以及实训内容和方法，使之跟上经济发展方式转变和产业结构调整的要求，提升培训的质量和实用度。

1. 科学筹划，合理使用

科学筹划包括建设和使用中的科学筹谋和规划。由于公共实训基地存在"开工"不足的事实，我们必须尽快找出原因，及时调整管理结构或专业设置结构，使实训基地正常运转。由于学校所有的实训基地多数还是"消耗型"的使用模式，必须尽快搞好企业化的管理，使学校的实训基地发挥更大的作用。

（1）科学管理

所谓科学管理，是指用合理、实际、先进的方式管理实训基地。实训基地是根据区域经济发展的要求，并力求满足受训者学习技能、实现就业的愿望而建设和管理的[①]。

第一，专业（工种）设立要科学。对于公共实训基地来讲，它既要满足企业、学校的人才培养需求，又要满足社会培训和鉴定的需要，因此，要不

---

① 何应林. 高职院校校内生产性实训基地八论［J］. 十堰职业技术学院学报，2011，24（1）：18-21.

要建、建什么样的实训基地是科学建设的第一步。在完成建设的第一步之后，对于设立什么样的专业（工种），设哪些专业（工种），以及人们对专业（工种）的需求要有科学的预测。专业（工种）培训之后要有科学的总结，总结之后还要进行科学的调整。实训基地的专业（工种）设置不是一成不变的，它要根据人们对专业（工种）的需求进行科学的、及时的调整。公共实训基地要尽量按"综合"的方式建设和设置，以求尽量满足不同专业（工种）的需要。学校所有的实训基地，要根据自己所设的专业情况，设置自己实训所需求的专业（工种），并力求对社会开放。对于企业设置或校企合作设置的专业（工种），在满足该企业需求的同时，争取对其他学校和企业开放，追求专业（工种）设置效益的最大化。

第二，与区域经济结合要紧密。实训基地的建设和使用一定要紧密结合区域经济，紧密结合社会实情。紧密结合区域经济至少要做到三点。一是紧密结合区域经济的需求，满足区域经济对技能和技能人才的需求。二是紧密结合区域经济的调整。区域经济发展方式和产业结构调整急需新型技能人才，实训基地的培训要尽快满足这种调整之后的需求。三是紧密结合区域经济的未来走向。由于高职教育与企业发展有时并不同步，高职教育有一定的滞后性，因此，实训基地的领导者要具有前瞻性的眼光，跟上区域经济未来的发展走向，及时做好培养新型人才的准备和有目的地为未来培养人才。

第三，实训基地的管理要实现产业化。产业化管理公共实训基地是实训基地科学发展的必由之路。政府出资金建设实训基地，可以作为股份投入，实行股份制的企业管理方式，推动公共实训基地的科学运转。公共实训基地不能成为设备闲置基地，也不能成为新的国有资产"大锅饭"。实训基地产业化管理首先要确立服务与盈利统一的原则。实训基地既要服务受训者，服务企业，又要理直气壮地核算成本。实训基地产业化其次要坚持把实训基地建成企业的原则，这点对公共实训基地尤为重要。把实训基地建成一个企业，这个企业必然会按企业方式去经营，而不会按照事业单位去管理。实训基地产业化再次要坚持经营的原则。所谓经营，就是要按照企业的模式去"运转"实训基地。经营实训基地是学校所有实训基地的建设方向。

（2）科学使用

建设理想的、设备较为先进的实训基地只是完成了实训基地建设的第一步，关键在于如何使用实训基地，发挥实训基地应有的功能作用，使实训基地成为培训技能人才的基地。

第一，科学安排实训时间。作为公共实训基地，既要按企业管理的方式安排受训者实训，又要给学校以及社会受训者一定的实训时间，以保证受训者学到一门技能。科学安排时间，让实训基地有创收的时间，又让实训基地有公益训练的时间。作为学校的实训基地，首先要保证教学任务的完成，其次要保证学生有时间训练，最后还要考虑如何使实训基地成为企业的生产基地。

第二，科学安排实训内容。实训内容是根据课程计划安排的，有些课程是用课题或项目形式完成的，要根据实训基地的实际情况，安排好实训的具体内容。实训内容首先要按教学任务去完成。实训的教学内容是一个系统，有时间长、周期长、反复练习的特点。实训内容要按实训目的进行安排。实训目的有方向性目的和具体的实训目的，实训内容要为完成实训目的而设计。实训内容要突出实训的重点以及难点。实训内容一是包括了实训准备，诸如机器设备的准备、实训材料的准备等；二是包括了对实训人员的实训要求，诸如教学要求安全要求等；三是包括了实训老师的示范，实训指导老师要按规程、按计划、按要求进行示范；四是包括了个别受训者的实际操作，老师指导和纠正；五是包括了所有受训者的实际操作；六是包括了老师的实训总结。具体技能训练是十分细致的，以车工技能训练为例，必须按照车工训练的程序逐步推进。要了解车削的基本知识，进行车削实践，包括诸如车外圆柱面、车内圆柱面、车内外圆锥面、表面修饰和车成形面、螺纹加工、车偏心工种、车削复杂工种、车床的调整及故障排除等。要做到前后有序，先易后难，环环相扣，逐步推进。

第三，科学安排"大师工作室"。大师工作室是近几年让有特别专长的技能人才有一个工作和科研的环境而设置的，一般都安排在实训基地。作为公共实训基地，要尽量吸收技能名流来基地工作，以培养更多的绝活人才；作为学校实训基地，更要吸引有技能专长的人才到学校建立工作室，一方面让专长人才继续搞好绝活的技能研究，另一方面可以带动部分学生学习专长，还有一方面可以激励同学的创业精神。

第四，科学安排各类技能大赛。近几年，技能大赛已成为技能人才展示技能的亮丽平台。从国家层面看，有教育部主办的技能大赛以及人力资源和社会保障部主办的技能大赛；从基层层面看，有学校和地级市主办的技能大赛；从行业层面看，有行业举办的技能大赛等。应该说，这些技能大赛对于促进受训者学技能起到了一定的推动作用，但对于推动企业技术进步的作用有多大，仍需要分析。由于教学、培训是有规律可循的教学环节，因此科学安排好技能大赛已成为实训基地的重要任务。安排各类技能大赛要注意设备等物质的可行性。所谓物质可行，是指实训基地的设备、大赛所需的物品，整个教学安排都要为大赛做好准备。安排各类技能大赛要注意人员的可行性。机械调试师、物资保障人员要到位，参赛的受训者要有参赛的意愿和技能准备。对于职业院校来讲，大赛的推动作用是明显的，投入也是很大的，因此，参加技能大赛人、财、物的安排都应体现科学的原则。

（3）校企结合

实训基地建设和使用必须注意校企结合。校企结合的核心在于实训基地用企业化管理的方式把实训基地办成产业化的基地，鼓励职业院校进行前校后厂的试验，强化实训基地的企业化管理[①]。对于公共实训基地的建设，一定要注意使政府、行业、学校三方共同确定实训基地的建设方案，为共享共赢实现科学管理和科学建设打下基础。

第一，资源共享，成本分摊。资源共享指在设备、师资、技术等方面的共享，采用开放的实训方式，既对协作各方"开放"，也对其他职业院校、企业和社会人"开放"。当然这种"开放"需要一定的成本，可以对共享单位和个人收取适当费用，收费标准以实训基地使用成本计算。为了在共享中合理收费，必须严格各方面的管理，诸如严格教学管理、严格设备管理、严格工具管理、严格材料管理、严格受训者管理、严格财务管理，等等，一句话，用企业化管理的方式管理实训基地，使协作各方和协作者之外的各方也能获益。企业化管理方式的核心在于"经营"实训基地，实现成本核算，成本分摊、利益共享。

第二，企业主导。企业主导即以企业为主组织生产和实训的一种模式。企业主导有企业自办实训基地的形式，对合作院校的师生进行"职业"培训，也有学校提供场地和管理，企业或行业提供设备、师资和技术，以企业为主组织生产和学生实训的方式，还有企业通过公共实训基地对受训者进行培训的方式。企业主导的实训主要由企业亲自培训、订单式培训和企业设备投入的培训构成。从实训基地建设和管理的几种形式分析看，企业主导的实训方式应是最为理想的方式，因此，企业主导原则是最为科学的原则。

第三，前校后厂。前校后厂是近几年实训基地建设中新总结出来的建设模式。前校后厂一般要以区域经济产业链为框架，使"后厂"成为产业链中的一节链条，既直接参与区域经济建设，又为区域经济的发展培养技能人才。

---

① 袁晓东，梁冬建，廖东雄. 高等职业院校内部质量保障体系建设 下 [M]. 北京：高等教育出版社，2011.

学校自建工厂，有利于学生直接参与生产性实训，有利于学校工厂的创收，有利于企业与学校的真实合作，有利于实训基地的科学建设。前校后厂还有利于设备生产化、环境真实化、管理企业化、教师技师化、学生员工化。

2. 科学训练，规范课程

高职教育不同于升学教育，高职教育的课堂正从传统的课堂中走出来，设在了工厂车间、服务场所和田间地头，尤其是设在了实训车间。实训车间已成为高职教育的主要"课堂"，必须注意科学训练、科学地规范课程。

（1）职业院校学生思维方式的科学认定

心理学认为人的思维方式主要有两种，一种是形象思维为主的思维方式，另一种是逻辑思维为主的思维方式。在实际生活中，形象思维和逻辑思维不是对立的而是相互交叉和相辅相成的。职业院校的学生是以形象思维为主的学生；升入大学的学生是以逻辑思维为主的学生。实训基地建设和管理一定要注意学生的思维方式，注意学生特点，因材施教，从而达到培养技能人才的效果。

第一，鼓励和尊重受训者。实训基地培养的技能人才，多是因"应试"而"失败"的学生，在"应试"的压力下，出现了一些值得重视的心理偏向，诸如自卑心理、破坏性心理、玩世不恭心理等。要针对这些特征做好疏导工作，要给学生以鼓励、肯定、表扬、尊重、理解、激励等，在实际教育中通过技能培训，使受训者掌握一门甚至几门技能，从而形成自信、自立、自强、自爱的健康心理，成为受社会欢迎的有用人才。

第二，提倡一专多能。高职教育是一种就业教育，就业必须有一门拿手的技能，在掌握了一门拿手技能之后，还必须注意多项能力的培养，诸如会驾驶、会计算机、会专业（工种）方面的英语、会生活水电常识及维修、懂法律、懂管理等。一专，是必备的，是实训基地教育必须达到的；多能，是应该具有的，便于受训者在以后的工作生活中得心应手，活得更精彩。

第三，提倡创新创造。创新说到底也是创造。我们已经分析过，高职教育多是以形象思维为主的学生，这些学生善动手，实训基地要利用学生善动手的特点，鼓励他们创造；另外，在安排教学中，要注意安排创新的课程，创造学生创新的条件，使学生成为创新型技能人才。

（2）科学指导实训基地的建设和使用

科学指导有学校实训基地上级的指导，有同级职能部门的指导。实训基地建设尤其是公共实训基地的建设使用，相关部门必须科学指导。

第一，职能部门和实训基地上级部门的科学指导。中央政府对公共实训基地建设的指导力度是很大的，有些规范是到位的。但地方政府的职能部门存在缺位现象。政府职能部门缺位，说明了指导的缺失，必须由上级职能部门规范以及实训基地的管理部门去积极争取。

第二，科学地争取指导。中国特色的实训基地建设，确定了实训基地管理部门必须主动争取指导，这对国外实训基地来讲是天方夜谭，而在国内却非常正常。那么多的驻京办事处，"跑部钱进"的潜规则都说明了争取指导的现实存在的必要性。实训基地的管理部门以及职业院校应主动争取上级相关职能部门的领导和引导。把被动接受领导转为主动寻求领导，关系到实训基地的科学、协调发展。主管实训基地的职能部门"手"中不仅掌握着实训基地建设的人、财、物，而且掌握着可以改变实训基地命运的"政策"。争取指导远远不是指导的问题，一位高职教育专家在一次报告中讲职业院校要做好"两手拉"和"两手抓"。所谓两手拉，是指一手拉政府，另一手拉市场。拉政府，争取领导，运用好这一特殊"资产"；拉市场，用市场方式管理实训基地，为市场培养人才，争取更大的效益。"两手抓"，一手抓实训基地的科学建设，一手抓实训基地的改革，抓建设、抓改革都离不开上级职能部门的指导和领导。

第三，灵活地运用上级指导等规划。"灵活"既指争取指导中的灵活，"跑部钱进"讲的就是灵活的规则；灵活也包括了实训基地使用和管理中的灵活。不少公共实训基地"开工"不足，有市场原因，也有灵活机动原则运用不够的原因。市场经济由市场调节便造成了某些专业（工种）的时兴时衰，有些新兴专业实训基地又缺少师资，因此，实训基地怎样设置专业（工种），怎样培训市场需求的技能人才等，需要实训基地运用灵活机动原则。同时，要在争取领导的指导中，用好、用足政策。用好、用足政策本身就是灵活机动原则的体现。

（3）科学规范实训课程

实训基地的课程规范不完全等同于职业院校的课程要求，也不完全等同于社会培训的要求。实训基地的课程规范必须遵循自身的规律和自身课程设置的原则，诸如理论够用的原则、理论与实践相融合的原则、重在技能的原则等。

第一，理论够用的原则。所谓理论够用，是指实训学习中，只对与实训相关的理论进行学习和掌握，其他基础理论以及某些专业理论已经在以往的学习中学习过，不再安排学习。理论够用指在实训过程中和掌握技能之后的工作中，所学的理论能够用得上，对掌握技能有帮助。不再重复设置一些对专业（工种）技能掌握没有任何帮助的基础文化理论，只设置对掌握技能有帮助的文化基础理论和相关的专业基础理论。理论够用是职业院校在多年教育实践中总结出来的经验原则，理论够用没有明文规定，是约定俗成的。

第二，理论与实践相融合的原则。所谓融合，是指理论与实践合成一体。理论与实践的融合是实训教学的最根本方法。理论与实践的融合除了理论与专业技能融合之外，还包括了理论与学习能力、工作能力、交往能力的融合。一是理论与专业技能的融合，这是实训教育的主要融合方面。专业技能指专业技术能力。受训者把所学的专业基础理论、技术操作理论运用到专业技能实训的实际操作中，按照理论规范的步骤、理论标明的操作要求、理论标明的技能操作效果以及理论标明的操作注意事项，按步骤进行实际操作。操作进入实施过程与理论描述和要求还是有区别的，这就要求受训者使理论与技能操作融合起来完成自己的操作课题。二是理论与受训者学习能力的融合。学习能力说到底是受训者选择学习方法的能力。受训者选择学习方法的能力来自理论的指导和对现实的总结，要使受训者对所学的专业信息进行收集，并让受训者对各种技能信息进行评价，再让受训者用理论与实践相结合的方法规划学习技能的计划和目的。三是理论与受训者工作能力相融合。这里的"工作"指在培训过程中做好和做完某项课程的过程以及获得预计的成果。要培养受训者独立完成"工作"的能力，培养受训者独立完成一项"工作"的组织能力，培养受训者在"工作"过程中学习和掌握新技术的能力。四是理论与受训者交往能力的融合。受训者交往能力指社会交往的能力。受训者的交往能力指在"工作"过程中与师父、同事、企业等人和物的交往水平。要在融合中提高技能应用水平，养成接受被否定的耐力，要在融合中提升协作水平，在融合的"工作"中学会坚持并维护自己的正确意见。

第三，重在技能的原则。温家宝指出：高职教育的"根本目的是让人学会技能和本领"。在实训基地建设中广大教师要深切明白这句话的深刻含义，并转变以往的教育方式和教育手段，转到保证让受训者学会技能方面来。坚持重在技能要有明确和稳固的专业（工种）思想。受训者要学什么样的技能，一般需要选择专业（工种），确定专业（工种）之后，才能够走出学习技能的第一步。重在技能要有先进的培训基础，要有场地、设备、原材料、师资等培训条件，以保证学习技能目标的实现。重在技能要有清晰的职业理念。实训是为了技能的掌握，掌握技能是为了寻找一个合适的职业，职业理念在选择专业（工种）时就应该明确。当然，重技能是说明技能在实训中的重要性，不是说一个受训者掌握了技能就完成了培训任务，其中还要有品德等做人的东西做保证，需要具有一定的市场意识、质量意识、安全意识、群体意识、环境意识、社会意识、经济意识、管理意识、创新意识、法律意识等。

三、建立健全高等职业教育校企合作长效运行机制

通过理论框架的梳理，网络运行机制作为网络治理的核心，建立高等职业教育校企合作长效运行机制对于校企合作稳定运行、提高校企合作水平和绩效起到至关重要的作用。校企合作长效运行机制包括了校企合作维护机制、校企合作互动机制、校企合作共享机制。

（一）建立完善的校企合作维护机制

建立完善的校企合作维护机制，一方面有利于校企合作网络整体的平稳运行，另一方面有利于对合作主体的行为进行约束激励，从而从整体提高校企合作的水平。构建以信任机制为基础，协调机制为保障，激励机制为手段是建立完善的校企合作维护机制的重要基本内容。

信任机制的建立首先需要在校企合作网络中培育信任文化，加强对全社会的信用教育与职业精神教育，在校企网络中形成一种信任环境。其次需要提高政府的公信力，政府在政策制定和落实方面，要加强和企业、职业院校的沟通，政策制定要取得社会的共识，政策落实要透明公正。加强对行业企业履行对社会的义务培育，提高企业参与职业教育的主动性和能动性。对学生要加大职业规划指导，提升学生敬业精神与责任意识。最后要建立完善的法律规制，建立各种信息披露机制、监督机制和评价机制，通过制度来保障校企合作主体之间的信任关系。

协调机制的建立首先需要建立协调保障机制，需要建立强有力的组织保障、制度保证。在组织保障方面建立校企合作协调机构，比如由政府、行业、企业、职业院校及第三方机构成立校企合作协调委员会，搭建协调受理平台，当校企合作发生矛盾冲突的时候，由协调机构负责协调事宜。在制度保证方面，建立日常性常态化的协调制度，对协调内容、协调方式等作出规定。其次丰富协调手段，运用各种协调手段，比如谈判、协商、行政命令、利益置换等，提高协调的效果。最后丰富协调的内容，协调的内容不仅限于对合作矛盾的协调，也要在合作主体的动机、目标、行为、合作内容开展协调，使协调贯穿于整个校企合作过程中。

激励机制的建立首先需要从激励因素和激励对象入手，校企合作网络激励机制的对象也是校企合作的参与主体，包括职业院校、行业、企业、学生，根据激励对象的性质和行为习惯选择合适的激励方式才能达到激励的效果。

在激励因素上，职业院校可以使用政策倾斜、政府购买服务、薪酬奖励等手段进行激励，在行业企业可以使用土地、税收、金融等激励措施，在学生参与上可以采用奖学金、就业、荣誉等激励措施。其次在激励政策的制定上，要采用分层细化的原则，将各级激励措施落实到位。最后在激励机制的宣传上，要做好对企业行业、学生的政策宣传工作，使校企合作参与主体对激励措施有足够的了解，形成促进校企合作的良好社会氛围。

（二）建立沟通顺畅的校企合作互动机制

建立沟通顺畅的校企合作网络互动机制，一方面，可以及时解决校企合作过程中产生的矛盾和问题，对校企合作中事务性细节进行磋商；另一方面，可以加强校企合作主体的日常联系，增加合作主体的融合度，改善主体之间的关系；再一方面，通过建立互动机制，可以增加相互学习的机会，有利于合作主体的共同发展进步。建立沟通顺畅的校企合作网络互动机制，要从以下几个方面入手：

第一，建立健全机构设置。健全的机构设置有利于合作主体相互沟通和学习的进行，在校企合作主体包括政府、行业企业、职业院校等相关主体中设置专门的校企合作机构，负责信息的交流和沟通，从组织结构上保障合作主体互动的顺畅。

第二，建立常态性沟通制度。建立常态性的沟通交流制度有利于改变当前校企合作主体沟通交流的随意性，对于沟通的时间、地点、方式、内容等作出具体的安排。设立年会、交流会、展览等多种形式的交流活动，利用网络平台、多媒体等各种现代信息传播手段促进交流的广泛深入开展。

第三，丰富沟通学习内容。校企合作主体对于沟通交流的内容应该不仅限于校企合作具体事项，而是应该就政府政策、行业规制、企业制度、校园文化、技术革新等就进行广泛深入的交流。

（三）建立利益平衡的校企合作共享机制

高等职业教育校企合作的过程本身就是提升资源的合理配置利用，校企合作的目标是创造共享价值。建立利益平衡的校企合作网络共享机制一方面有利于提高社会资源的使用效率，增加职业教育公共产品的供给质量，另一方面有利于提升校企合作主体的积极性，调动最广泛的社会力量参与到职业教育校企合作中来。建立利益平衡的校企合作网络共享机制需要从以下几个方面开展：

第一，建立共享激励机制，细化激励措施。从中央到地方各级政府都出台了相关促进校企合作的办法，但在校企合作中真正落实的不多，从而限制了激励措施的效果。提高激励措施的针对性，对于不同的合作主体采用适宜的激励措施。

第二，建立资源知识共享平台。建立各类校企合作资源共享平台，有利于校企合作主体的有效衔接，减少合作主体寻找合作对象的盲目性和随意性，提高资源共享的有效性，比如建立校企合作资源库，开展校企合作交流会等。

第三，扩大资源配置与知识共享范围。增加资源共享的范围有利于提升资源的配置效能，校企合作主体应该从设备资源、土地资源、人力资源、技术资源、文化资源等全方位开展共享。

四、提升高等职业教育校企合作政策法规保障水平

校企合作政策法规是政府对职业教育的规范和指导性文件，对于职业教育校企合作的开展具有重要的推动和保障作用，是体现政府立法职能的重要体现。提高高等职业教育校企合作政策法规的保障水平，一方面要建立健全相关政策法规体系，另一方面要加强校企合作政策法规的落实与监督。

（一）建立健全校企合作政策法规体系

建立健全高等职业教育校企合作政策法规体系，一方面需要建立相应的法律法规确立校企合作各方的法律地位，明确校企合作各方的职责，使得校企合作有法可依，校企合作各方特别是企业的利益有明确保障，有利于调动各方的合作积极性与主动性，有利于解决校企合作中出现的矛盾冲突；另一方面需要健全相应的保障措施，积极调动相关的职能部门出台具体的校企合作保障措施，在财政、人事、企业主管部门等建立相关的校企合作保障措施，积极引导鼓励各方参与到职业教育校企合作中来；再一方面需要细化相关政策法规，目前高等职业教育校企合作法规政策，侧重指导性而缺乏具体的操作细则，使得政策法规的可操作性降低，而出台相关政策法规的实施细则，有利于政策法规的落实落地，比如利用财政税收等方面激励校企合作中企业的积极性方面，可通过财税部门具体出台相关的优惠政策和措施，使得相关激励措施更具操作性和实效性。

（二）加强校企合作法规政策的落实与监督

公共政策在执行过程中，由于主客观等因素的因素，使得政策不能执行下去，产生了偏离了政策目标的结果，使得政策达不到政策的效果，我们称之为政策失败。加强高等职业教育校企合作政策法规的落实与监督，有利于提高政策法规的保障效能，同时能从制度层面保障校企合作的顺利开展。加强校企合作法规政策的落实与监督，一方面需要加强政策法规的宣传力度，

加强对企业、行业、职业院校以及社会层面的宣传力度，有利于政策法规的落实、营造全社会支持职业教育的社会氛围，只有使校企合作各方真正了解了相关政策法规，才能使得校企合作有法可依，同时提升合作主体的积极性与能动性；另一方面，提升校企合作政策法规的落实与监督需要提升相关政策法规的质量，只有保障政策法规质量的前提下，政策法规的实效性才能得到体现，具体体现在政策法规本身的针对性和可操作性，政策法规要及时回应解决校企合作中的痛点与难点，同时使得校企合作政策法规具有可操作性，政策法规除了具有指导性作用之外，还需要政策法规具有实践的可操作性；最后需要提升政策法规落实的监督，需要落实监督主体，分清监督责任，政府应当承担起政策法规落实的监督主体责任，及时反馈政策的执行效果，及时调整政策执行过程中出现的问题，真正使得校企合作政策法规能够适应社会发展和职业教育本身的发展。

第六章　高等职业教育人才培养与创业就业

　　近些年，我国高等职业教育人才就业形势非常严峻，我国的就业形势并不乐观，就业问题日益突出。高等职业教育毕业生逐年增加，工作岗位却逐渐减少，这就使得高职毕业生就业成为难题。在严峻的就业形势面前，高职毕业生应该提早做好准备，通过系统地学习职业生涯规划和就业创业知识，掌握职业规划和就业创业的方法技巧，树立正确的成才观和就业观，提升自己的专业能力、实践操作能力和就业创业能力，合理科学规划自我，赢取未来。本章就具体分析高职人才培养与创业就业的相关内容。

第一节　高等职业教育人才职业生涯规划

　　科学技术不断更新，时代变化日新月异，世界发展充满无限契机。在这个变化发展的时代，要保持国家、社会、个人持续快速发展，都需要紧把时代脉搏，积极应对挑战，在全社会培养创新创业与就业意识，重视职业生涯规划与素质能力提升。不论我们承认与否，都将面对时代的考题，是随波逐流，还是做时代弄潮儿，作为青年人的优秀代表——高职学生，必须做出自己的选择。

一、职业生涯规划与素质能力提升的时代背景

（一）宏观环境的转换

1."互联网＋"时代来临

　　"互联网＋"是一种开放思维、一种合作思维，对于转变经济发展模式，实现产业结构调整具有重要影响，在完善中国经济体系建立与发展过程中起到积极作用。

"互联网＋"将信息技术与传统行业结合，通过互联网平台进行行业创新发展。这个结合的过程不是简单的跨行业间相加，而是产业间的有效融合和协同发展，实现对传统行业的改造与升级，实现创新发展。

"互联网＋"能够实现社会资源优化配置，做到合理分配，推动社会生产力发展。互联网技术进步与互联网思维发展，在全社会形成对创新创业的积极共识，建立起人人学创新，人人想创业的氛围。2020年突如其来的"新冠疫情"，对于整个社会产生了巨大冲击，但是在极短的时间里我们就在全国范围内进行各种资源的高效配置，实现了对疫情的有效控制，并且逐步推进工厂复工、学校复学等进程，在此过程中互联网技术和互联网思维起到了重要作用。

2. 国家经济战略转型

我国国民经济发展速度长时间维持在8%～10%左右的增长水平，在这个过程中市场规模不断扩大，经济实力快速提升，综合国力得到很大提高。为了保证经济发展持续向前，实现经济发展由单一高速增长向高质量增长转变，国家大力推进经济转型。经济转型是国家经济发展的必经之路，说明社会经济发展将进入一个新时期；而转型过程中出现的经济发展速度放缓，则能够协调国民经济与商业经济发展速度，更有效地满足社会需求，提高经济发展质量。转型必然要面对新问题、迎接挑战，国家需要优化调整经济结构和经济体制，企业需要创新转变传统商业发展模式，个人必须培养训练创新意识，全社会要敢于用创新创业思维看问题，敢于在变革中尝试创新。

3. 供给侧结构性改革深入推进

供给侧结构性改革会使劳动力供给需求匹配失衡的矛盾凸显和放大，高职学生的就业压力在一定程度上增加，而突发意外（如：全球范围的经济下行、贸易战、流行疾病暴发、战争等）会使问题更加严峻。但随着产能过剩问题有效化解，资源优化配置、企业发展策略及时调整，改革的红利终将对缓解高职学生就业压力起到重要作用。

要实现供给侧结构性改革的目标必须重视创新，特别是要关注科技创新，它对于整个国民经济发展和综合国力的安全稳定提升具有至关重要的作用，而创新的本质就在于培养具有创新能力的人才。完善创新型人才的培养与管理体制，增加创新型人才的培养与供给规模，关系到国家能够实现快速稳定的发展。在改革过程中，受到产业结构的调整与市场环境的变化，必然会对高职院校的学科建设与学科发展产生冲击，造成某些专业高职学生就业困难，甚至有些专业会被取消。例如，在市场上经济处于上升发展阶段时，市场营销专业建立并快速发展，每年有大量本专业的学生进入到人才市场，但是随着经济发展速度放缓，人力资源趋于饱和，大量学生无法实现高质量的就业，于是市场营销专业在专业改革时被停止招生。作为高职学生，需要主动应对环境变化，不断提升创新能力特别是科技创新能力，这样才能符合时代要求。高职院校要增强创新创业教育的科学性与有效性，在培养创新型科技人才与专业技术人员等方面下大力气，高职学生自身也要主动学习培养创新意识和创新能力，这样才能提高在就业市场的竞争力。

作为企业可以将科技成果转化迅速转化，为创业者提供资金支持，最为直接的是为高职院校毕业生提供更多优质的就业机会和岗位。企业应与高职院校建立起良好的互动关系，互相服务又互为依托，人才供需关系将实现良性循环，高职学生的就业困难将得到有效缓解。同时，企业能够实现技术创新与成果转化和产业结构优化升级，缓解由于劳动力供给需求匹配失衡所导致的结构性失业问题。改革过程对于高职学生就业观念也产生着影响，目前大部分高职院校毕业生期望在大城市、热门行业、高薪领域实现就业，但是随着人才需求逐步趋于饱和，就业路径需要向国家发展急需行业与领域、基层地区实现转移。毕业生的择业、就业观应该受国家经济形势与人才需求直接影响。

4. 高职学生就业市场发生转变

高职学生就业市场是以高职学生资源合理分配，高职学生自身实现高质量就业为目标。在这个过程中高职院校、企业、高职学生三者之间必须建立良好、互动、协作的关系，高职院校是人才培养与教育产品的供给方，是人力资源供给方；企业是就业岗位提供方与接纳方的，是人力资源需求方；高职学生是人力资源市场的资源要素，是人力资源活动的参与主体。

高职院校在招生时就要考虑毕业生的供给数量质量、专业与市场间的匹配，高等教育要与社会经济发展需求间的匹配，高职院校与企业在人力资源供需方面的互动。高职院校人才培养也要坚持市场导向，提供国家发展战略与市场需求急需人才，推动高职院校专业设置、人才培养、学术创新、科研攻关等工作。例如，近年来信息技术发展已经成为关系国家综合国力提升、国家战略安全的重要保障，高等院校必须下大力气建设相关专业、培养和储备一大批人才。强化校企间合作，建立人才培养与供需联动机制，加大对应用型、实践型人才的培养力度，企业要增加对科研的投入，鼓励员工进行创新活动。高职学生要建立端正、科学的就业观念与择业观念，主动提升社会实践能力与职业能力，将个人职业生涯规划与国家发展、市场需求相融合。

5. "一带一路"大战略的推出和实施

"一带一路"大战略会给企业带来八大机遇。

机遇一：交通运输业将成为建设发展重点，包括高铁、公路、水路、航运、港口等在内的不同类型的交通工程部门。

机遇二：基础设施建设需求旺盛，沿线城市在工业化城市化时期，基础设施建设的需求非常大，企业利用机遇进一步促进自身发展。

机遇三：文化产业发展潜力巨大，加强与沿线国家的文化交流和合作，促进文化产业的发展。

机遇四：旅游发展将成为新热点，会有很多新的旅游项目和热点，提供旅游服务、开拓旅游项目和市场的企业可以获取这些发展良机。

机遇五：国际贸易将进一步拓展，各种商品在国内外大规模、高速度的交易流通，从事进出口贸易的企业带来新的机会。

机遇六：金融产业将得到提升机会，出现新的金融组织，提升了中国金融业发展水平。

机遇七：资源能源开发与利用迎新机遇，沿线国家相互之间能实现较好的资源互补。

机遇八：生态产业获得新的发展空间，高度重视生态产业的发展，发展海洋产业的合作空间很大。

抓住和把握众多发展机遇，需要企业管理者和"一带一路"活动的参与者具备创新思维意识，不断开发新的合作方式与合作空间。

（二）微观环境的调整

创新创业时代已经到来，每一个人必将在这个时代中确定自己的位置，是被裹挟着随波逐流，还是勇立时代潮头，这是我们面对的现实问题。从改革开放到现如今，高职学生就业择业观发生过多次改变，直接影响着创新创业微观环境。

1. 择业方式从统包统分到自主择业，并逐步出现自主创业的趋势

高职院校毕业生择业就业经历了由国家统包统分到双向选择、自主择业的发展变革过程。近年来随着高职院校招生规模的逐年扩大，高职院校毕业生人数的增加，导致就业率下降，就业压力明显加大，这样就影响了就业观念的转变。由过去一次就业及终身就业变为多次就业、自主择业，直至自主创业成为普遍接受的观念。在高职院校毕业生中近 40%有创业计划和创业设想，其中 33.2%计划选择先就业再择业，5.6%选择直接自主创业。而自主创业学生中，58.1%是抱着尝试心态从事创业活动，28.2%的学生已经有详细的、

可行的创业计划。作为高职学生，要及时调整就业观念，积极应对就业压力，创业是解决工作问题的变通之举，也是现实选择。

2. 职业选择从全民所有制单位转向三资企业，再到突破单位性质限制的特点

市场环境变化莫测、外部环境不稳定和不确定因素的产生，不同性质的单位面对的压力与竞争也呈现出较大差异，为此高职学生择业的单位倾向于国家机关、事业单位、国有企业，其次偏好合资企业、外资企业，而私人企业，特别是中小规模的私营企业处在备选的后部。近年来有 30%以上的高职学生选择在国有企业、国家事业机关就业，希望获得稳定的工作环境与收入保障。如果社会经济发展持续向好，人们会开始关注生活质量的提高和生活环境的改善，这时就会有更多的人选择创业或自主择业。目前高职院校毕业生逐步以"00 后"为主，这一代人从小享受较好的物质生活，对个人价值的实现有较强的追求，所以近年来高职学生创业人数的规模和比例都在不断上升。

3. 薪金期望由看重职业发展到过分追求高薪，再到追求个人价值的实现

20 世纪 80 年代高职学生就业择业，首先看重职业社会地位和专业对口，基本不考虑薪资问题，所以在人才分配过程中主要以专业作为分配依据。随着市场经济的发展，到了 90 年代择业的标准变为薪酬待遇，高职学生毕业后把工资收入作为选择职业的重要依据。

进入 21 世纪初，随着高职院校招生规模的扩大，高职学生毕业人数连年增加，人力资源市场供需关系发生了变化，对于薪酬的态度也发生的改变，1 000～2 000 元/月的毕业生工资，反映出就业心态趋向理性化。以深圳为例，60%的高职院校毕业生要求月薪酬标准在 3 000 元以下，对于专业对口、职业发展通道顺畅、能够体现自身价值的岗位接受度更宽，"先就业再择业"反映出就业心理逐步健康，就业心态日渐趋向成熟，不断增加的高职学生创新创业活动也说明创新意识、创新思维得到普遍认同。

4. 地域选择从东南沿海到选择更需要的地方或更有价值体现的地方，更加趋于理性

曾经是"孔雀东南飞"，20 世纪 90 年代高职学生择业首选东南沿海发达城市，而且热度一直不减。进入 2000 年后，高职学生择业的区域不再集中于东南沿海城市，开始向新兴城市、省会城市和特色发展中心聚集，西安、成都、武汉、杭州等一大批新兴发展中城市，成为高职学生就业的首选地域。近几年各地方政府为吸引优秀人才，制定了大量的优惠政策，从薪酬福利待遇、政府补贴、购房优惠、户籍管理等众多方面做了大量工作。

高职学生就业难是一个现实问题，更是一个社会问题。社会主义市场经济体制的建立和发展，产业结构的不断优化升级，正猛烈地冲击着我国的高等教育，高职学生就业在社会转型期遇到了很大的挑战，多数的学生都已感受到了就业的压力。在客观情况和自身因素的双重困境下，高职学生就业形势日渐严峻，必须在认识层面打破固有局限，创造性地看待问题、破解难题。

二、职业生涯规划的含义与内容

（一）职业生涯的含义

职业生涯是所有和职业相连的行为与活动以及相关的态度、价值观、愿望等持续经历的过程，也指职业选择、职位变迁、职业目标实现等过程[①]。

职业规划是对职业生涯进行持续系统的计划过程，是指个人与组织相结合，在对职业生涯的主客观条件进行测定、分析、总结的基础上，对自己的兴趣、爱好、能力、特点进行综合分析与权衡，结合时代特点，根据自己的职业倾向，确定其最佳的职业奋斗目标，并为实现目标做出安排。

（二）职业规划内容

职业规划由能力评估、职业定位、目标设定和实施计划四个要素构成，具体分为六个阶段。

（1）自我评估阶段：主要包括对个人的需求、能力、兴趣、性格、特质等方面进行分析，以确定个人具备的能力特征和适合的职业类型及岗位。

（2）组织与环境分析阶段：人是环境的产物，受环境影响，短期职业规划需要着重分析组织环境，长期职业规划要重视宏观社会环境分析。

（3）职业生涯发展评估阶段：指对职业发展的长期规划和短期规划。通过对社会宏观环境的分析，结合个人自我评价具体情况，评估职业长期发展；通过对组织微观环境的分析，评估个人在组织中短期发展。

（4）职业生涯目标设定阶段：职业生涯目标包括长期发展目标、中期发展目标与短期发展目标，从实施的角度看包括战略目标和具体目标，分别与长期规划、中期规划和短期规划相对应。

（5）职业规划方案制订实施阶段：把职业生涯目标转化成具体的方案和行动措施。具体的行动包括职业生涯发展路线的选择、职业类型的选择，职业教育和培训计划的制订。

（6）评估与反馈阶段：职业生涯规划的评估与反馈过程是个人对个人及

---

① 郭虎. 大学生职业发展新编教程［M］. 银川：宁夏人民教育出版社，2012.

职业的不断认识过程，也是对组织与社会环境的不断分析、了解、认识过程，是职业生涯规划有效执行与实现的手段。

三、职业生涯发展的过程

（一）成长阶段

成长阶段，从出生到14岁。在这一阶段，个人通过与家庭成员、朋友以及老师的相互作用以及他们对个人的认同逐渐建立起了自我的概念。这一阶段角色扮演是极为重要的，儿童将尝试各种不同的行为方式，而这使得他们形成了对关系人反应的印象，并且帮助儿童建立起一个独特的自我概念或个性。这一阶段结束进入青春期的青少年，已经形成了对个人兴趣和能力技能的某些基本看法，开始对职业进行带有某种现实性的思考了，形成了最初的职业认识。

（二）探索阶段

探索阶段，发生于15~24岁。在这一阶段，个人将认真地思索各种可能的职业选择。试图将自己的职业选择与个人对职业的了解以及通过学校教育、日常和社会活动等途径中所获得的个人兴趣和能力匹配起来。在这个阶段人们往往做出一些带有试验性质的、较为宽泛的、并不明确的职业选择。随着个人职业选择与自我认知的进一步了解，带有实验性质的职业尝试会被重新定义。比较符合个人兴趣与特质的职业被确定，并开始相应的准备工作。探索阶段最重要任务就是对个人能力和天赋形成真实评价，并根据职业选择来作出相应的教育决策，学习是这个阶段最重要的任务。

（三）确立阶段

确立阶段，发生在24~44岁，这是大多数人职业生命周期核心阶段，个人需要在这个时期找到具体、明确，符合自己职业设想和个人特质的职业，并投入到具体实际的活动中。这一阶段个人职业将取得发展，但仍然是在设想与尝试中，不断选择和完善，会经历不同的三个环节过程。

尝试环节。发生于25~30岁。在这一时期，个人确定目前所选择职业是否符合职业目标设定，如果不符合，就准备进行相应的变化调整。

稳定环节。发生于30~40岁。在这一时期，个人已经确定职业目标，并依据职业发展目标制定明确的职业发展计划来挖掘晋升的潜力、工作更换的必要性以及为实现职业目标需要开展的教育、实践等活动。

中期危机环节。发生在30~40多岁的某个时段上。在这一时期，人们会根据最初的职业设想和规划目标对现实的职业发展情况做全面重新评价，是职业发展的过程管理。在阶段性评价分析时可能发现，实际职业发展与职业理想高度一致，也可能发现虽然职业发展趋势向前但与职业理想目标不一致，甚至对于职业发展在人生过程中的重要性和价值进行新的定位。这一阶段需要面对现状进行重新抉择，为下一步职业发展确定目标，以及依据目标实现的可能性及支付成本进行投资收益分析，为下一步职业发展做出相应调整。

（四）维持阶段

维持阶段，发生在 45～65 岁。在个人职业发展的后期阶段，已经在从事的行业和工作领域中创造了一定价值，确定了相应的地位，因而绝大多数人在这个阶段会把主要精力就放在保有这一位置上。相应地也就不会提出新的职业理想和具体的行动计划。

（五）下降阶段

下降阶段，发生在 65 岁以后。当退休临近离开工作岗位，就进入职业生涯中的下降阶段。这一阶段中个人需要接受权力转移、责任减少的现实，尝试转变个人角色，以更多的经验传授作为重要职业目标。同时，在职业生涯下降阶段需要从生活中重新挖掘兴趣爱好，弥补退休产生的空缺。

四、高职学生职业生涯规划的路径

当前，随着教学改革的推进，新的教学内容为学生带来新的契机，同时也让学生面临着诸多的问题和困惑，为了帮助学生摆脱窘迫的状况，需要通过职业生涯的规划，进行细致化的安排和设计，要探索出新的教育教学路径，实现整体教育教学的创新和实践，从整体上把握学生的成长方向，让学生进行有目的化的学习，以促使学生的均衡发展和成长。在实际的工作中，针对高职学生的情况，全面进行职业生涯规划的安排和设计，要结合学生对这一问题的认知深刻地进行剖析，研究出与学生成长有关的具体目标和方案，要让学生真正找到自己前进的方向，加深学生对未来成长的了解，科学地做出布局，促使学生能够全方位地了解自我。

（一）制定合理化的职业生涯规划目标和计划，奠定牢固的基础

任何工作的开展都需要有一个明确的目标，合理化地制订与学生相关的计划，才能让学生对工作进行细致化的安排，促使学生的学习方向更加明确，更好地发挥学生的主观能动性。在全面推进高职学生职业生涯规划教育的过程中，由于学生对此项任务不感兴趣，所以在开展中，必须结合学生的实际，进行目标性的设计，要完善计划，能够帮助学生树立正确的人生目标，促使

学生能够全方位了解自我的成长方向，帮助学生进行生涯的抉择，在此过程中需要充分调动学生的积极性，以学生为中心，加强与学生之间的联系，能够让学生畅所欲言地表达出自己对职业的观点和看法，并对错误的认知进行及时的疏导，这样一来才能让学生进行有计划性的学习[①]。比如在进行高职学生职业生涯规划教育的过程中，教师可以主动与学生进行密切的交流和互动，要多给学生提供更为高效的指导方案，要让学生充分而又全面地认识自我，帮助学生从多个方面发现自己的优点和长处，切实增强学生的自我认知，要使学生学会自我教育和自我监控。在这样的科学化指导下，才能为学生职业生涯的规划奠定坚实的基础，做好铺垫。

（二）研究和拓展职业生涯规划的发展方向，铺设广阔的路径

由于学生接受知识和掌握课程的能力，各有千秋，所以在组织各项教育教学实践活动中，更应该注重职业生涯规划的探索和分析，要制定出符合学生实际的研究方向，确保其内容更具时代性，能够充分把握学生的成长规律，确保学生所接受的内容更加独特而又新颖，这样一来才会不再局限于某一个职业内，彻底打破学生陈旧的思想，为学生创造一条更为广阔的成长道路。所以从具体的数据分析看出，学生对职业生涯规划的认知并不是很明确许多方案的可行性不强，无法进行深刻的解析，导致学生对此并不感兴趣，在这样的情况下研究和探索新的方向，才能让高职学生的职业生涯更加精彩而又丰富，能够及时地填充各种空白，确保理论与实践密切地统一和结合，能够促进高职学生的终身发展，以确保高职学生在职业生涯规划的道路上获取更大的进步。比如在整体方向的运行中可以充分利用信息化的资源，模拟工作场景，采用移动学习的方式，搭建广阔的平台，制定清晰的研究方向，让高职学生拥有更多的机会参与到职业生涯之中，这样一来才能让学生的体会更加深刻，促使学生更加积极地融入到职业的探索中，并找到自己的成长方向，从而为学生的全面成长和进步铺设一条广阔的路径。

（三）深度地挖掘职业生涯规划的丰富资源，创造良好的契机

当前，并不是所有的学生都能与家长共同探讨职业生涯规划，而许多参与的行为也缺乏实践性，学生不能找到自己职业生涯规划的目的，最终导致学生不能做出科学化的判断。针对这一点，全面进行资源的拓展和延伸，才能成功地解答学生心中的疑问，让学生攻克各种难关，在实践性的活动中感同身受，增强学生对职业生涯规划的了解，并为学生创造成长的机会，成功

---

① 黄静. 大学生职业素养教程［M］. 济南：山东大学出版社，2015.

地带领学生不断地前行，并让学生合理化地安排时间，努力进行各项工作的研究和探索，在学习中感受到职业生涯规划的教育意义。所以在此过程中可以充分利用家长这一资源，全方位进行职业生涯规划的探索和分析。因为家长的资源，除了本身的自身职业资源以外，还可利用家长的社会关系进一步拓展。通过建立家长资源库以及借助家长的社会关系建设行业资源库，可以作为职业生涯规划教育课程资源非常重要的补充。在研究性学习活动和社会实践活动中，借助家长的这些资源，可以帮助学生更加全面地认识各种各样的职业，以及这些职业与自身是否匹配。另外，也可以利用基础院校、高职老师以及教育机构，进行职业生涯规划的探索，以协调各方面的力量，增强凝聚力，齐抓共管，共同促进职业生涯方面教育的发展。

总的来说，从学生的成长状况来看，目前高职学生职业生涯规划的教育状况差强人意，其中既有学生本身的原因，也有教育教学引导的问题，这些状况的存在，亟需解决和完善。

第二节　高等职业教育人才就业能力培养

当代高职学生面临着更多的机会与压力，为了更好地迎合社会发展的趋势以及人才强国战略的要求，高职学生需要对自身的就业能力给予充分的认知与准备，只有有效提升自身的就业能力，才能在毕业走入社会时顺利实现就业。本节重点研究人才强国战略背景下高职学生就业能力培养与提升路径。

一、高职学生的就业权益保护

由于高职院校毕业生就业市场还不够规范，有的用人单位也往往从自我利益出发，侵犯毕业生的合法权益。知法守法护法是对每一个公民的基本要求，高职院校毕业生在就业过程中，如发生个人合法权益受到侵犯，应勇敢地拿起法律武器来保护自己的权益。对自身权益的保护主要通过以下途径来实施。

1. 毕业生就业主管部门的保护

毕业生就业主管部门可通过制定相应的规范来确定毕业生的权益，并对侵犯毕业生权益的行为以抵制或处理。

2. 高职院校的保护

高职院校可以通过制定各项措施来规范毕业生就业指导和就业推荐，对于用人单位在录用毕业生过程中的不公平、不公正行为，学校有权予以抵制，以维护毕业生公平享受录用权。

3. 毕业生自我保护

高职院校毕业生权益维护是一个系统工程，其中毕业生是根本因素。每一位高职院校毕业生都要学会依靠自身力量维护权益，不应当过度依赖学校和社会组织。因此，毕业生要增强自身的保护意识，学会用法律手段维护自身合法利益。

二、大学生的就业准备

（一）就业信息的准备

1. 搜集就业信息的内容

（1）就业市场形势信息

就业市场形势信息包括社会经济发展形势，国家的经济发展战略，产业结构的调整和变化等。大学生一定要了解就业市场形势信息，以便不断丰富自己的知识，提高自己的能力，使自己成为符合社会发展需要的人才。

（2）就业招聘活动信息

就业招聘活动信息包括召开企业说明会、宣讲会的时间、地点，举办招聘会或供求洽谈会的时间、地点，网上招聘的具体流程和实施方案。

（3）就业政策信息

就业政策信息是指政府为了解决现实中大学毕业生就业问题制定和推行的一系列方案及采取的措施。如：选聘大学生村干部、大学生志愿服务西部计划、基层就业等一系列政策信息。近年来，为保障大学生就业，中共和各地方政府先后颁布了一系列有利于大学生就业和鼓励大学生创业的政策法规，了解这些就业政策是大学生求职择业的重要一步，对大学生求职择业会起到事半功倍的效果。

（4）用人单位信息

用人单位信息包括用人单位的名称、地址、经营状况、发展前景、企业文化、福利待遇等，只有对用人单位有充分的了解，才能选择更适合自己的单位，也才能在用人单位中快速地找到自己合适的位置，不断提高自己，使自己更好地融入集体。

2. 搜集就业信息的方法

可以采用一定的方法来搜集就业信息，概括来说，这些方法主要包括以下几种。

（1）定区域搜集法

重送即求职有明显的地域倾向，这种方法根据个人择业的地域选择来搜集就业信息。

（2）定方向搜集法

定方向搜集法即参考自己的实际情况和个人兴趣，以行业为优选对象，搜集与本行业范围有关的信息。

3. 搜集就业信息时应克服的心理误区

具体来说，大学毕业生在搜集就业信息时应克服以下几个心理误区。

（1）定式思维

在日常生活中往往由于习惯而形成定式，而在搜集就业信息的过程中也存在着一些定式，主要表现在以下几个方面。

第一，只搜集与本专业有关的信息。

第二，只搜集招聘信息，不搜集就业政策信息、咨询信息等其他信息。

第三，只选择自己熟悉的信息搜集途径和方法。

第四，只一味选择那些工作较稳定的就业信息。实际上，由于现代社会的竞争激烈，每个人都有可能遇到职业转换的问题。

（2）依赖盲从

依赖盲从的心理误区主要表现在以下几个方面。

第一，有的大学生在搜集就业信息时抱有强烈的依赖心理，他们寻求父母和教师的帮忙，希望他们可以为自己提供现成的、有用的各种信息，并且能够为自己进行筛选，这是一种典型的依赖盲从的心理，对于职业发展极为不利。

第二，有的大学生在搜集信息时随大流，看别人搜集什么信息，自己也跟着搜集什么信息，结果导致自己所搜集到的信息完全不适合自己。

其实，每个大学生在搜集就业信息的时候都会存在或多或少的依赖心理，因为对他们来说，刚开始搜集信息是一种尝试的状态，他们会或多或少地存在担心，希望父母或者其他人可以帮助自己，但对于这种心理，有的大学生能够克服，有的则任其发展，最后导致他们得到的结果完全不同。对于大学生来说，应该努力克服依赖盲从的心理，以便能够及时准确地获取到适合自己的就业信息。

上面所列的这些心理误区极大地限制了求职者搜集信息的效率，不利于成功选择。因此，每一位大学毕业生在择业过程中都要注意自我的心理调适，克服其不利的影响，以积极的良好心态去应对人生的每一次挑战。

（二）就业知识的准备

当今的大学生要想在就业的大潮中立于不败之地，就必须拥有合理的知识结构。当然，大学生的知识结构没有一个固定不变的模式。但从大学生就业角度考虑，必须具有以下几个方面的知识。

1. 宽厚的基础知识

大学生在毕业前，必须掌握扎实的基础知识，积极拓展自己的知识面，这样才能有效地拓宽自身的择业面，给毕业后的择业、就业创造更多的机会。

2. 广博的相关知识

大学生知识面偏窄的问题早已存在。主要表现为非专业知识的贫乏，甚至出现过文科生不知爱因斯坦、理科生不知曹雪芹的笑话，而实际社会中对"通才"的需要却远远大于对"专才"的需要。作为一名大学生，应该利用在校学习的时间，不断完善自身的知识结构，如果知识面太窄，则难以适应工作的需要。缺乏本行业的专业知识，就无法实施具体的工作。因此，在大学学习过程中，应把这两方面结合起来，努力成为复合型人才。同时，不能仅仅是对过去及现有知识的继承、积聚、掌握与应用，更要实现知识的不断更新，以适应知识经济时代的需要。

3. 系统的马克思主义理论知识

高校大学生不仅要具有较高的文化素养，还应该具有系统的马克思主义理论知识，只有这样，才能成为合格的社会主义建设者和接班人，也才能在激烈的竞争中立于不败之地。

4. 精深的专业知识

专业知识是指大学生在大学期间需要学习的本专业的学科知识，是大学生走向社会，成功就业的前提，只有拥有了精深的专业知识，才有可能充满自信地在其他方面努力去提高自己，让自己成为更好的自己。

（三）就业能力的准备

1. 良好的创新能力

大学生要想具备良好的创新能力，就必须首先要具有良好的创新思维。创新思维是能摆脱成见、构筑新意、在认识上产生新的突破的思维，是人类的一种高级思维活动。它是抽象逻辑思维与具体形象思维的统一、分析思维与直觉思维的统一、顺向思维与逆向思维的统一、发散思维与聚合思维的统一、智力与非智力因素的统一。思维活动若怠惰，就不可能有创新。

2. 健美的身心素质

无论是学习和掌握先进的科学技术，还是适应紧张的社会生活和工作，都离不开强健的体魄。

高等学校学生体质达标，是毕业生必备条件之一。大学生应具有正常的发育、强健的体魄较强的耐力和反应能力、良好的体能及健康的体质。这主要从身体形态、身体机能、身体素质、体育课成绩、课外体育锻炼等方面进行综合评定。具体考核的指标包括体重胸围、身高、肺活量、视力等。

3. 良好的学习素质能力

不同的知识体系只有处于一个合理的结构之中，才能使其静有其位、动有其规、各显其能、优势互补。知识结构因人才类型、层次而异，不存在固定的普遍的模式。目前，学术界提出的比较有代表性的知识结构有三种模式。

第一，强调基础理论宽厚扎实和专业知识广博精深的宝塔型知识结构。

第二，强调知识广度与深度统一的网络型知识结构。

第三，强调个体知识与整体知识有机结合的帷幕型知识结构。

这三种知识结构虽各有不同，但每一种模式都表现出博而不杂、专而不偏、基础雄厚、适应性强的共同特征。

4. 与他人团结协作的能力

合作精神是中华民族处理人际交往关系的重要伦理准则，是维护国家统一和社会稳定的精神力量。当今时代，竞争已经成为一种新的道德品质。然而，竞争与合作是共生共存的。不能为了团结合作就放弃正当的竞争，同样，也不能因为竞争而破坏团结与合作的人际关系。合作精神也是当代大学生在处理交往关系时应当具备的道德品质。

（四）就业材料的准备

可以按照以下几个步骤来整理就业材料。

1. 搜集材料

以择业目标为中心，围绕择业目标所需的专业特长、知识结构和能力等进行搜集，注意专业特点、个人能力与行业特点的统一。

2. 分类整理

一般将搜集到的众多原始材料按个人简历性材料、专业学习材料、特长爱好材料、社会实践材料、奖励评论性材料等进行细分。

3. 编辑审查

对分类后的材料进行汇总编辑，检查是否有遗漏。材料含糊甚至与实际情况有出入的，要撤除或修补。

4. 汇总分析

把同类型的材料集中起来，然后对材料的使用价值进行自我分析评估，最后再把材料依其价值评分，分清主次，逐一罗列出来。

5. 合理编撰

根据应聘目标的具体情况，合理取舍，有机组合，充分体现择业者的优势与特长。

三、大学生的就业技巧

（一）择业笔试的应对策略

笔试是招聘单位采用书面形式对应聘者进行考查和评估的一种测试形式，是高校毕业生求职应聘的一个重要环节。笔试考查范围一般包括基本知识、专业知识、文化素养和心理健康等，实际是考察应考者的综合素质。由于笔试成绩具有真实、客观、公正及便于排序等特点，所以笔试是各类招聘单位所普遍使用的考查方式。熟悉和了解求职中的笔试环节对毕业生来说十分必要。

1. 笔试的形式

从考试的方式上看，笔试可以分为现场集中答题和远程在线答题；还可以分为开卷考试和闭卷考试。

（1）公务员招聘的笔试形式

省级、市（地）级、县（区）级公务员考试的笔试与国家考试形式基本一致，具体要求还需报考者认真阅读其招聘公告。各个地方的考试科目为地方自拟，有意报考地方公务员考试的毕业生要注意查阅当地政府公布的招考简章，以便有针对性地进行复习。

（2）事业单位招聘的笔试形式

事业单位考试又称事业编制考试，这项工作由各用人单位的人事部门委托省级和市、地级的人事厅局所属人事考试中心命题和组织报名、考试，并交用人单位成绩名单，部分单位自行命题组织实施。目前尚无全国统一招考，省级、市（地）级、县（区）级各个单位统一招考，一般规模大的采取网络报名的方式，人数少则采取现场报名的方式。招考公告一般情况下发布在省级、市（地）级、县（区）级的人事厅局所属的人事考试中心的网站上，笔试和面试分数基本上各占一半，有些地区笔试与面试成绩比为 4：6，一般无最低分数线，按分数从高到低择优录取[①]。

---

① 姜相志，吴玮. 新编大学生就业指导［M］. 哈尔滨：哈尔滨工程大学出版社，1999.

（3）企业招聘的笔试形式

企业招聘的笔试形式较为多样化，笔试程序有现场集中笔试的，也有远程在线答题的；考查类型有闭卷考试的，也有采取开卷形式的；笔试时间由企业灵活安排；笔试的内容、各部分所占权重以及计分和晋级规则等，均由招聘企业设计安排。但部分行业和一些成熟企业会依据多年招聘经验而形成较为规范的笔试形式，毕业生们需要关注相关行业和企业在往年招聘中的笔试形式。

很多公司都非常看重应试者的守纪与诚信，因此考试中应遵从监考人员的指示，在没有得到指令的情况下翻阅试卷，很有可能被取消笔试资格。毕业生们要明确一点，笔试不仅仅是一场考试，也是求职过程中的一个环节，考场上的表现很可能会影响到之后的面试。

2. 笔试的准备

无论公务员考试、事业单位考试还是企业招聘考试，笔试都是一种能力测试，考生应注重平时的知识积累和综合素质的提高。平时的学习和积累，毕业生可以从以下方面做准备。强化基础知识熟练程度，在学习过程中促进专业知识体系的形成。毕业生们可以利用外语和计算机技能获取更多的信息，注重在学习过程中将专业知识融会贯通，不断地提升自己的综合素质。

先易后难，先简后繁。笔试题型多，内容多，又要限时，必须合理安排答题时间。了解题目类型、难易程度、分数多少，根据先易后难、先简后繁的原则确定答题步骤。

除了对笔试形式和内容做到细致的了解外，应聘者还应充分重视准备考务文具及关注考试时间、地点，安排考务行程。

应考者还需规划好考试行程。如果考试地点在当地，一般情况下考试当天通往考点的道路通行压力增大、公共交通压力增大，考生需较平常提早出发。如果考试地点在异地，则应注意安排好长途客运时刻及异地住宿，以确保按时从容地参加考试。

（二）择业面试的应对策略

面试是招聘单位以当面交谈的方式对应聘者进行考察的形式。面试是招聘单位直观地了解应聘者求职动机、就业意向、表达能力等的有效方式，同时也是应聘者向招聘单位详细了解就业环境、工作内容、福利待遇等的宝贵时机。面试是招聘过程中具有决定性的环节，应聘者的面试表现往往是招聘单位做出决定的重要依据。本节将介绍面试的形式与内容、面试的准备和面试的应对策略，以帮助应届毕业生在面试中脱颖而出。

1. 面试的准备

求职面试时，大多数面试考官会要求应聘者做一个自我介绍，一方面以此了解应聘者的大概情况，另一方面考察应聘者的口才：应变和心理承受能力、逻辑思维能力等。千万不要小视这个自我介绍，它既是打动面试考官的敲门砖，也是推销自己的极好机会，因此一定要好好把握。

例如，面试交谈完毕，要礼貌起身。起立的动作最重要的是稳重、安静、自然，绝不能发出任何声音。入座通常由左边进入座位，起立时也由左边退出。另外，求职面试准备中不可忽视的还有衣着装扮。大方得体的面试着装，可使毕业生们在面试时更有信心。准备服装时应首先考虑应聘单位的性质及应聘的职位。如果应聘单位规定穿制服的话，可以准备整洁大方的套装；如果是网络公司的话，可以着便装；如果应聘销售、公关等职位的话，穿深色或灰色的套装会比较合适。服装问题应该在面试前一天晚上就决定，并准备好。

2. 面试的应对方法

随着社会的发展，人类文明程度越来越高，许多企业都越来越重视企业文化和企业形象，所以企业在招聘人才时都比较重视应聘者的礼仪和风度，并且一个人的礼仪和风度也可反映出一个人的素质高低。

（1）准时赴约。守时是职业道德的一个基本要求，从中还可以看出你的信用程度。面试者最好在通知面试时间之前 10 分钟到达面试会场，过早到达或迟到都不好，因为从求职者到达面试会场的时间可看出其对时间的管理观念。如果临时发生不可抗拒的意外情况不能按时赴约，应及时通知用人单位，并表示歉意。

（2）礼貌通报。进门前，一定要有礼貌地通报负责面试的人员，如果门关着，应先轻轻敲门，得到许可后方可进入面试室。如果主试人安排你在某处等待，则要听从安排，耐心等待。

（3）正确招呼。进入面试室后，主试人就会开始考察你，即可视为面试的开始。你首先就要注意有礼貌地和主试人打招呼，可点头微笑，也可问候，如"上午好""下午好""各位领导好"等，如果知道对方的姓氏和职务，也可采用姓氏加职务的称呼形式和对方打招呼。如"刘总，你好！""李处长，下午好！"等。如果主试人没有主动与你握手，就不要自作多情去握手。

（4）谈吐文明。要注意讲话的语调、声音的高低、语速等。谈话时做到真诚、乐观、热情、大方，要条理清楚，不卑不亢，不可用自负的方式和语气说话，话不要说过头，当然，也不必太谦虚。不要随便打断对方的话，必要时，先说声"对不起，我想打断您一下"，然后再插话。不要轻易反驳，要不时点头表示赞同。讲话时不可有太多的手势或口头禅，让人看了或听了不舒服，谈话中更不可出现不文明的词语。讲话时普通话力求标准，最好不用方言，若是涉外单位，要做好用外语面试的准备。

（5）适时告辞。当主考人员示意面试结束时，应微笑起立，感谢用人单位给予你面试的机会，然后道"再见"。如果招聘方对面试的时间没有硬性规定，应聘人员也要掌握面试时间的长短，觉察面试高潮已过，应聘人就要把该说的话说完，要站起身来，微笑道别。社交中有一条秘诀：长谈一次不如多见几次面。

（6）学会倾听。学会倾听是交流中一种重要的技巧。在面试中倾听主考者谈话时要做到以下几点：一是目光要专注，并不时地与之进行目光交流，要让自己的视线停留在对方鼻以下胸以上的范围内。二是面带微笑，用点头来对主试者的谈话做出反应。并适时说些简短而肯定对方的话语，例如，"对""可以""是的"等。三是身体要稍稍前倾，手脚不要随便动。四是偶做笔记，一方面可记住一些重要的内容，另一方面会让对方觉得高兴。五是边倾听边思考。待对方说完后，立即提问，这样可显示你思维敏捷，并且重视对方的谈话内容，可给主试者留下深刻而良好的印象。

（7）注意语言表达。在语言表达方面要做到两点：一是表达清楚准确，通俗易懂；二是语言动听，富有真实感和吸引力。应聘者在面试谈话中要注意掌握以下几种语言表达技巧：① 简明扼要。抓住要点，简单明了，是参加面试的第一个重要技巧，也可在主试者心目中留下一个思维清晰、办事干练的印象。② 通俗朴实。所谓"大巧若拙"，在面试中语言一定要通俗易懂，不要卖弄文采，弄得文绉绉、酸溜溜的，既让人不明白，又让人反感。另外，说话要实在，不要夸夸其谈，把话说得太过头，会给人造成华而不实、浮躁的坏印象。③ 生动幽默。幽默是人际交往中最佳的润滑剂。用生动幽默的语言营造融洽和活跃的谈话气氛，可为你的面试大大地加分。④ 注意语调、语速、音量。要注意语调和谈话内容相配合，该升时升，该降时降。语速要适中，既不能像打机关枪，也不能慢条斯理，而应该不快不慢。音量要适中，要根据你和主试者的距离决定音量大小，以每个招聘者都能听清你的讲话为原则。⑤ 适当运用手势。在谈话过程中适当运用手势可加强语言的感染力，加深印象，但手势幅度不宜过大，手势要简练，不要太频繁。

（三）考察考核的应对策略

招聘中的考察考核，是指招聘单位依据相关条件、标准和程序，对拟聘用人员进行的专门性的考察和评价。考察考核有利于招聘单位全面客观地了解应聘者，为录用后的依特长定岗提供依据。

1. 考察考核的方式

招聘单位对应聘者的考察考核方式一般有两种：定向考察考核和情境考察考核。

（1）定向考察考核，即招聘单位到应聘者所在大学相关部门细致地了解应聘者的情况，包括核实应聘者的学习成绩、各种奖项和证书、证明材料等，并通过和任课教师、辅导员及同学交谈，了解应聘者的品行、人际关系、组织协调能力、应变能力、身心健康状况等。

（2）情境考察考核，即招聘单位把应聘者分成若干个小组，通过小组讨论或完成某一特定任务对应聘者进行考察考核。

2. 考察考核的内容

（1）学习能力

对应聘者的学习能力的考察，可以从德、智、体、美、劳五个方面进行。德，评价该生是否具有良好的道德品质和正确的政治观念；智，评价该生是否具有系统的科学文化知识、专业技能；体，评价该生是否具有健康的体质；美，评价该生的审美观、鉴赏和创造美的能力；劳，评价该生的劳动观念和劳动技能。

（2）实践能力

应聘者实践能力由基本社会实践能力和专业社会实践能力构成，基本社会实践能力包括认知能力、表达能力、人际交往能力、组织管理能力、自主学习能力、一定的外语和计算机应用能力，专业社会实践能力包括专业操作能力、分析和解决问题的能力、开拓和创新的能力。招聘单位对应聘者实践能力的考察主要从以上方面进行[1]。

（3）团队协作能力

团队协作能力，是指建立在团队基础上，发挥团队精神、互补互助以达到团队最大工作效率的能力。对于团队成员来说，不仅要有个人能力，也需要有在不同位置上各尽所能、与其他成员协调配合的能力。团队协作能力是招聘单位考察应聘者的重要方面之一。

---

① 刘新玲，秦都雍，欧阳豫樊. 大学生就业导航［M］. 厦门：厦门大学出版社，2000.

3. 考察考核的原则

考察考核作为招聘单位录用的环节之一，事关招聘过程的严谨高效和招聘效果的优质。在考察考核过程应遵循以下原则：

（1）考用结合的原则。招聘单位对拟聘用者的考核结果，事关该应聘者被录用后的岗位分配、培训和待遇等，招聘单位对应聘者的考察考核结果具有重要意义。

（2）客观、公正、公开的原则。客观即实事求是地对应聘者做出评价，全面反映其学习和实践能力，避免主观性；公正即对应聘者的考察考核遵循相关规定的程序；公开即招聘单位对考察考核的目的、内容和标准等，能够公开程序，广泛接受质疑。

（3）全面考察和重点考察相结合的原则。全面考察即对应届生应聘者的德、智、体、美、劳等方面逐一考察；重点考察即在全面考察的基础上，着重考察某方面或某些能力。

4. 考察考核的准备

应届毕业生往往不具备直接进行业务操作的能力，基本上都要经过系统培训，所以学习能力和求知欲是重点考查内容，很多企业都坚持这一原则。

准备身份证信息、学历证书和专业资质证明

目前，假证书、假文凭充斥社会，尽管应聘者提供了学历证书，招聘单位还是需通过官方的手段进行核实，才能确保真实。应聘者应提前与毕业院校学籍档案管理方面沟通，支付自费的查询和复印、邮寄费用，以保证能够及时提供准确的毕业信息给招聘单位。及时向招聘单位提供专业资质的相关信息，以便招聘单位到相关的专业认证网站上查询，如律师资格证、会计资格证、工程建造证等都有相关的专业查询网站。

准备社会实践证明

为保证调查的可靠性，招聘单位一般会通过应聘者参与实践或供职过的单位的负责人来了解应聘者的社会实践及工作情况。应聘者最好提前与实习单位的负责人做好沟通，请相关负责人在接到查询要求时，如实说明相关情况，如任职时间、任职岗位、离职原因、品行评定及奖惩状况等。

5. 考察考核的应对策略

考察考核有两种方式，应聘者参与的主要是情境考察考核。这里着重介绍情境考察考核的一般流程。在情境考察考核中，招聘单位将应聘者分成若干个小组，通过小组讨论或者完成某一特定任务对应聘者进行考察考核。地点一般为能够容纳多人的会议室。在考察考核开始前，主持人会向应聘者宣读将要讨论的题目，并说明发言规则，同时回答应聘者的提问。所有事项交代清楚之后，应聘者开始自由讨论。讨论结束之后，按照预定的发言规则进行发言。考官在全过程中既可以旁观应聘者的表现，也可以直接切入应聘者的发言，与其互动沟通。在情境考察考核中，招聘单位通过自由讨论环节考察应聘者的团队合作能力、领导协调能力及语言表达能力等。

考察考核的应对技巧如下。

（1）发言积极主动

在考察考核过程中，应聘者的发言内容、发言时机、应对辩驳时的反应能力及倾听别人观点时的态度等都能表现出其性格和教养，所以在考察考核过程中应注意涵养，发表观点时应该目光专注，避免下意识的小动作，避免因对对方观点不认同而不屑一顾。在互动讨论中应沉着应对，言辞恰当，既要以理服人，又要充分客观地与其他应聘者交换意见，避免表现出自命清高、装腔作势。

（2）抓住重点、言简意赅

针对讨论题目，要深入思考，全面分析，提炼出发言的主要内容，并条理清晰地从多方面分析问题，论证观点。发言态度要诚恳，对于其他应聘者提出的反对意见，可以深入交换意见，分享彼此的观点。

（3）注意发言技巧

在考察考核过程中，当遇到其他应聘者提出不同观点时，要注意发言技巧，巧妙地提出不同意见。可以先肯定对方的说法，再做转折，而后予以否定。切记不要在对方情绪激动的时候力图使他改变观点，因为在情绪激动时，情感多于理智，过于逼迫反而使其更加坚持原有观点。

四、高职学生的就业路径探索

（一）优化高职院校高职学生就业服务体系

1. 健全"以人为本"的就业服务管理机制

高职院校应该把"学生满意"作为衡量高职院校就业服务管理是否有效的标准。在基础标准建立以后，围绕这一理解，在学生工作上，高职院校应引导各层级学工力量构建起精细化服务促进就业的新格局。尤其可以敦促各二级学院建立起毕业生毕业去向台账，以及就业困难毕业生群体帮扶工作台账，按照"一人一档一策一导师"的原则开展"一对一"的重点帮扶。同时，学校就业微信服务后台和微信服务号平台也为学生提供"一对一"个性化的就业指导服务，提升指导和服务的实效，学生个体的问题也在"以人为本"

意识主导下解决管理难点。

2. 创新就业服务管理平台

就业服务平台的搭建，其目的唯一指向高职学生就业服务全流程的贯通，迎合高职学生求职"软件"上的需求，使高职学生体验充分的就业服务内容；因而，平台的创新发展将意味着高职学生就业服务的高质量发展。例如，很多高职院校着力开展的微信、微博等创新就业服务管理平台的完善与建设为例，改版后的就业服务平台优化规范用人单位注册、招聘信息发布以及校园宣讲会、招聘会申请等校招活动流程，用人单位一步注册，学校两步审核即可完成校招线上办理流程。用人单位在服务平台发布的招聘信息、申请宣讲会、招聘会汇集的企业岗位需求信息，通过就业服务系统人岗匹配、专业特长匹配，同步到学生微信端，实现毕业生精准获取实时推送的就业岗位信息。

就业微信服务号平台的建立，加强和拓宽了毕业生就业政策和就业信息宣传渠道，毕业生在微信端可自行搜索意向岗位或一键投递简历，报名参加校园宣讲会、招聘会，实现指尖上的求职，求职流程更加人性化、便利化。在此基础上，高职院校还应继续完善并构建起"就业信息网""就业学习平台""就业微信平台"等一体化智慧化就业平台，同时加强就业服务平台的视频见面功能；即使疫情再次到来，学生能够实现在学校提供的最优质的就业信息中物色岗位，在学校提供的最便捷的就业平台上完成从简历到面试的求职全程。依托高职院校流程优化后的就业服务平台，高职学生、用人单位均可获得规范和高效的信息化流程服务，让求职应聘更便利、更精准。

3. 创新就业信息宣传方式

信息宣传是高职院校就业服务管理的重要方面，是建立精准就业服务与管理机制的有效途径。为做好新发展方向的就业服务，高职院校在宣传上的功夫必须在原有基础上对方式、方法有所创新，除每年编印《应届毕业生资源信息》《应届毕业生就业指引》等常规宣传材料外，还应加强就业信息网、微信公众号的建设，充分利用毕业生线上社交群组，加强与各二级学院就业工作人员、毕业生之间的互动，利用信息化平台进行就业政策及招聘信息的宣传。

此外，高职院校应密切关注少数就业群体的特殊需求，有针对性地发布毕业生就业意向调研，及时了解这一部分毕业生的就业状况和思想动态，尤其是了解他们在就业上的困境和难点，重点指导和推荐工作。高职院校可以建立起特殊就业群体帮扶机制，联合各二级学院摸底了解困难毕业生的情况，帮助毕业生解决求职过程中的实际问题和毕业季的心理上的困扰问题。也可将特殊就业群体再进一步细分，如"就业困难毕业生""有就业意愿但尚未就业毕业生""暂不就业毕业生""无就业意愿毕业生"等类别，做好分类指导、专门咨询，组织开展针对性的求职指导、心理辅导、就业推荐等服务，帮助特殊就业群体毕业生尽快找到方向，从而回归到促进适龄毕业生求职就业的正轨。

（二）更新我国高职学生职业生涯观念

1. 认清自己，自我分析

在设立职业生涯目标之前，首先要认清自己，进行自我分析。俗话说，知己知彼，百战不殆。可见，知己是首要。所谓自我分析，是指对自我进行理性、深刻、全面的分析，他比自我介绍更深刻，同时又包含自我评价的内容。步入了高职院校的大门，自主选择了专业，也就确定了今后择业的大方向。随着知识的积累、视野的开阔、阅历的增加，每个人都在不断地变化、进步，自我分析也应该不断地更新。通过分析自己的性格、兴趣爱好、专业技术等方面的优缺点，衡量出自己想干什么、能干什么、准备了什么等，明确哪些工作能够规避自己的短处而发扬自己的长处，进而为职业生涯目标的确定打下一个良好的基础。

2. 目标设立合情合理，符合实际

设立职业生涯目标不是一蹴而就的事，它需要沉下心来长时间仔细思考。目标必须立足现实。我们常常会误认为目标定得越高越好，觉得目标定高了，哪怕完成 80%，也是不错的成绩。事实上，好高骛远的目标只会让人迷失方向，信心锐减，意志消沉。相反，倘若目标设定量体裁衣，并将长期目标设定成一个个中期目标。将中期目标设定成一个个短期目标，把这些一个个量化的具体目标当作人生旅途上的里程碑，把行动与目标不断地加以对照，清楚自己与目标的差距，就会将目标化成拼搏的动力，激发出自身潜在的机能，在奋进中更加自信、积极、乐观、从容，克服一切困难，顺利抵达理想的境地①。

任何事物的发生和发展过程都不是一成不变的，职业生涯目标的设立亦是如此。职业生涯规划是长期持续的过程，随着环境和自身的变化，需要不断地进行评估与修改。这不仅是对自己不断认知的过程，也是对社会不断认知的过程，是使职业生涯规划更加有效的有力手段。

---

① 茹秋平. 我国大学生创新创业政策研究 [D]. 广州：华南理工大学，2019.

第三节　高等职业教育人才创新创业能力的提升

马克思关于人的发展学说、创新驱动发展战略和人才强国战略的实施、高等教育以质量革命为核心的转型升级，是融合育人实践的理论依据、战略依据和现实依据。在人才强国战略背景下，高职学生应提升自身的创新创业能力，以充分把握未来走入社会以后的发展方向。本章基于人才强国战略背景，重点分析高职学生创新创业能力提升的路径，包括高职学生创新创业基本概念分析、高职学生创新创业能力提升的内容与路径。

人才强国战略的落实离不开创新创业人才的培养。由于创新创业思维能力上的差异，工作会出现不同的结果，作为员工首先要踏实肯干，但是有无创新思维意识和能力、应变思维的能力好坏、超前思维的能力强弱、联想思维的能力活跃度等影响更大。在人才强国战略背景下，创新能力的高与低，将决定一个人的职业发展空间。

一、创新创业

（一）创新

创新一指创立或创造新的，二指首先或开始。《南史·后妃传上·宋世祖殷淑仪》："据《春秋》，仲子非鲁惠公元嫡，尚得考别宫。今贵妃盖天秩之崇班，理应创新。"

创新是以新思维、新发明和新描述为特征的概念化过程，包含更新、改变、造新三个层面的含义。创新是指以新的思维模式为基础，提出有别于一般的、现有的见解为导向，利用现有资源，借助先进的知识和技术，改进现有实务或创造新事物、新方法，探索新路径、新环境，并能获得一定经济价值或社会价值的行为。从经济社会领域分析，创新是指生产或开发一种新产品或新服务；更新扩大产品或服务的品类、市场等；改进研发新的生产技术，发展新的生产方法；规范、建立、实施新的管理制度[①]。

创新是人类活动特有的认识能力和实践能力，是人积极主动认识世界、改造世界的主要能力表现，一个民族的进步、一个社会的发展、一个国家综合国力的提升都离不开创新。作为高职学生，要想成为合格的时代青年，要

[①] 杰夫·戴尔，赫尔·葛瑞格森，克莱顿·克里斯坦森，等. 创新者的基因 [M]. 北京：中信出版社，2013.

想走在时代前列，就必须有创新思维，不断尝试创新培养创业技能。创新研究一般区分技术创新和社会创新。技术创新往往是刻意创造或发明的结果，而社会创新往往是因为成员间持续互动的结果，前者其影响力随着时间的推移而积累，往往会变得不可逆转，而社会创新则是持续不断进步的源泉。

本书认为，创新是指创业者或企业把新的生产要素、生产条件或二者同时引入生产体系，可以是开发设计新产品，引入改进新生产工艺方法，发掘开辟新顾客或新市场，对产业链进行上下游的延伸，改进或创建新的组织形式，创新可以是组织行为，也可以是个人行为，涉及技术性及非技术性两类创新，并最终通过产品或服务体现一定的经济价值或社会价值。

（二）创业

1. 创业的含义

创业是创业者对自己实际拥有的资源或通过努力能够拥有的资源进行优化整合，从而创造出更大经济价值或社会价值的全过程。创业活动是需要创业者组织经营管理、运用技术物品、提供产品服务的判断、思考、管理和执行的行为。杰夫里·提蒙斯（JeffryA.Timmons）认为"创业是一种思考、品行素质，杰出才干的行为方式，需要在方法上全盘考虑并拥有和谐的领导能力"。创业是一种人类的创造性行为，它实际上从无到有地创造出有价值的东西，是对机会的追求，而不顾手头的资源或缺乏资源，需要一个愿景，激情和承诺，带领其他人追求这个愿景，还需要愿意承担适当的风险。

什么是创业？首先创业的创从两个层面进行理解，第一是创立，第二是创新。创业的创就是指创立或者创新。在古代就有成家立业的说法，因为你成家了家族才割舍一块田地或者产业给你，让你自己经营。现代"业"更多的是指资源，"业"就是你创造什么资源，这些资源对你的客户有帮助，可以变现，有持续发展的条件。

创业的本质就是在面对资源不足的情况下，有效把握需求机会的过程。创业关注经济价值或社会价值的创造与实现，而不仅指新创企业的成立，创业可以是精神层面的行为，即以创新为基础的思考和行为方式；创业也可以是实质层面的行为，就是一般认为的发掘市场机会，组织现有资源建立和创办新公司，生产新产品或新服务，通过市场交换实现价值的过程。

2. 创业活动的本质

（1）机会导向

"穿衣吃饭看家当"一般性的生产经营活动往往对资源考虑较多，主要考虑在现有条件下自己能做什么。创业活动最大的不同是机会导向，主要考虑自己可以做什么。机会是指没有被精确定义的市场需求，甚至是尚未出现的潜在需求，也可以是没有得到利用或没有充分利用的资源和能力，机会蕴含着生存和发展的可能性，意味着潜在的收益回报。

创业者不可能完全具备创业所需的所有资源，甚至初始条件并不理想，缺乏资金资源、人力资源等限制和制约，创业者需要思考在现有有限资源条件下创业活动生存和持续发展的可能性。在市场经济环境中，任何企业的发展都依赖于市场需求的旺盛程度，所以创业者必须善于挖掘市场机会，发现市场需求及变化，从中发现创业活动生存和发展的空间。

高职学生创业者的创业活动由于资源条件不理想，更需要准确把握机会，坚持顾客导向，深入了解顾客需求，对顾客的需求做详细的研究分析。很多成功的高职学生创业项目服务对象就是学生群体，这是因为创业者对于这部分顾客有深刻的了解和分析，对顾客需求有长期的感知和思考，提供的产品和服务能够很好地解决痛点，被市场接受认可。而绝大多数高职学生创业失败的项目，就是因为对需求感知不准确，没有找到真正的市场机会而导致失败。

（2）创造性地整合资源

资源整合也是创新，创业的本质是资源整合，熊彼特认为"新的组合"本质上也是资源整合。创业者不可能准备好所有资源后才开始创业活动，往往要在资源不足的情况下尽快把握市场机会，这时创业者必须充分利用现有资源，创造性地整合资源，弥补存在的资源空缺。

创业资源种类很多，包括：资金资源、人力资源和物质资源，有形资源和无形资源，可变资源和不可变资源等。创业者需要具备的知识技能、社会关系网络、组织管理能力、市场洞察和把握能力等资源，这些创业资源具有无形性、不可具体衡量性，但却是创业成功必需的创业者资源，在合理地运用这些资源的基础上，成功整合到资金资源、人力资源和物力资源，才能为创业活动奠定成功的基础。

资源本身具有流动性和逐利性，当今时代资源流动范围跨越了国界，突破空间、组织和制度等方面的限制。虽然加剧了竞争的积累程度，但创业者也可以在更加广阔的范围内开展资源整合，用有创造性的创新思维看待资源禀赋，兼顾资源及各个利益相关者的利益诉求，有效地引导资源流动和整合。

（3）价值创造

要把握住创业活动的机会，满足顾客需求，实质是要实现价值创造，向顾客提供有价值的产品和服务,通过产品和服务使消费者的需求得到实质性的满足,最终促使价值交换关系的产生。创业活动的价值创造强调对社会和经济发展的贡献,强调对人们物质生活和精神需求的满足。创业者的创新活动只有突出价值创造才有意义,才具备生存和发展可能性。

(4)超前行动

创业活动强调机会导向,这就决定了创业活动时效性很强,创业机会可能转瞬即逝,必须突出速度,做到超前行动。创业机会不会持续存在,也无法在短时间内有效把握并做出应对,需要创业者提前做好准备工作。

综上所述,创业就是创造和整合某些资源,然后将这些资源持续变现创造价值持续发展的活动,进入一个行业就需要塑造整合新资源以保证有足够的竞争优势和一定的市场份额。

(三)创新创业

1. 创新创业的含义

创新创业是指在技术创新、产品创新、品牌创新、服务创新、商业模式创新、管理创新、组织创新、市场创新、渠道创新等方面中的一点或几点进行创新而开展的具体活动。

创新是创新创业的特质,创业是创新创业的目标。创新创业是基于创新基础上的创业活动,创新强调开拓性与原创性,创业强调通过实际行动获取利益,创新是创业的基础和前提,创业是创新的体现和延伸,二者的有效结合才能成为创新创业活动,可见创新创业活动是通过具有开创性的活动,实现价值体现或利益回报的过程。

2. 影响创新创业活动的因素

(1)必要的创业资源保障

要想把握创业机会就需要及时尽快地开展创业活动,这时创业者只需要判断是否具有两种基本资源即可:一是行业进入的基本资源,二是竞争所需的差异性资源。

创业资源包括:业务资源、客户资源、技术资源、管理资源、财务资源、行业经验资源、行业准入条件、人力资源条件。业务资源是新创企业赚钱模式是什么;客户资源是产品和服务的消费群体,是谁来购买;技术资源是赢取客户的信赖依据的是什么;管理资源是指创业者的经营管理能力水平;财务资源主要指创业者所需的启动及运营资金,包括新创企业的营收水平;行业经验资源是创业者对该行业的知识积累与经验积累;行业准入条件是企业或项目不受政策制度限制和约束,没有进入壁垒;人力资源条件是指新创企业是否有合适的专业人才和创业团队。创业者开始创业活动时不需要100%的具备所有创业资源，但需要具备一些关键资源，并可以通过市场化方式来获取其他资源。

（2）深思熟虑考虑创业活动

创业者在开始创业活动之前要认真思考从事创业活动的目的和意义、评估开展创业活动的条件：

第一，创业目的是什么？创业者的创业决心和风险承受能力如何？对于利益取舍是否有准确评价？

第二，创业者素质能力评价，专业技术、能力特长、知识储备、经验积累、抗压能力、身体素质等能否应对创业活动的较高要求？

第三，创业者掌握的核心资源是什么？是否具备市场竞争力和实现商业化的价值？创业资本、运营资金、客户资源、商业管理能力、行业竞争力是否具有优势？

第四，创业者可承受损失有多少？是否准备好相应的物质、精神储备以应对创业初期的压力？

第五，创业最大的风险是什么，最坏的结果是什么能否承受？面对风险一定要有充分的心理准备，避免造成信心动摇。

失败的高职学生创业者，都是因为创业前准备不够，分析情况过于乐观，准备条件不充分，只设想创业成功，对于创业风险预估不足。作为高职学生创业者除非市场机会非常明显，储备资源满足基本需求，一般可以适当等待资源的积累，帮助初创者真正了解创业活动。

（3）先有业务，再创业

创业是目标导向型活动，与创新有所区别。创业者在创业之前，一定要有明确的创业方向，再开始具体活动。选择明确进入行业后，要先收集信息、积累经验，作为毕业生可以先入行业企业工作，以积累经验与相应资源。等行业知识、实践经验、客户资源、盈利模式基本具备成熟后，再创业成功的概率就会提高。

（4）经营能力最重要

创业最重要的是创业者个人经营能力，特别是业务能力。对于创业者而言，不断打造自己的经营能力至关重要，学做业务是经营能力重中之重，是开始创业的第一步。

（5）内部创业更容易

企业不断发展需要新项目更新作为依托，企业会选择忠诚度较高的人负责企业的创新创业项目。许多创业者在进入企业后，通过一段时间的工作会积累丰富的经验，也会发现一些创业机会，这时他们可以建议老板从公司发展角度投资新项目，自己成为项目的负责人或合伙人，这种模式就是内部创业。内部创业有很多有利条件：能够获得原单位资金支持、相对成熟的管理指导、优质资源的共享等，这样可以使得创业项目更容易成功。

二、创新创业的意义

（一）缓解严峻的就业压力

全国高职院校毕业生就业率为 70%左右，未实现有效就业的人数众多。有必要开展持续创业教育，树立正确职业理想、就业择业观念，帮助年轻人用创造性思维应对社会竞争，主动寻找和拓宽就业渠道。

（二）适应市场经济发展

城乡产业结构不断变化调整，劳动力的转移和职业岗位的转换，对于从业者的要求已经从具备基本的职业从业技能向同时具备新技术、新工艺的实施以及新产品的开发和创造能力转变，创新创业能力成为从业者的基本要求之一。

（三）推动创新型国家建设

在人才强国战略背景下，创新是民族进步的灵魂，是国家兴旺发达的动力，创新创造能力是一个国家综合国力体现的重要标志。拥有创新能力和高素质人才的国家将具备巨大的发展潜力，成为国际舞台上有力的参与者，近年来国际国家间的矛盾与冲突，都反映出创新人才培养、科技创新的重要战略价值，是综合国力提升、社会发展的重要推动力。

三、高职学生创业的主要形式

在人才强国战略背景下，当前高职学生受创业资源和创业经验的限制，一般采取的创业形式应符合"低成本试错"的原则，可以采取开店、连锁加盟、高科技领域和智力服务领域四种主要方式。

（一）开店

开店是高职学生利用对同龄人消费习惯的了解，以及学校人脉资源来从事创业活动。这种方式可以充分利用周围的学生顾客资源和校园人脉优势，利用的是人际关系资源，是比较简单、容易实现的创业模式。其营销方式也比较简单，通过校园海报张贴或利用朋友间关系营销宣传即可得到很好的效果。

（二）连锁加盟

连锁加盟的成功率相对较高，高职学生创业者创业资源不足，特别是创业经验欠缺，甚至缺乏最基本经营管理知识。通过连锁加盟可以获得加盟品牌相对成熟的技术设备、相对低成本的人员培训和经过一定市场检验的经营管理模式，规避创业过程中的部分问题和阻碍，减少创业者的风险。但连锁加盟缺乏后续持续发展扩张的空间，模式单一僵化，不利于自有品牌建立和产品服务的持续更新开发。

（三）高科技领域

高职学生创业者接受良好的教育，专业科学知识储备厚实，易于专业领域发现并取得创业的机会。作为高职学生最新信息、最前沿科技，具备在高科技领域创业的明显优势，而且在校期间通过高职学生创业大赛等的活动积累了一定的实践经验，形成了创业团队，这都对于创业成功有促进作用。

（四）智力服务领域

高职学生创业者可以利用个人技能通过智力服务进行创业活动，这类型创业最大的特点是创业成本低，主要消耗的是创业者的知识储备和经验，可以帮助高职学生创业者积累创业经验，为持续的创业活动积累资金资源。

四、高职学生创新创业能力的提升

（一）创新意识

1. 创新意识的含义

创新是对已有的资源（包括人力、物力、财力等），在一定情境下，进行改进或重新创造新的事物（包括方法、元素、路径、环境等），并获得积极效果或影响的行为。创新的动机从人的角度看，分为有意识的主动创新和无意识的被动创新两大类，贯穿于人类社会全过程，是人类不断创造物质文明、精神文明等并持续淘汰落后思维意识、制约事物，创造具有相对先进性、能产生一定社会价值或经济价值的人类活动过程。

创新意识是人的自觉行为，指根据社会发展趋势和人的需求状况，引起的改造现有的或创造新的事物或观念的动机，并在整个创造活动中（包括设想、实现、反思）表现出的意愿和设想[1]。创新意识是人对创造新事物活动本身与新事物产生的价值性、重要性的一种认识水平、认识程度以及对新事物的判定标准，并以这种判定标准来规范和调整自己的行为活动。创新意识能

---

[1] 卫桦，何真宗. 创业指导［M］. 北京：现代教育出版社，2012.

够产生明确的创新目标、具体的创新价值指向、稳定的创新需要并自觉产生创新推动力量。创新意识是一种积极的、有价值的意识表现形式,是产生创造性思维和创造能力的前提,是创新创业活动的起点。

2. 创新意识的影响因素

创新意识的产生受到诸多因素影响:领军人物、创新团队、知识储备、科学仪器、科学技术、创新体制、创新文化、人才培养。

(1)领军人物

创新想要成功,首先就是人才,没有像田中更一、王选等这样的领军型人物,汉字激光照排系统等创新不可能成功,所以说人才是第一要素,创新的关键在人才。

(2)创新团队

创新需要把多方面的知识结合起来实现目标,需要团队,以领军人才为中心形成一个紧密合作型的攻关团队,进行互相交流、互相促进,才能取得创新成功。

(3)知识储备

除了领军人物、创新团队,还需要知识储备。应该建立庞大、完整的机构,把知识收集、整理、凝练、存储,让各个相关者参考利用。

(4)科学仪器

巧妇难为无米之炊,没有好的科学仪器设备,解决重大发现,实现创新是比较困难的。

(5)科学技术

科学仪器不能简单靠引进利用,这个过程综合成本很高,如果我们能够自己生产,经济性就会很强。所以提升创新能力,需要扎实的科学技术基础。

(6)创新体制

创新需要好的保护体制,这有助于创新取得成功,刺激创新创业活动和行为不断产生,必须重新审视创新体制的价值。

(7)创新文化

创新需要崇尚创新的文化,创新文化环境对国家、企业、个人的创新活动影响巨大;创新文化的形成可以在全社会形成宽容的环境,包容创新创业失败;创新文化还能吸引更多人参与到创新创业活动,整合更多优质资源。

(8)人才培养

创新成功人才是第一要素,是创新创业活动成功的关键。政府和企业必须关注人才培养,积极搭建创新创业实践平台,通过实践发现人才,选拔人才，培养人才，让人才在实践中成长。

（二）创业精神

1. 创业精神的作用

具备创业精神，最大的好处就是在精神上激励创业者为实现创业者不断突破自己，创业者在逆境中找到突破口，让人不断振奋。创业的过程能够磨炼人的心智，创新精神能够在人的主观意志中起重要作用，让人们在遇到困难，不断突破自我，找到更好的解决方法，从而实现创业梦想，实现个人的自身价值。

良好健康的创业心态和创业精神有助于创新创业活动的成功，作为创业者，首先培养创业精神一定要有不怕苦不怕累的精神，一个乐观的心态；培养创业精神一定要有强大的内心，不能遇难则退；创业精神、经验都是从小的创业开始做的慢慢开始积累，要改变心态，能够从小事做起。

2. 创新创业精神培养

（1）构建创新创业愿景

愿景即前景，是一种可实现的设想。构建创新创业愿景就是建立创新创业活动目标，是创业者对未来发展的一种期望[①]。能够培养无限的创造力，激发强大的驱动力，创造更多未来的机会。

（2）实现以目标为导向

设定创新创业目标，设定行为标准并且为达到标准而努力工作。为实现创新创业目标，投入大量的时间、精力、资金甚至改变生活方式。

（3）持续不懈努力工作

为创新创业目标投入大量的时间、物力、财力和精力，并且具有能够长久坚持不懈地工作的能力。努力工作增加成功的可能性，是实现创新创业活动经济价值、社会价值的重要方式，也是创业者自我成长，增加人生阅历、体现人生价值的重要手段。

（4）建立自信，学会坚持

自信是对自身力量的一种确信，对完成某项任务的肯定，能够实现所确立的目标。建立自信需要有丰富的实践，实践经验的充实有助于自信的建立。创业者自身自信的建立，可以对创业活动的其他参与者产生积极的影响。

（5）能够积极应对失败

从容面对失败，从失败之中汲取经验与教训，并挖掘新的机会和发展，

① 丛立，陈伟. 大学生就业指导［M］. 北京：北京理工大学出版社有限责任公司，2021.

是创业者积极态度和应对能力的最好体现。创业者必将面对很多次失败，因此需要有面对失败的勇气和总结反思失败的能力。

（6）积极主动承担后果

创新创业活动会有很大的可能会出现波折和失败，创业者要主动地对成功或失败承担责任，不论成败，不能逃避。

（7）学会倾听

倾听不是简单地用耳朵听，是以一种开放的心态放下自我，客观地看待事物。创业者自己努力奋斗承担责任的同时，倾听专家和先行者的建议和意见。

（8）言行一致，诚信为本

真诚是最重要、最有效的手段。"信"既守信用，"言必行，行必果"。承诺别人的事，就要尽力办好，所以人说话办事要有分寸，不能信口开河，承诺能力范围之外的事情，以致失信于人。

（9）勇于承担失败风险

风险就是不确定性，生活中处处有风险，创新创业活动失败风险更大。创业者面对风险就要提前准备，做好应对预案。创业者承担风险不仅仅是要面对失败的危害，重要的是先做风险研究，再做决策，从容面对可能出现的不利情况。

（10）培养决策能力

创业者决策包含决定和选择两方面任务，决策有两种方式：一是靠直觉作出决策，这种能力源于在实践活动中的经验积累；二是靠科学方法作出决策，需要掌握一定的理论，遵循必要的程序。决策能力体现在对问题的界定、挖掘问题产生的各种原因、制订解决问题的方案、对后续影响的判断以及良好的执行能力等。

3. 高职学生创业精神

增强高职学生创业信念、认知，培养高职学生创业精神，可从以下几个方面进行。

（1）通过建立校园创新创业文化，营造文化氛围，塑造学生的优秀创新创业品质，提高学生的创新创业热情。

（2）培育创新创业人格，增强创业精神，建立谨慎自信、不屈不挠、进取心强、坚持不懈等特征。

（3）勤于实验观察，树立创新意识，努力发现兴趣点，激发求知欲，培养创新意识。

（4）通过模拟实践，积极参与科研项目和竞赛培养创业精神，去学习、去运用、去反思，在实践活动中体验真实感受，强化创业意识，确立创新创业信念，明确创新创业风险。

（5）努力学习专业知识，掌握创新思维方法，构建良好的知识框架和结构。

（三）创新思维

1. 敏锐的洞察思维

（1）洞察思维

洞察能够发现内在的规律和意义，观察得十分透彻。比如华为的任正非在美国对华为采取限制之前就已经开始了自主研发的鸿蒙系统，尽管公众对美国政府突然对华为的禁令颇感意外，但是对华为已经自主开发操作系统并已经具备在手机、平板、电视等终端应用的前见之明和未雨绸缪更为吃惊。而与华为总裁任正非多年对行业洞察紧密相关，几百篇公开的内部讲稿就是最好的证明——从华为的总部深圳、到整个中国，再到东南亚、非洲、欧洲、美洲，以至于全世界范围地观察和分析，从研发、市场、服务到人力资源、战略，从物理学、化学、数学到心理学、哲学，从交换机、通信设备、移动终端到人工智能、物联网，从 2G 到 5G 历经的整个过程，仅仅只是公开的讲稿所涉猎的深度和广度就让人赞叹不已。任正非提出用物理学中的耗散结构来经营管理公司，用都江堰建造时的思想制定企业战略方针，正是这种跨领域、跨学科的思维方式帮助华为提升洞见行业本质和处理不确定状况的能力。

多数企业创新者都是积极观察者，观察现有事物的变化和异常，寻找可以改进的任务和更好的解决方式。美国著名设计公司 IDEO 的总经理汤姆·凯利（Tom Kelly）在他的著作《创新的艺术》中指出，创新始于对日常生活的观察，在看上去自然的东西上挖掘，慢慢会有改变常规的能力，通过观察蛛丝马迹、与孩子交流、开展人性因素的观察等方式，发现各类商品和服务改进的可能和各种意想不到的见解。

几乎所有的商业创新都包含着对生活和世界的观察，如短短 6 年时间累计用户人数超过 8 亿人次的国内社交电商平台拼多多，在 2020 年活跃用户人数首次超过了淘宝，成为国内最大电商平台。试想，如果拼多多沿用淘宝相同的模式，毫无创新创意，想必也无法在淘宝、京东等各大电商的激烈竞争中脱颖而出，实现逆袭。拼多多创始人黄峥在多次访谈中被问及如何产生创立拼多多的创意和想法，他的回答耐人寻味，是展示创新者观察特质最好的示例之一，他的答案是这样的，在家休息的时候，观察和思考到这么几个方面，第一个观察是看到智能手机出现以后对人们日常行为带来的巨大影响，特别是移动支付和畅通的物流体系逐步完善和进一步应用；第二个观察是团队原本做的游戏软件用户主要是面向多数男性和少数女性，而对于女性真正主流的游戏就是购物，并且大部分时候购物注重的是体验和感受，拼多多即是基于创始人团队已有游戏平台建设经验的社交电商模式（"拼"），加之将游戏化的快乐元素和购物体验（"多乐趣、多实惠"）找到一个较好的交叉融合点；第三个观察是社交平台使用时间越来越多的同时带来流量背后的巨大商机。这种创新是基于对移动互联网如何影响和改变老百姓日常生活的深刻洞察，基于对女性购物行为和需求的观察和思考，当然也是一个将游戏从以男性为主的应用场景迁移到以女性为主的购物场景的一种创新方式。

（2）训练要点

观察思维的培养是为了具备敏锐的洞察力，以帮助学生具备在未来发现问题、寻找机遇或是察觉危机和挑战等的基本能力。如何培养观察思维，这里列举几种常见的方法：

① 求同思维

学会比较和识别相同之处，如从两段新闻中，把出现过的有关"在线教育受欢迎"的相同原因归类，理出中美贸易摩擦中，哪些是中美两国认同的共同利益（这一部分是有可能达成的）。

② 求异思维

比较两种相同事物的不同之处，如从两张相似的图片中找出几处不同之处、从两个相似的案例中比较不同之处、从两种相似的商业模式中比较不同之处、比较双胞胎的不同之处等。

③ 逆向思维

逆向思维是指站在当下情境的对立面，即相反的方向去看待问题，反向思考和看待问题。这里举例一个曾给学生出练习题：结合当下的新冠疫情，请从衣、食、住、行、娱挑选其中之一，来谈谈如何不浪费一场危机，当一件不算太好的事情发生时，不要只看到劣势，要逆向思考想想，难道对所有人所有场景都是坏处，有没有什么提高了，比如对健康的重视，对公共卫生的重视，那么在生物医药领域产业投资很可能会加大，后续可以有相关的推断。

④ 发散思维

发散思维是由美国心理学家 J.P.吉尔福特在《人类智力的本质》中提出来

的，从流畅性、灵活性和独特性出发，提出从不同角度、不同层次、不同方向进行探索，从而提出新的解释原因、新的方法、新的结构、新的功能等，开放性是它的重要特征。如头脑风暴是较多使用的方法，比如请在白板纸上尽可能写出互联网的作用，穷尽所有能想到的点，把它写出来，尽可能地发散，通常在寻找思路初期用得比较多。

⑤ 收敛思维

收敛思维与发散思维刚好相反，它是把不同角度和不同层次的信息聚集在一起，进行组织和重整，是一种将开放状的信息转向相对集中的状态。比如在刚才发散思维之后，大家把所有跟学生有关的点聚集在一起归类，也就是现在焦点变成了互联网作用中与学生有关的所有信息，信息得到了聚集，这种方法在找问题、找特征、梳理观点时极其有效。

2. 较强的问题思维

（1）问题思维

创新的本质是发现和解决问题，问题是激发创造性思考的重要导火索，有时候找到问题即是找到了通向更好解决方案的钥匙。国内著名经纪人杨天真在每一次面试公司新人的最后，都会向对方提问"你有什么想问我的吗"，如果对方回答说"没有"，她基本不会录用这个人。提出问题的背后是积极的观察，带着推陈出新的心态与对方不同的视角思考问题，刨根问底且常常是富有意义的提问。比如加拿大有家医疗公司专门研究采用非常规的方式使用常规药物，创始人威廉·亨特（William Hunter）首创了药物涂层手术支架来避免和预防血栓发生，区别于普通的支架生产商"如何才能做出更好的产品"，他的提问更指向造成原有问题的根本，"为什么手术会失败，是有何不良反应"，并且好的问题将帮助它们靠近更优方案，不断地追问和尝试帮助解决产品的痛点，造就了产品不断创新和迭代[①]。

之前所提到华为未雨绸缪自研芯片、自创系统的案例，源于华为团队对于未来手机及通信领域发展变革下公司极有可能遇到的问题和假设所做出的充分准备。华为在至暗时刻下的海思公开信中可见，华为在多年前就开始做出了美国新进芯片和技术不可获得的假设，华为如何为客户持续服务并能继续良好发展，没有芯片和无法生产这是在极限环境假设下华为面临的最大问题，因此必须要有自己的芯片和技术，才诞生了海思麒麟处理器。而鸿蒙系统则是假设华为原合作的谷歌系统不能正常使用，即使有了自己的芯片但没

---

① 汪歆萍，熊丙奇. 高职学生创业 [M]. 上海：上海交通高职院校出版社，2001.

有自己的操作系统,手机或相应终端设备无法运行下的难题解决方案。

对现状质疑、对常识质疑、对产生原因质疑……主动积极地提问和打破边界是创新者的一种常态。正如 PISA2021 将要加入的创造性思维评价,其中解决社会问题和科学问题将是考核的重要标准,但是解决问题的前提是先要发现问题。阿里开创初衷是为了让天下没有难做的生意,网易最初创立考拉海购是为了解决跨境消费需求;网易严选则是通过 ODM(原始制造商)的方式提供高性价比的商品,同样发现和解决性价比问题的公司还有无印良品、优衣库、名创优品等;而在疫情下网络直播模式异常火爆来应对疫情对购物场所和环境人流限制或减少所产生的影响;在教育创新中,麻省理工的可汗面对解决如何让辅导的亲戚孩子们多人不同步在网上能够反复观看相应视频的问题,最初是简单通过上传视频到 YouTube 的方式,而后为系统解决个性化学习问题,建立了面向全球免费的学习网站,录制上传视频,根据不同需求加入测试,鼓励及针对学生、老师、家长开设不同的网页通道等,问题往往是创新的指引。

(2)训练要点

问题思维与观察思维其实是相辅相成的,有观察才能发现问题,发现不协调,发现不合理、不符合常规、不明确,进而有疑问,这里还是根据布鲁姆的 6 个不同层次的目标,从知道、理解、应用、分析、评估、创造出发探索如何提出有效的问题,这里以老年人和科技产品为例举例。知道:从了解信息的角度提问题,比如问谁、什么时候、哪里、什么事情、定义、某件事名称或人名等,比如老年人的定义是什么、几岁可以被认定为老年人,科技产品是什么,老年人什么时候、在哪里可以用科技产品等。

理解:从了解原因、运行机制、能够描述某件事物等角度提问题,比如老年人为什么要用科技产品、他们怎样用科技产品、他们使用科技产品的场景有哪些等。

应用:将原理放在某个情境中去分析和使用的角度提问题,比如举例 10 个老年人和科技产品有关的场景。

分析:从区分和辨别不同特征、情境下等角度提问题,比如为什么有些老年人会用科技产品,而有的老年人不会用,并将老年人细分为几类。

评估:从为什么喜欢、为什么不喜欢、为什么采取 A 措施、为什么不采取 B 措施等不同视角去提问题,比如为什么老年人会使用电话功能,但不会使用微信的语音功能,为什么老年人会看抖音,但是不会使用其他类似手机视频软件等。

创造：创造一个新的事物，比如创造一个可以像电话功能一样方便使用的快捷键，点击之后可以打开微信的语音，方便老人像使用电话功能一样，在无线网络下，可以使用微信语音功能。

3. 紧跟时代的协同思维

（1）协同思维

企业创新是为当下和未来社会发展服务的，只有考虑到时代的基本特征，才能够在这个基础上思考国家、行业、企业和个人如何创新以顺应时代的变革发展。根据国家统计局数据，2020 年中国的 GDP 总量首次超过 100 万亿元，占世界 GDP 比重约为 17%，万亿元城市突破 23 个，排名前十的城市分别是上海、北京、深圳、广州、重庆、苏州、成都、杭州、武汉、南京，其中前六个城市已经突破 2 万亿元，而全国人均 GDP 也已在 1 万美元以上。

对比 2000 年，彼时中国的 GDP 总量为 9.9 万亿元，占世界 GDP 比重的3.6%，排名第 6，经过快速增长的二十年，中国的 GDP 总量已升至世界第 2位。可见过去两个十年，中国经济实现自身增长的同时对世界经济的影响力也在大幅提升。根据国家外汇管理局数据，中国的外汇储备在 1950 年、1990年、2000 年、2020 年分别是 1.57 亿美元、110.93 亿美元、1 655.74 亿美元以及 31 154.97 亿美元，从惊人的翻倍数字中可见 2020 年中国对外贸易的发展新格局与 2000 年的对外贸易现状和形势截然不同。

企业创新往往是识变下的应变，不怕提问题，就怕找到了解决方案，问题不是个真问题还是找错了方向，真问题往往是在时代鲜活的变化中显现出来趋势所向，而这一切需要紧跟时代步伐，当主动求变的积极意愿超越了对于外界环境变化给自身压力的负面影响时，基于现实分析的谨慎而果敢才可能与时俱进。2020 年年底中国也已实现基本脱贫，国民生活基本矛盾已经转向人民对日益增长的物质文化需求和美好生活的向往，老百姓的消费内容不再简单地围绕着满足基本的衣食住行，开始聚焦"高、新、优、特"精品，热衷于国内外高品质商品的火爆购买景象即是最好的例证，比如中国游客在日本排队疯狂购买马桶盖，文旅市场开始火爆，电影票房屡创新高……现象背后，是时代和社会正在经历的一场深刻变革——消费者钱包鼓了，精神需求更加丰富了，这是人均 GDP 超过 1 万美元的社会都曾面临过的社会转型问题，商业也面临着全新的赛道，市场也变得更为精细化。比如 2020年较为火爆的直播带货，财经自媒体吴晓波频道在《2020 新中产白皮书》中指出，75% 的中产并没有直播购物的习惯，而这种购物模式的常用人群更多的是 85 后、90 后，并且多数分布在二线城市，也就是与时俱进不仅仅要像望远镜一样看到长远趋势，也意味着要像用显微镜一样看到精细化的分布和变化。

紧跟时代也意味着要摒弃对固有观点的执念，不仅仅"与时"更要"俱进"。要不断采取实际行动贴近现实，深入实践现场、创业的第一现场去，需要更多地看向崭新的未来而不是辉煌或是残败的过去。在众多商业案例中，富士和柯达胶卷截然不同的战略选择堪称创新案例研究的经典，1998年，柯达公司发明了数码相机技术，随着互联网和数字化技术的不断发展，数码相机逐渐普及并大概率替代传统相机的趋势已然就在眼前，作为领域老大老二的柯达和富士需要对可能面临的颠覆做出选择。令人意外的是两家公司的战略截然相反，为了保住自己在胶卷市场的已有的份额和利润，柯达在全球寻找到当时在相机领域市场世界市场份额仍在增长的中国，作为其业务发展的重心，而忽视了数字相机给人们生活带来的便捷性及其颠覆胶卷相机的必然趋势；另一方面，富士几乎放弃了胶卷业务，把光学领域的优势积累迁移到光学薄膜技术业务的产业链应用上来，如医疗器械、美容产品、打印技术等。自1998年到2012年，柯达公司市值从310亿美元到21亿美元，在2012年底宣布破产，而彼时的竞争对手富士公司仍以250亿美元市值，名列世界500强，这是同一领域的两家大公司在面对时代变化选择是否"俱进"的不同结果，富士用看向未来的眼光、魄力和实际行动践行了与时代同行的创新改革和重建，并在光学薄膜领域获得了重生，创新者需要拥抱时代以免于被时代所淘汰。

（2）训练要点

这种能力反映出的特征就是与时俱进，而阅读、关注社会和联想是与时俱进的必备条件，阅读是保持大量的信息输入，联想是保持知识与应用场景的联系，其中最为重要的是保持阅读的习惯。马斯克在多次访谈和演讲中提到阅读习惯的重要性，2015年，他接受邀请清华高职院校前经管学院院长钱颖一教授对话时，他分享读很多书，多做很多实验是他认为的学习的秘密。多读书，读纸质书，读电子书，大量的阅读之后，当时代有新的事物产生时，会马上用求异思维找到不同点，有新的发现。

因而，只是读书还不够，应参与实践，积极了解外部世界的变化，通过书籍、音频、视频及其他新媒体方式知晓和理解这个世界的历史，现在和未来。而联想的能力和迁移能力有关。另一个与协同思维有关的就是与人合作思维和能力培养。这里的合作对象指的是同学、老师、家长、朋友等一切可以寻求帮助或获得支持的人和物，甚至可以是人工智能（AI）。同伴之间可以相互合作，相互鼓励，相互学习，使独立的个体创新在团队中有了支持的力量。很多时候，共同协作创造的结果优于独立思考，它会增强了学习目标感和信心，有效促进学习效果，应继续倡导小组学习、合作学习在课堂的应用活动中的作用，不能让"想有同伴和团队，但是团队成员很多时候没有各尽其职"情况发生。比如可采取"个人问责"等方式，强调个人在组织中应有的努力和付出，鼓励每个学生成为有责任感、可被信任、被需要的合作伙伴；再者，要量化责任感教育，无论是公共课还是专业课，尽量渗透在所有教程中。在小组结对前，强调责任感培养的学习目标，说明责任感的考评标准，引导学生积极看待责任感；最后，可树立典型榜样，让师生争做有责任感的合作伙伴，定期讨论、分享小组合作中的经验和体会，营造相互关爱的氛围，为创新提供最大支持。

4. 迅速而充分的工程思维

（1）工程思维

① 技术思维

创新者往往能迅速地拥抱技术，最新一轮的技术革命和创新在过去二十年得到了充分的场景应用，通过技术解决产业链产品创新的痛点、爽点，移动互联网、人工智能、大数据与云技术使得人们生活更加智能，城市更加智慧。十几年前，国内不少城市就已经开始运营公共自行车，那为什么摩拜单车、哈啰单车还是有了进入市场的机会，因为移动互联网支付解决了共享单车想用但是不方便这一"最后一公里"的问题，原先公共自行车多需要到指定地点办理租借卡片，并缴纳押金，不算简单的使用前准备让公共自行车一直处于不冷不热的状态，而摩拜单车等创新公司的创始人借助移动互联网技术所带来的支付的便捷性和共享自行车给短途出行带来的巨大便利释放了公共自行车潜在而巨大的需求，尽管由于自行车投放管理的问题给城市治理带来了不少负面影响，但是共享自行车的创意及其社会应用价值很大，其他共享经济还包括共享汽车、共享充电宝、共享房屋、共享医疗新业态新模式均得益于各自领域共享技术的应用，使得闲置资源充分利用的广泛需求被激发和满足，摩拜单车和哈啰单车均是在 2016 年创立，而移动支付广泛普及大约是在 2015 年，可以说是用最新技术应用解决了痛点和爽点的。

创新者往往会充分地应用现有技术并将之发挥到极致。2007 年，苹果公司用触屏技术和数码相机技术重新定义了手机，即手机可以分为智能手机和传统非智能手机，而这两个技术的开发者并不是苹果，而是诺基亚和柯达。一部轻巧的手机包含几百个零件，产业链分布在全球几十个国家，产业链生产线上的专利不全属于苹果公司，但是苹果公司用全球惊人的销量、核心技术和资本基本统治了整条产业链，并且能迅速发掘和获得相关专利技术，数据显示，核心供应商中，美国供应商只能排第二，最多的供应商来自中国的台湾地区，之后是日本、中国大陆、韩国、中国香港，剩下的供应商基本分布在欧洲地区，包括德国、芬兰、奥地利、荷兰等国家。除了自主研发破坏性技术，如何结合自身产品使得延续性技术得到充分利用，即对已经出现的技术在自身产品发挥最大价值也是技术创新和应用的重要场景之一。

创新者应当重视大数据技术应用为各类创新的必然选项，所有的创新公司都应视公司数据为重要的资源要素。数据的价值再怎么强调也不为过，通过数据可以发现问题，定量问题，并做好预测和解决方案。以算法为核心技术的新闻客户端今日头条 App 获得的成功让传媒界目瞪口呆，字节跳动的张一鸣如果用网易新闻、搜狐新闻同样的技术方法，几乎是很难与以上这些大公司同质化竞争的，另辟蹊径在获取不同的客户数据之后，通过算法建立人与信息的联系，通过感知、记录用户的行为动作，计算用户的使用规律，经过大数据分析分发和推荐给相应的用户群体，是今日头条在众多新闻类 App 中崛起的重要原因。技术不仅仅是互联网公司真正的竞争核心所在，在一个被 5G、人工智能、云技术、机器人和物联网包括的时代，任何创新之前，都应该设想这样的问题，"有什么技术可以促进当前事物的创新发展"，提升了效率和产能，或是带来更好的用户体验，而在一个数据化的世界里，数据思维则是创新者的基本素养。

② 探索的工科思维

工科是充分运用数学、物理学、化学等基础科学的原理，结合生产实践所积累的技术经验而发展起来的学科，工科思维的精髓所在是解决问题，与日常生活联系较为紧密、直面问题且十分具体，比如修桥架路、工程建设等。工科思维也常常用来系统地解决复杂问题，问题难度越大，参与者的成就感越强，通常工程思维与创造性活动相联系，应用工程思维及所掌握的或观察到的事物、技术及方法想象和重建人类的世界，更多强调的是探索、发现、改进和完善的过程，而不是对已知信息的记忆。

多数工程实验提出理论和假设，进行实验，分析和再验证等，从根本上来看是对反馈和迭代的处理过程，不仅仅需要工科背景，也需要具备工程建设中的设计思维、数据思维和系统思维等。细看全球创新公司的领袖，基本都有工科背景。

2018—2020 年美国知名创新评价杂志《Fast Company》评选的前 10 家创

新公司创始人的学习背景或公司进入创新榜的理由，一方面，这些公司创始人们所学专业大多数分布在计算机、化学、物理学、食品工程等工科专业，也有几位与设计接触紧密，设计思维是在工程设计中创造性设计时必要的一种思维方式，也是工科思维的体现。特别值得一提的是华盛顿邮报，自 2013 年亚马逊收购了《华盛顿邮报》，贝索斯领导设计了邮报的网站和 App，并开发了能够应用于数据挖掘和分析的软件，将报纸重塑成全新媒体，这背后也是一种工程设计的思维。

（2）训练要点

工程思维的落脚点在"工程"，是以"解决问题"为核心的思维方式，给你一个问题你去找到一个解决方案，不管什么方式，只要能解决问题都是好的，目标指向培养学生解决复杂问题的综合能力和高级思维，特别强调"复合"和"应用"。所谓复合，即动用所有习得的跨学科知识，整合已具备各项能力和素质，集中力量解决一个问题，是知识、能力、素质的有机结合，并且能够厘清各种相互作用，相互依存关系的能力，通常是非线性的一种多元视角思考方式，体现了一种系统思考的能力，在课程设置中设计综合性实验和课程模块，往往会助推学生复合型思维的生成；所谓应用，即建立与现实生活的联系，运用工程思维发现和解决现实生活中的难题，积极参与社会实践，能够大大增加基于社会现实考虑问题的应用型思维，项目式、案例式、PBL 等教学方式非常适用于培养工科思维。另外，工科思维特别强调假设、验证等一系列流程，强调用数据说话，以事实为依据，对于培养数字素养和实事求是的精神也是大有好处，所以增加数字化与课程的融入，用数据分析问题、用数字化手段解决问题也是工科思维培养的常见方式。综上所述，以问题解决为目的，在教学中注重综合性、应用性、流程性、数字化是工科思维培养过程中的主要关注点。

5. 跨领域的迁移思维

（1）迁移思维

迁移，顾名思义是从一个地方转移到另一个地方，必然会涉及知识、技术、能力或可转移的一切要素在不同时间、不同空间、不同国家、不同产业或个人的跨界、跨领域转移应用。不同时间，比如 2000 年前的方法在当下或未来的应用；比如发达国家的先进技术或创意在中国的应用，也不如中国应对新冠疫情的经验、疫苗在国外的推广；比如行为学、心理学的思维方法在经济学的应用，便形成了不同于传统经济学视角的行为经济学；比如同行业间苹果公司将诺基亚的触屏技术应用到苹果手机中；再比如阅读是学习和迁移他人经验的较快路径，美国前第一夫人米歇尔·奥巴马的自传《成为》在全球销量超过千万，反映了读者对米歇尔生活好奇的同时，想要学习如何发现、定义并塑造自己的诉求。当然，这里隐含一个前提条件，就是假如把某种知识（观点）、方法或技术从 A 领域迁移到 B 领域，必须对熟知该种技术，熟知 A 领域该种技术应用的优劣势、能够将该种技术联系到 B 领域，并且能够对 B 领域是否能运用该技术有一个基本的了解和判断，也就是跨学科视野。

知识和能力的迁移是一种重要的创新思维方法和能力，在富有创造性的公司和个人身上极为多见，最典型的就是特斯拉的创始人马斯克，他也被称为跨界达人，拥有多家公司，同时是 SpaceX、特斯拉和太阳城三家公司的 CEO。他擅长于将人工智能、技术、物理和工程领域学到的基本原理迁移到应用领域，物理学背景出身的马斯克，常常将"第一性原理"挂在嘴边，看透事物的本质，要把事物分解成最基本的组成，从源头开始解决问题的思维方式，帮助马斯克建立起强大的思维框架。拼多多的创始人黄峥在思考创业模式时，想的就是如何让公司原有的游戏优势可以与女性市场相结合，女性最大的游戏是什么，是购物的体验，于是社交电商就是一种考虑女性需求的游戏，成功将游戏技术优势和理念应用到面向女性市场的购物平台，打造了一种创新型的网购模式。

迁移能力往往可以带来两个方面的创新，分别是相似性的模仿创新和结构性的系统创新。模仿创新，即学习成功做法并将之应用于目标领域的方法，腾讯创始人马化腾曾说过，"技术上的成功并不等于商业上的成功。我们不应该重复发明，而是要在其基础上开发性能更好或者价格更低的东西。"2000 年前后，中国有一批善于迁移学习的互联网公司，QQ、优酷、新浪微博等的产品模式与国外同类产品在最初有较大相似性，但他们通过面向中国市场的产品开发和改良，至今仍是十分活跃的网站和应用软件；另一种创新是迁移后的跨界融合，使原有领域结构化得到拓展和深化，比如数字化技术迁移到旅游行业打造智慧旅游产品和服务，在线互联网技术迁移到教育行业，构建在线教育平台和课程，与模仿创新不同，这种迁移更多带来的是内部资源要素的重构，往往会有全新的产品和模式。

（2）训练要点

跨领域的迁移思维本质上需要的是联想的能力，这里的跨领域包括时间、空间、条件、对象、学科等的跨界。克莱顿·克里斯坦森等在《创新的基因》中提到，如果能积极练习发问、观察、交际和实验，就可以练出善于"联系"

的肌肉，因而可以说联系是最需要经常练习的能力。那如何联系呢，除了建立时间、空间、学科等之间的联系纽带，还可以有一些实用的建议。

一是要以建立与生活实践的联系为突破口，助推学生练就"联系"大脑肌肉。生活是最大最好的案例和项目集，鼓励学生用所学去解释、分析生活中的实例，以问题为导向和探究项目，将理论应用于真实的生活场景，解释、分析、评价，每时每刻习得联系；教师方面，自身也要增加实践经验，到企业挂职锻炼，考取相关的技术职务等，能够在设计教学活动的时候，有一个丰富的情境假设，企业人员也可以一同参与教学设计，让学生了解企业真实的问题，让学生体验、扮演、沉浸在模拟情境中分析和寻找解决企业问题的思路；通过实验室模拟、校外基地实践，线上线下互动学习，定期组织安排学生参观企业，接触第一线的行业信息，掌握最新动态，学生能够不断完善知识结构和经验，通过接触、分析、尝试解决企业真实的案例（就像硅谷和斯坦福）；学生参加实践社团互动，以赛代学，积极鼓励学生参加创新创业大赛、创业计划、挑战杯、实践性强的学科竞赛，通过大量的实习实践营造创新的环境，积累丰富的案例和项目经验，真正地培育创新；最后，还是需要广泛大量地阅读，使得联系能够更广泛而深刻。

二是要重视音乐课、美术课、体育课等美育、体育等课程，让左右脑都能发挥出最大潜能。教学过程中掌控理性思维的左脑训练通常是为了研究已知的内在规律，而与直觉、情感相关联的右脑则常常左右着探索事物之间微妙的联系。剑桥高职院校三一学院门口，有一棵不大的苹果树，已经成为著名旅游景点，一个苹果从树上掉下来，普通人可能只是看到了"苹果树上掉下来一个苹果"这样一个事实，而牛顿则将这个苹果的掉落与其他一些信息联系起来，最终发现了万有引力定律。公开数据显示，1665 年，牛顿研究了音高、音阶和音色，留下了 10 页手稿，并且牛顿还首先提出了音乐与色彩的通感理论，算得上是创新者与音乐有关的一个人物案例。据说，爱因斯坦的相对论灵感也来自音乐，他本身也是小提琴的爱好者。因而，除了理性思维训练，为了进一步激发人的想象力和创造力，学校要提供和建构更多接触美育课程、体育课程的机会和氛围。

6. 底层的用户思维

（1）用户思维

用户思维在 20 世纪 90 年代提出，即要围绕用户的需求为中心，重点不仅仅是吸引用户的目光和注意力，更重要的是满足用户的实际需求，改善用户的使用体验。克莱顿·克里斯坦森在《创新者的任务》一书中提出了"用户目标达成理论"，他认为创新具有较高的可预测性，通过整理已有资料、市场调研等方式获取更多的用户需求信息，而不是靠运气，反映出他较认同面向用户的创新有较大可能成功或是显现价值和作用。

用户思维往往是一家公司产品经理的底层思维，以围绕着老百姓的衣食住行举例，电商解决了现阶段对"衣"的需求，外卖领域的美团、饿了么等在"食"的领域打通了"最后一公里"，Airbnb满足了短期租用房屋的需求，Uber、滴滴、共享单车让"出行"更为便利。游戏起家的网易公司凭借严选品质的产品和服务在不同的细分市场和领域不断产品创新，网易新闻客户端和网易手机游戏满足移动互联网时代的用户需求、为用户探索安全和高质量的农业食品建了网易养猪场，为消费者扩大收听的广度和泛度的网易云音乐、网易考拉海购和网易严选是满足消费升级下老百姓对国外和国内商品的需求，作为中国领先的互联网技术公司，在网易数次开拓的业务线中也可以看出中国消费者的需求动向。

用户思维不仅仅局限于产品设计、研发和营销等各个商业领域，它也适用于政府治理、教育教学、社会公益等生活的多个维度，以及沟通、交流、合作、展示、调研等多个应用场景。政府治理方面，2017年，《人民日报》刊登过一篇文章，题为"政府网站要有用户思维"，举例四川茂县山体高位垮塌后，政府在第一时间用图文并茂、及时发布、滚动报道的形式对社会的关切有求必应；2016年，浙江提出"最多跑一次"的政务实践创新，在提升效能的同时，取得了群众了良好口碑。教育教学方面，全球各级各类学校都在探索"以学生为中心"的教育理念，学生是教育教学产品的用户，学生成长是教育的目的，不仅仅是知识增长，更需要精神成长，教育部近年正全面推进"立德树人"的课程思政。

而在日常工作生活领域，也常常需要用户思维，《非暴力沟通》一书在很多国家和组织里都产生了强烈反响，著名沟通四要素中排在前面的观察和体会其实就是了解沟通对象的沟通需求。因而，可以说，用户思维应用场景无处不在。

（2）训练要点

用户思维，顾名思义是以用户视角看待问题的思维方式，其目标就是尽可能满足用户的需求并达成用户目标，从用户兴趣点、困难点、利益点出发，寻找在某一特定或不指定场景下根据不同用户的关注点，提供相应的解决方案。比如，金融专业的学生学习，第一，要想清楚未来的发展方向，是国内考研，出国，还是选择工作；第二，选定方向以后，对方的要求是什么，比如国内考研，目标学校的录取要求有哪些，笔试多少分数和排名能够进入下一轮面试，对个人素质的要求是哪些；第三，围绕着这些目标，这些目标其实是你的"用户"向你提出的，当你达成和谐目标时，"用户"就会选择你，出国、工作也是同样的思路。所以，用户思维大致可以总结成这么一个过程，明确对象用户，分析用户需求（兴趣点、困难点、利益点等），连接相应用户，提出匹配相应用户的解决方案，不断地实验和迭代开发，提升用户体验，完善解决方案。

（四）创新精神

创新者除了要具备洞察思维、问题思维、时代协同思维、工科思维、技术思维、跨领域的迁移思维、用户思维等创新思维，可基本界定为智力因素以外，非智力因素，即是否具有创新精神或是企业家精神往往是创新能否产生并成为一种创新实践的关键。美国积极心理学家米哈尔·希斯赞森米哈里伊对几十位卓越的创新实践者和十几位诺贝尔奖得主深入访谈之后，发现创造力人才有 10 种复合型特质，分别是精力旺盛但懂得劳逸结合，聪明且葆有天真，爱玩但有纪律原则，能够在想象、幻想和现实中自由转换，有时内向有时外向，谦逊而又骄傲，男性比同类男性更敏感，女性比同类女性更坚强，反叛而又独立，热情但客观，坦率但敏感。

创新者们展露出创新精神主要表现为超凡的勇气、敢于冒险的精神、强烈的好奇心、极强的执行力、非同寻常的专注力和竭尽全力的勤奋和努力。尽管这些特质并不是在同一个企业家或者创新实践者上体现，如果具备上述的创新思维加之任何一种创新精神叠加都能有超强的创新能力，如"问题思维＋执行力"能帮助企业或组织尽快处理和解决问题，"工科思维＋冒险精神"往往能有新的设计、程序或建造作品出现，"迁移思维＋好奇心"往往会有融合创新或者系统性创新，"用户思维＋专注力"很有可能造就隐形冠军，任何思维和勤奋和努力相结合当然成功的概率也会大一些，以上仅仅只是创新思维和创新精神"1＋1"的叠加，如果是"1＋N"或是"N＋1"，或是"N＋N"，即具备多种创新思维的能力和具有丰富的创新人格，比如 49 岁的埃隆·马斯克，几乎具备以上列举的所有创新思维和创新精神，那么他同时创办多家极富影响力的创新企业也就不足为奇了。

勇气是敢于行动的勇敢和毫不畏惧的气魄，当创新者拥有了勇气，也就迈出了创新的第一步，创新不仅要向外探索，也要向内探寻，正如苹果创始人乔布斯所说，要有勇气去倾听内心和直觉的指引，勇气意味着能够拒绝默认选项。创新创业是需要勇气的，因为创新往往意味着与他人的与众不同甚至颠覆，无数次内心的彷徨，面临选择时的痛苦，有时也有家人朋友的不理解和指责。缺乏勇气往往使企业陷入了窘境，柯达发明数码相机技术却因为考虑短期市场占有率和利润，没有勇气自我革新，走上了破产的命运，诺基亚发明了触屏技术，也没有勇气在手机领域自我转型升级，也失去了原有的行业地位，两者都是具备创新思维，即专业实力和基础，恰恰是因为缺乏挑战自我，从零开始的勇气，错失了最佳的市场风口和时机，在原有领域被时代所淘汰。

勇气往往是对梦想或内心世界的回应，为创新行为带来一种强大的内驱力。2020 年，中国吉利汽车旗下沃尔沃的全球销量相比 2010 年翻了一番，中国地区的销量也是原来的 5 倍，是跨国并购中人和技术实现充分融合的重要体现，而这场跨国并购就是被称为汽车界"蛇吞象"的吉利并购沃尔沃事件。2007 年，李书福第一次去美国底特律谈判的时候，遭到福特高层的明确反对。在数年后的一次访谈中，李书福解释，早在收购的 8 年前，吉利基于对国内外形势和格局的判断做好了未来收购的部署，尽管遭到内部不少人的反对，但是内心对自由参与汽车工业的全过程，参与研发、自由、销售等自己造车的向往驱使他即使排在国内第 10 位，但仍然有敢于收购沃尔沃的勇气。李书福曾对一位中央领导说，能不能给我一个失败的机会，这份勇气背后是执着，是坚定，也是中国汽车工业美好的信心。

1. 冒险精神

（1）冒险精神分析

冒险精神与勇气有较大联系，有冒险精神的人也一定是有勇气的人，比之勇气，冒险精神似乎更多了一点风险，如果说勇气需要更多的是尝试，那冒险更意味着挑战和机会。冒险往往是从 0 到 1 的探索，由大到小，从国家、企业到个人都适用。向外探索海上世界的冒险精神，让英国真正成为海上霸主；打造火星人类基地的马斯克，仅凭 SpaceX 公司构建全球星联网，让地球上的任何一个地方都能接通互联网；1995 年的一个晚上，一个高职院校英语老师邀请了自己的几位朋友在家，向他们表示他要辞职创业，遭到了大家的反对，劝他不要涉及他们听也听不懂的互联网，但是马云最后还是毅然辞掉教师的铁饭碗，从中国黄页开始实现他"让天下没有难做的生意"的梦想，与一般人这在当时绝对是一种极其冒险的行为，但对于在创业前期的企业家而言，这无非是将按捺不住的热情和梦想付诸实践罢了。

冒险精神是让创新者找到自己的多个可能性，其本身也是一种创新，既然称之为冒险，少有前人的参考经验可以直接参考，或者如同不"冒险"吃一下榴莲不知榴莲的真正滋味,不吃一下螃蟹也无法知其美味。青年钢琴家郎朗在一次面对小学生的公开课中谈及,"我不希望自己固定在某一种风格里面,我们还是不要给一个固定的模式,一定要什么都试一下,试完我们才能知道到底有没有这种可能。如果你自己都不相信自己,都听别人说你就只能弹这个,那你什么都弹不了。"对未知世界的恐惧是人的本能,冒险精神算得上在尝试创新时对抗畏惧和胆怯的武器。与马斯克相似,英国维珍公司的创始人布兰森也是一位冒险家,他常常坐着热气球环游世界,挑战极限,他说每次的冒险尝试增加了我从事商业的乐趣,学会如何更好地变革商业。

(2)训练要点

冒险精神、游戏精神是创新突破和持续的动力。挑战和试错是创新的基本路径,最终的落脚点主要还是在课堂。一是要在传统的课程中落实冒险精神、游戏精神的培养,课程在人才培养中的作用之一就是精神的培育,包括挑战、冒险、竞争、自我拓展等;二是探索开发培养冒险精神的课程,学校可根据学校场地情况,选择适合的项目,或与当地校外拓展基地合作,在保证安全的情况下,让学生得到真正的体验和锻炼;三是在实验实践类课程中强调试错精神的可贵。特别是实验课程,往往带有试探体验性质,如果学生能在实验过程中不怕犯错,敢于用不同的方法尝试甚至是新的方法去实现实验目的,本身就是自我迭代更新,是一种勇于创新的表现。

2. 好奇心

(1)好奇心分析

好奇心与问题意识紧密相关,一方面,企业创新者是为了自身的好奇心而探索更好的解决方案,另一方面,企业也需要满足用户的好奇心,这是推动创新发展的原动力。北京十一学校的历史名师魏勇老师有一次到美国交流访问,在访问当地的一所公立学校,听了各个领域 12 次课后,魏老师发现——如果完全按照知识目标达成度去评价,几乎所有课的老师在知识容量和落实上都很少,但是课堂参与和学习兴趣的调动是国内大多数课堂远不能企及的。很明显,课堂活跃的背后是对学习好奇心的充分唤醒,从长远看,有人引导带路的学校教育毕竟不可能贯穿人的一生,更多的是需要学生对学习、对生活永葆探索的好奇心,从而就有了持续学习的动力,不断追求自我超越的学习习惯。

有好奇心的创新者永不停歇。财经自媒体人吴晓波曾问网易创始人丁磊一个问题"你为什么不坚持在游戏领域里,不断做得更好,而会涉及电商、养猪等其他领域",丁磊的回答十分坦率,"你有这个兴趣爱好,你总不能把它按下去"。每个人或多或少都会有疑问和好奇，有的人想过就算了，而有创新精神的创新者会一直追问和探究下去，直到找到暂时满足的答案。如果算得上是商业好奇心，那么付诸实践的解决方案本质上就是一种创业行为。

（2）训练要点

好奇心是对未知事物的探索倾向，是一切创新的起点。除了实施一些教学策略以外，鼓励和保护好奇心指向关注个体发展的真实需求，开展"以学生为中心"的个性化教育和实行导师制等方式是现阶段高职院校保护好奇心的重要选择，它不是传统教育模式的补充，而是日常教育的重要组成。特别是在"互联网＋大数据＋教育"时代下，教育部积极推进在线开放课程建设，鼓励师生用好各个线上平台，努力提高教学效果。

线上平台的使用，留下了大量的学生学习行为数据，可供教师总结和分析每个学生的关注点、特长，形成学生画像，以便于采取一些助推学生好奇心激发的有效措施。另外，探索推行导师制度是重要的尝试和实践，比如对每个导师的性格、特长、科研方向等做一个分组，老师与学生双向选择，尽量让每个学生都有自己的导师甚至导师组，并且可针对学生产生的相应问题或需求，及时给予帮助解决。大数据和导师制都是为了挖掘学生的兴趣，帮助学生找寻自己，定位自己，规划自己，尽早发现创新点，以点带面挖掘创新力。

3. 执行力

（1）执行力分析

执行力强调知行合一，这里的执行力强调更多的是制定目标后创新计划、构想或是项目落地的能力，执行力是说到就做，让创新免于空谈，这背后还包括面对阻挠的积极果敢、判断力，敏锐的反应和及时的纠错能力。马云在与众好友说了Internet计划的第二天就向学校提交了辞职申请；吉利汽车在沃尔沃出售时积极参与竞标，践行着几年前让中国汽车产业改变世界汽车工业格局的构想；相比于其他几种创新精神，执行力更多考虑相对来说更容易些，它更多的是看行动是否达到了预期的目标，创新方向正确要狠抓执行，走错了方向则需要及时调整。总而言之，可以说执行力让创新企业和企业家有了"梦想照进现实"的可能。

（2）训练要点

执行力，简单来说是指的是贯彻战略意图，完成预定目标的能力，关键在于确定目标后，设计达成目标的方案并且能够做到切实履行，没有执行力，创新就不可能推进和落地，高质量人才培养的关键在于目标与路径的达成度和完成度，且往往建立在推崇创新的理念之上。培养和提高执行力，非常适合师生配合共同提升，可以从以下几方面着手。

首先，建立起"完成度"的意识，执行的意愿与态度是执行力实施的动力，要建立成果导向的文化，这需要师生共同的努力，比如一起建立课程学习目标完成清单，摆脱焦虑，建立自信等。

其次，执行力要跟得上创新的意识，执行的能力是执行力基础，学习如何制定合理的计划并改进执行方案和方法，学习时间管理、精力管理以持续提高执行力，比如利用 PDCA 循环法（即 Plan 计划、Do 执行、Check 检查、Act 处理）持续推进工作，学习如何抗干扰远离手机，反思过于追求完美的拖延等。

最后，重视执行系统的明确和清晰度，比如可检查项目实施过程是否兼顾系统性、流程化、明晰化、操作化，任务难度和完成时间是否安排得当，通过可视化、可量化系统提升执行力。

4. 专注力

（1）专注力分析

无论是企业还是个人都要有定力，当所具备的时间、金钱、情感等资源投入都是有限度的时候，意味着需要合理地分配注意力以确保在核心竞争力上有最大程度的积累，这对创新活动的成败和效果影响较大。截至 2021 年 3 月，全球最大的汽车玻璃制造商福耀玻璃市值将近 900 亿，它在中国国内市场占有率在 70%左右，在全球占有率也超过 20%，"如同看书喜欢把 本书翻烂、吃透一样，我对玻璃情有独钟"，创始人曹德旺如是说。不随波逐流，三十年只做一块玻璃，精益求精，有匠心是福耀的核心价值理念，2020 年年末，福耀对外公告了一项专利——"一种加热车窗玻璃"，该专利摘要显示"本加热车窗玻璃的优点在于能够稳定地接收信号，在加热的时候玻璃加热区域的温差较小，而且能够同步对雨刮器静止位置进行加热"，而这个专利只是福耀在匠心之路上的惊鸿一瞥，如果说勇气和冒险让创新有了机会和可能，专注力则是帮助创新企业走向专精特新、隐形冠军的关键所在。因而，创新企业和企业家也都需要专注力[①]。

（2）训练要点

专注力也意味着深度思考、学习和工作的能力，尽早掌握这项能力对高职学生毕业后的工作中极为有利。在碎片化信息爆炸的当下，在竞争激烈的

---

① 王庆洲. 高职学生创业与就业指导 [M]. 天津：天津科学技术出版社，2019.

高阶领域，决胜的关键不仅在于知识的多寡、勤奋的程度，更在于是否具备深度思考的能力，通过专注力用深度思考链连接一切，是未来最有价值的认知升级与自我精进的模式，是最具竞争力的优势。

没效率的任务往往会降低办事情的能力，专注力本质上是一种精力管理，可以作为职业素养相关的课程让学生选修学习。同时，授课教师、班主任有意识地将专注力训练加入课堂教学和学生发展培养的过程中去。培养专注力大致分为以下三个步骤：第一，找到专注的目标，比如王同学先按重要程度排序，找到"在大四的时候拿到 ACCA 的证书"是她高职院校期间最重要的目标；第二，根据二八定律，将 80%的精力尽量都投入这一个重要目标中，并限定好完成时间，有意识地从时间的角度迫使自己进入学习状态，尽量拒绝一切与目标无关，意义不大并且消耗时间精力的任务；第三，围绕目标设定的完成步骤尽量细化可度量，比如遵循"SMART"原理，S（specific）、M（measurable）、A（attainable）、R（relevant）和 T（time-bound）。还是以上述案例举例，为了大四能考出 ACCA 证书，现在距考试还有多少个月，或者多少天，每天完成多少个考题测试或是单词记忆，定的目标是只要努力基本是可以实现的，一定要引入截止时间，在最初设定目标后就将目标细分，并标明好完成时间等。还有一些，也很管用，比如调整好生物钟，使自身有充沛的精力可以持续投入；还有就是要注重反馈，复盘自己的行为，看看自己是否聚焦和专注。

5. 勤奋和努力

（1）勤奋和努力分析

长久的创新是需要持续经营和倾情投入的。苹果公司的 CEO 蒂姆·库克坚持每天 4 点起床的作息习惯一直广为流传，2021 年年初，在一次与中国网友的对话中得到证实并解释是为了有健身时间以保持精力充沛。马斯克说特斯拉要想生存下去，长时间工作是必要的，在他看来一周 80 小时的工作时间是可持续的，在特斯拉增产的时候，他曾经每周工作 120 个小时，也就是大约每周平均每天工作近 17 小时。美团的王兴在创业初期，每周工作超过 100 个小时，字节跳动的张一鸣刚进入职场时基本上在每天都是半夜才回家，回家后还继续编程到很晚，并且还时常帮助其他部门的同事，在工作中投入了大量的热情和精力。

在信息全球化而又重视知识产权的今天，独一无二的创意要落地，有时堪称与时间赛跑，创新企业只能一刻不停地高效工作，尽可能保持市场地位和占有率。比如，苹果公司每年秋季都会有包括 iPhone 在内的新品发布会，这背后是产品、技术、营销等团队几个月甚至几年几十年的持续努力。在全球带薪假期最多的八个国家中，前七位都是欧洲国家，在近几年全球创新公司排行榜前 10 位的第一梯队中，很难看到欧洲国家的身影，这与欧洲在高福利制度下过于注重假期和个人享受，民众工作的热情和斗志不强不无关系。当然，连轴转且毫无休息地工作并不是创新者的最佳选择，万科创始人王石曾在一次论坛里分享在以色列希伯来高职院校访问期间的感受，他总结重视"休闲"时间用以思考和寻找灵感是以色列善于创新的原因之一。因而，创新强调的勤奋和努力不是指无休止的工作，更不提倡牺牲个人健康、家庭成为工作"狂人"，而是强调把握时机及倾情投入的认真态度。

中美两国访问的记录中，有一个对比让人印象深刻，美国小学生整天谈论发明创造，学习内容十分重视音体美，课堂氛围较为宽松，而中国的小学生把上课坐姿固定，不敢轻易变化，视分数为最重要的评价标准，还有家庭作业。按我国教育部的入学条件，小学生是年满 6 周岁的儿童，一般学制为 4～6 年，不同省份和地域略有区别，也就是年龄范围大约在 6～12 周岁。根据心理学家林崇德在小学儿童心理特征方面的研究，整个小学阶段，学生具有十分活跃的想象力且极具创造性，同时还较容易陷入幻想，在人格特征方面，小学阶段是自我意识形成的关键时期。音乐、美术、舞蹈等艺术类课程刚好是这种想象力和创造力的落脚点，美国的小学课堂展现出适宜创造性表现的内容设计，而中国的课堂中学生自我表达和想象力均受到一定程度限制，相对严格的课堂管理，利于知识点学习的达成度和考试，但一定程度失去了创造性行为发生和培育的机会。近年来，国家十分重视艺术教育，一再强调要开齐开足艺术课程，2019 年，教育部调研数据显示，近 87%的中小学生都已接受了艺术教育，超过半数以上的人参加过相关的文艺社团，课程内容越来越丰富，艺术教育的师资队伍逐渐壮大，相关的软硬件设施也不断提升，是培育创新思维和创新精神的有力举措。

（2）训练要点

"天才"是训练的产物，要成为大师其实是有路径可循的，那就是刻意练习。心理学家和科学家安德斯·艾利克森与罗伯特·普在他的畅销书《刻意练习》里告诉世人一个道理，我们平时如能运用刻意练习的原则，必将能跨越障碍，达到我们自己的目标。一万小时定律正是这种找准目标加坚持努力后最终突破定律。历史上有意识创新的重大发明，很多都是在无数次实验失败之后，最终获得成功并能够有发明创新，在无数次练习中，发现事物的规律，因而勤奋和努力是许多场景中创新发生的前提。

这种创新能力培育基本有几个特点，一是发生在舒适区外，有一定难度，需要付出大量时间和精力才有可能成功，在教学中老师可以设定有一定工作量和难度的作业，以助推学生在通过努力后能够完成，这也能给学生增加成就感、自信心，激发出创新的热情，并深刻体会勤奋和努力的回报；二是带有目的性的，低效无意义的勤奋和努力，不但不会带来成功，反而会消磨意志，迷失方向，逐渐丧失信心，因而找准方向是勤奋和努力的准备工作；三是及时跟踪反馈，复盘成果与目标的达成度，比如制定"Todolist"，每次努力之后，根据效果来衡量与目标之间的差距，帮助找到突破口和方向，以确保努力的价值和可持续性。

（五）创业特质

创业是一个发现捕捉创业机会，提供改良产品或服务，实现价值增值的过程[①]。创业能否成功，与创业者个人密切相关。

1. 拥有积极的创业动机

成功的创业者要有改变的激情，有改变世界的渴望，并有清晰的远景规划，能够制定行动规划。创业的愿望不能局限于对物质的追求和对成功的渴望，这样的创业动机会影响创业目标的制定，最终会导致创业失败。在明确动机后，需要组建创业团队，管理创业团队，尽快实现概念的产品化、市场化。

2. 提前把握市场机遇

优秀的创业者、企业家能够在市场形成出现之前看到市场机会，能够找到正确的市场模式。市场机会需要在大部分人发现之前准确把握，需要在不确定性因素较多的情况下开始准备活动。

3. 拥有坚定的创业信念

创业者要坚信自己的创业设想，否则就没有人追随你，就不会成功地组起团队一起前进。创业者必须展示出极大的确定，让别人相信创业项目一定会成功。创业者需要阐述自己正在做什么，清晰地表达自己的想法，描绘创业蓝图，谨记"我不确定我可以做这个，那么你会对它感兴趣吗？"

4. 提前做好市场分析预判

创业者把时间、精力和资金财富都投入到创业中，需要了解市场规模、发展潜力、行业竞争和可能遇到的困难，明白创业该做什么，项目如何具体执行落实，如果无法把握细节问题，创业活动将无法进行，更无法成功。

---

① 胡龙廷. 高等职业教育教材 大学生创业基础［M］. 北京：机械工业出版社，2017.

5. 创业者要做好表率

除了能清楚表达战略思想和目标以外，优秀的创业者还要能起到表率作用，做到率先垂范。如果创业者没有全身心投入，付出的时间、精力、资金等都不足，那就没有树立好的创业榜样。如果创业者把个人利益与创业活动深度绑定，全情付出，更加努力地工作，团队成员就会在带动下奉献更多时间，把事情做得更好。

6. 成就创业团队与成员

创业项目的成功并非创业者自己的成功，是创业团队的成功，是每一位成员努力的结果。创业者要有培养人才、信任人才、敢于用人的雅量，认可团队成功，不与团队成员争功。优秀的人在一起才取得成功，好的项目、公司是需要优秀的人才和优秀的团队参与其中。

7. 善于听取建议，做出合理决策

"兼听则明，偏听则暗"。创业者要具备从不同角度听取意见，获取信息，并进行分析做出对策的能力。这个过程关键是有足够多的信息作为决策依据。创业者不可能掌握所有决策所需要的信息，这会导致决策失误，要具备尽快弥补错误，重新整合资源的能力。作为创业者既要广纳谏言，也要明智决断，不接受别人的意见和全盘接受都是错误的。

8. 持之以恒，永不放弃

成熟企业有较为充足的人力资源、资金资源的储备，可以保证企业生存，而新创公司的成功的关键是有创意的想法、有实现它的人，还有坚持创意的精神。创业活动具有高风险性和极大的不确定性，成功的创业者遇到问题时要毫不退缩，时刻思考如何攻克难关，坚持寻找解决办法的人。创业者是非凡的，具有较强的创业精神与意志。

（六）领导力

创业者的领导力主要体现在解决问题能力上，包括创业者自身成长，知人善任、激励人心和团队建设能力，具体体现在以下几个方面。

1. 顺利传达愿景

根据"激励理论"，员工通过有 3 个方面获得动力：外在激励（薪酬、晋升、公平）、内在激励（工作本身的趣味或挑战，自己的掌控感）和积极的社会动机（渴望对他人、群体和组织产生正面影响）。外在激励的作用更直接和可控，内在激励则能更长期、更深刻地激发员工的积极性和创造力。因此"传达愿景"非常重要，员工的工作也需要意义感，指导工作的意义和价值，领导者应该强调企业的愿景、对部属交代清楚做每个任务的价值在哪里，让员

工准确感知。

2. 进行利益捆绑

以合伙人的方式吸收有能力的员工以合适的股份等形式共同创业，把员工的个人利益与创业者的利益捆绑在一起，成为"利益共同体"。

3. 注重效绩

以绩效作为衡量员工能力的核心，把劳动成果和个人、团队的奖金、提成等物质需求直接挂钩，并以此作为满足晋升等发展需求的根本依据。特别需要注意的是，在绩效测评的过程中，要选择适当的评价指标，这对于创业团队的价值取向具有重要影响。

4. 以身作则

对于制度上的安排和要求，创业者要率先垂范，冲锋在前，享受在后，言出必行，绝不迟疑。如果说一套做一套或者不按规章制度执行，那在员工看来创始人的一切承诺都不可信，就会离心离德。如果不能身先士卒，创业者就失去对团队成员的号召力。

5. 充分授权

所谓"用人不疑"，对于愿意并有一定的能力去主动承担责任的员工要充分授权，并在这个过程中建立信任。充分授权可以更好地激励授权对象认真工作，甘于付出，并在工作过程中取得更高的满足感、成就感。

6. 决策公开

对于重大事项都要进行公开的讨论，充分倾听同事的建议和意见，一方面这给予团队中成员尊重，另一方面也锻炼队伍。对于提出明确反对或者不同的意见，要进行充分的讨论，不要随口就否定，即使不采纳也要进行充分的沟通说服。要建立组织开放、人人平等的创业文化。

（七）创业者素质与能力

1. 创业者素质

（1）心理素质

创业者心理包括自我意识、性格、气质、情感等构成要素。创业者应该具备自信、自主、刚强、果敢、坚持和理性。创业者能够承受挫折和挑战带来的心理压力，树立创业理想和信念：创业一定会赢，困难挫折都是暂时的。除了承受风险和失败带来的压力，还要能够在创业成功之后具备坚持不懈的精神[①]。

---

① 王庆生，王坤，宗毅，等. 大学生创业基础 [M]. 北京：清华大学出版社，2013.

（2）身体素质

创办企业，从事经营管理活动是艰苦复杂的，创业者必须从事繁重的工作，持续时间长，面对压力大。如果创业者身体素质不好，必然难以承受创业高强度、高负荷的任务和压力。

2. 创业者的能力

创业者既要动脑又要动手，既要有开创精神又要有创业能力，既要能从事生产劳动又要能从事开拓性的创业活动。因此，创业者要具备宽广的视野，善于捕捉信息；有果断的决策能力，敢想敢干、勇于创新；有经济头脑，注重经济效益，讲究工作效率。

（1）具备财务知识和管理能力

"兵马未动粮草先行"，财务资金就是创业活动的"粮草"。创业者如果看不懂财务报表，搞不清楚项目营收情况，往往就会出现盲目投资、项目发展过快等问题，这会直接导致新创企业资金链紧张甚至断裂。创业者要学习财务管理基本知识，了解项目和企业的营业收入、利润以及剩余存货价值，科学地制定经营发展策略。创业者要有价值意识，要知道创业活动产生经济效益的大小和途径方式，创业活动最终是要追求经济效益的。

（2）有分析预判、规避风险能力

成功的创业者要具有规避风险的能力，形成风险预防的意识，能够主动、充分、及时地收集市场信息，对市场发展趋势和可能出现的变化做出预判；同时提前制定危机处理预案，制定应对策略，做到防患于未然。

（3）善于学习和战略思考

创业者在创业初期不具备丰富知识和经验，但是需要具备良好的学习能力，能够在创业活动过程中快速学习，实现知识和经验的积累。在创业活动中，能够坚持用创新思维看待问题，用发展的眼光分析问题，做出全面判断。

（八）创业准备

创业者为保证创新创业活动的顺利进行，需要在生理、心理等方面做好准备，同时也需要在行业、产品等方面不断尝试。

1. 生理上准备

创业是个艰苦的过程，创业者在创业活动要处理许多问题，应对随时出现的困难，面临更多的风险和压力，这些都需要用积极的心态来应对，用较长时间的工作来解决，一个好的身体素质是基本的保障。作为高职学生创业者要养成良好的学习、生活习惯，为创业活动积累生理资本。

2. 心理上准备

"创业失败是必然的，成功是偶然的"，在创业首先要做的事情是保证企业生存。创业活动属于高风险行为，会出现许多意外情况。2020年第一季度，全国规模以上工业增加值同比下降8.4%，全国服务业生产指数下降9.1%，社会消费品零售总额78 580亿元，同比下降19.0%，全国固定资产投资84 145亿元，同比下降16.1%，全国居民消费价格环比下降1.2%，城镇居民人均可支配收入实际下降3.9%；农村居民人均可支配收入实际下降4.7%，一场疫情对于中国经济发展产生了非常大的影响，成为压垮创业者的最后一根稻草。创业者要做好失败的心理准备，万一失败了，需要具有应对失败的勇气与能力。特别是作为高职学生创业者，自身应对风险的经验和能力都不足，需要提前做好准备。

3. 充分的计划

"谋定而后动"创业活动需要整理各种资源，应对许多问题，所以在创业之初就要做好充分的计划准备，否则就会使得创业活动变得杂乱无章。所以好的创业计划表非常重要，作为高职学生创业者基本没有创业实践经验，掌握的创业资源相对较少，应对风险的能力弱，要通过学习掌握计划的能力，做到资源利用高效和应对问题自如。

4. 选择熟悉了解的行业

创业者选择创业活动的行业至关重要，要尽量选择自己熟悉了解的行业。能否在一个行业中开展创新创业活动，除了要分析行业整体发展的趋势外，最主要的是分析创业者进入行业掌握的核心优势，包括：行业从业经验、创业资源、关键核心技术等。高职学生创业者可以通过理论学习、实践积累、短期培训等方式进行专业技能的准备，也可以通过咨询专家或寻求合作伙伴掌握关键资源。

5. 在创业之前累积人脉资源

"一个篱笆三个桩，一个好汉三个帮"，创业者在创业之初非常需要其他人的帮助，所以要先累积丰富人脉，可以随时利用人脉优势资源。创业人脉资源的积累，可以通过岗位实习、工作经验、社交活动等方式获得。

6. 充足的资金

"兵马未动粮草先行"资金是创业者创业必须具备的资源，创业者创业之初要么自己拥有足够的启动资金，要么寻找投资人进行投资。对于高职学生创业者，资金是重中之重，"缺少资金"是最可能导致高职学生创业失败的风险因素，大部分的创业启动资金和运用管理费用需要父母、亲友投资、小额借贷或个人积蓄，能获得风险投资的可能性和规模都很小，这些来源的资金以亲情为基础，支付的使用成本不高，但是付出的代价不低，同时这样的资金规模较小，难以维持创业项目的持续运营。

7. 组建好创业团队

高职学生创业需要建立创业团队，选择优秀的合伙人和员工。在团队成员选择的过程中，专业技术能力是基础，但个人品行是根本，品行不良的成员是企业发展的不确定性因素，会给企业发展带来隐患和风险。高职学生创业者一般都具有良好扎实的专业技术，但对创业活动需要的管理、财务、市场营销等综合知识尚不具备，团队合伙人必须有人能够从事相关工作，这样才能最大限度减少创业的短板。初创企业的管理模式不成熟，甚至不科学，往往采用家庭式管理模式，亲情化管理。这种管理模式管理成本低，管理环节简单高效，成员积极性高，但是随着新创企业逐步发展，建立现代企业管理模式，运用科学管理手段很有必要。

8. 借助政府或相关部门的支持与帮助

政府相关部门会帮助创业者提升创业意识、创业能力，并制定出台相关政策在项目选择、问题咨询、品牌推广等方面给予创业者支持，这样的资源直接有效而且成本极低。高职学生创业者在创新项目选择时，要善于借助政策资源，响应政府号召，这样可以很好地提升创业成功率。在创业道路上，有导师的指导与支持是一件幸运的事情。

9. 成为一名诚信的创业者

（1）企业财务信用

由于缺乏雄厚的资金支持和信用背书，新创企业要特别遵守财务信用制度，在与金融机构、供应商、客户交往严格遵守合同约定及时支付应付账款，这样才能建立良好的信用合作关系。在目前的信用体系里，这个方面都有比较详细的体系与论述。

（2）产品信用

企业提供的产品和服务其质量、数量、交付时间等必须符合与顾客的约定。企业应从以下几个方面入手：不生产假冒伪劣产品。这是最基本的条件，也是一个法治化市场经济下的必然结果；建立严格规范的生产流程，对生产环节进行严格把控，保障产品和服务符合约定要求。现代企业必须严格按照规范管理，每一个流程都按质来完成，控制每一个过程，才能保证最终的产品的质量是企业预期的；建立快速、安全、经济的营销渠道，完善物流体系。如果不能保证运输的质量，可能导致产品质量的大幅下滑，这对于以科技创新为卖点，强调客户体验的创业企业尤为重要；对上市产品严格控制产品保质期，确保产品是在保质期内进行销售。这对于满足消费者不断进行的消费升级意义重大，会给企业造成的负面影响也就更大；对发现的存在缺陷的产品及时处理与调换，保证消费者满意度最大化。问题产品的出现不可能完全避免，但创业者要及时处理由此给消费者带来的损失和影响，实现消费者满意，树立良好的企业形象。

（3）营销信用

企业在营销过程中，其营销活动行为必须是与企业所宣传的产品和服务的价值相一致。

第一，不做过分夸张的营销广告。营销允许适当地夸大，突出产品特点，但创业企业不能忘记"羊来了"的故事，虽然要吸引市场关注，但一个骗子又怎能建立"诚信"企业呢？这会让投资人、市场都放弃企业，放弃企业的产品。

第二，不做虚假伪劣的销售促进活动。适度的夸张可以起到较好的促销效果，但是过度夸张或虚假营销最终会压缩企业的运作空间，虽然满足了消费者短视行为，但最终会破坏消费者信任。

（4）服务信用

企业提供的产品和服务的质量和标准必须与企业宣传承诺和企业文化达成一致。

第一，按约定准时提供产品，这作为企业诚信的基本方面也是市场经济法则生存的必要条件。

第二，按约定对产品进行售后服务，这对企业尤其是中小企业是一个重大的考验。如果企业不能为产品提供持续优质的售后服务，产品的良好印象将会一扫而空，甚至会产生更严重的负面影响，后果无法估算，导致"诚信"形象受到极大破坏。

第三，主动地或按约定积极进行产品增值服务，在与竞争者的竞争中始终要多走一步，快走一步。

（5）内部信用

内部信用是指企业为员工、团队成员提供与其承诺相应的工作环境、薪资报酬、晋升机会。

第一，按约定时间和标准支付员工薪资报酬。

第二，提供安全的、具备工作条件的工作环境。

第三，为员工提供参与公平的竞争机会。

第四，搭建职业发展通道，提供晋升机会。

第五，为员工能力素质提高提供培训机会。

建立良好的内部信用，可以激发员工工作热情，培养员工企业忠诚，建立良好的企业文化内涵。否则企业中不讲信用、投机取巧、危害企业利益的行为就会出现。最终企业对外诚信无法建立，优秀人才大量流失，创业团队不稳定性。

（6）公众信用

企业的对外行为要与其承担的责任、所承诺标准保持一致。

第一，具备危机意识和危机公关能力，有处理危机的完整程序和机制，有效化解负面影响。

第二，积极履行经济责任同时，完善社会责任的体现，主动参与公益活动，坚持绿色发展保护环境。

第三，实现企业、顾客、社会三方利益共赢。当企业积极参与公益活动，主动承担相应的社会责任，有效处理化解危机，企业诚信的公众形象就会得以确定。

五、高职学生创新创业能力提升的路径

当前，我国已进入高质量发展阶段，社会结构和生产方式发生了深刻变化，这种变化打破了原来稳定的教育体系，之前与之不适应的内容就必须进行变革。尤其是随着科技的快速迭代发展，一些产业淘汰出局，新兴产业如雨后春笋。随之带来的，是一些岗位和职业内容的巨大变化。因此，在人才强国战略背景下，高职院校教育必须通过识变、应变和求变，加强创新型、应用型、技能型人才培养，以改革创新获得适应时代的发展新空间[①]。

（一）激活高职学生双创意识

要通过营造浓厚的双创文化氛围，打造双创社团、组织开展双创活动，以此激发学生的双创兴趣、激活学生的双创意识，引领、带动学生积极参与双创活动，实现双创教育全覆盖。在人才强国战略背景下，学校要加强顶层设计，出台激励政策和学分置换政策，鼓励学生积极投身双创实践，将创新成果与专业知识有机结合，提高学生参与双创的积极性。要拓宽交流渠道，以社团组织为媒介，通过专题培训、创业讲座、头脑风暴、"一对一"师友计划等形式，为有创业意愿的学生提供信息共享、合作交流的平台，在互动交

---

① 吴小平. 重视适应型双创人才培养［N］. 江西日报，2021-12-08（010）.

流中提升创新思维和双创素养。

（二）增强高职学生双创能力

培养更多一流双创人才，关键是要建设一支高素质、专业化双创教师队伍。要加大"双师型"教师培养力度，注重校内培养与校外兼职相结合，在建设校内专职双创教育队伍的基础上，设立一定比例的流动岗位，聘请各行业优秀人才，担任专业课、创新创业课授课或指导教师，同时，择优培养在校生创业典型担任"创业小导师"[①]。在人才强国战略背景下，高职学生要主动适应新形势下高职院校创业教育发展的需要，建立健全具有双创教育特色的专业课程体系，优化双创课程设计，实现理论教学与实践教学有机结合，深化专业教育与双创教育有机融合，增强学生双创能力。

① 姚弋霞，张文舜，何久钿."双一流"战略视域下一流本科师资队伍建设的问题与思考 [J]. 江西师范大学学报（哲学社会科学版），2018，51（02）：127-133.

参考文献

[1] 鲍玮. 高职教育实践教学体系的建设探索 [M]. 天津：天津科学技术出版社，2017.

[2] 陈德清，涂华锦，邱远. 高职校企合作体制机制改革与实践 [M]. 北京：北京理工大学出版社，2016.

[3] 陈俊兰. 职业教育现代学徒制研究 [M]. 长沙：湖南大学出版社，2014.

[4] 陈玉杰，李长虹. 我国职业技能实训基地建设问题研究 [M]. 北京：中国言实出版社，2017.

[5] 陈增红，杨秀终. 职业教育产教融合人才培养模式研究 [M]. 北京：中国社会科学出版社，2020.

[6] 丛晓峰，刘楠. 高校教学改革与质量管理研究 [M]. 北京：中国海洋大学出版社，2008.

[7] 崔炳建. 河南省第三届职教专家论坛集萃 怎样推进职业教育校企合作 [M]. 开封：河南大学出版社，2015.

[8] 崔岩. 陕西职业教育校企合作典型案例汇编 [M]. 北京：北京理工大学出版社，2015.

[9] 董维佳，宋建军. 高等职业教育教学质量管理概论 [M]. 南京：南京大学出版社，2007.

[10] 方德英. 校企合作创新：博弈、演化与对策 [M]. 北京：中国经济出版社，2007.

[11] 高彩霞. 高职院校文化素质教育体系研究 [M]. 北京：中国环境科学出版社，2006.

[12] 关晶. 职业教育现代学徒制的比较与借鉴 [M]. 长沙：湖南师范大学出版社，2016.

[13] 郭杰，朱志坚，陶红. 产教深度融合背景下广东高职教育发展创新与实践 [M]. 长春：北方妇女儿童出版社，2017.

[14] 和震，李玉珠，魏明，等. 职业教育产教融合制度创新［M］. 北京：科学出版社，2018.

[15] 贺星岳. 现代高职的产教融合范式［M］. 杭州：浙江大学出版社，2015.

[16] 胡赤弟. 产教融合　制度路径模式 2017 宁波高等教育研究论坛论文集［M］. 杭州：浙江工商大学出版社，2018.

[17] 胡延华. 高职院校机制改革与创新研究［M］. 武汉：湖北科学技术出版社，2006.

[18] 黄立. 产教融合背景下高职院校"双师型"教师团队建设研究［M］. 长春：吉林人民出版社，2020.

[19] 黄艳. 产教融合的研究与实践［M］. 北京：北京理工大学出版社，2019.

[20] 黄莺，贾雪涛. "双师型"教师的专业发展研究［M］. 北京：中国书籍出版社，2019.

[21] 黄云鹏. 创业教育［M］. 北京：中国科学技术出版社，2002.

[22] 吉敏. 中国南非产教融合式产业合作［M］. 北京：社会科学文献出版社，2020.

[23] 贾文胜. 职业教育校企合作机制及政策保障研究［M］. 北京：中国商务出版社，2019.

[24] 金晶. 高职院校素质教育教程［M］. 北京：北京理工大学出版社，2012.

[25] 李继延. 产教结合：高等职业教育路径、机制与政策研究［M］. 北京：北京出版社，2009.

[26] 李梦卿. "双师型"教师队伍建设比较研究［M］. 武汉：华中科技大学出版社，2010.

[27] 李小妹. 高校科研管理［M］. 天津：天津科学技术出版社，2008.

[28] 李玉萍. "双师型"视域下高职院校教师在职培养困境研究［M］. 合肥：中国科学技术大学出版社，2018.

[29] 梁成艾. 职业学校"双师型"教师专业化发展论［M］. 成都：西南交通大学出版社，2014.

[30] 梁凌洁. 高职院校校企合作办学创新研究［M］. 成都：西南交通大学出版社，2013.

[31] 梁其健，姜英. 高校科研管理概论［M］. 武汉：华中师范大学出版社，1987.

［32］林丽萍. 高职院校文化建设创新论［M］. 北京：中国商业出版社，2006.

［33］林梅. 校企合作与人才培养［M］. 长春：吉林人民出版社，2019.

［34］栾永斌，周瑜弘. 高职院校大学生职业生涯规划［M］. 大连：大连海事大学出版社，2008.

［35］彭建设，彭纯宪. 创业教育［M］. 北京：高等教育出版社，2000.

［36］彭行荣. 创业教育［M］. 北京：中国科学技术出版社，2003.

［37］申纪云. 高校科研管理创新研究［M］. 长沙：湖南师范大学出版社，2008.

［38］申晓伟. 校企合作 共筑未来：高职院校校企合作育人理论与实践研究［M］. 北京：中国广播影视出版社，2014.

［39］史伟，杨群，陈志国. 新时期职业教育校企合作办学模式探索［M］. 天津：天津科学技术出版社，2018.

［40］宋作忠，刘兴丽，洪亮. 地方应用型本科院校校企合作机制研究［M］. 徐州：中国矿业大学出版社，2017.

［41］孙杰，张济荣. 高校教学管理创新与探索［M］. 开封：河南大学出版社，2003.

［42］王洪龄. 高职院校素质教育教程［M］. 济南：山东科学技术出版社，2008.

［43］王文槿，林仙福. 职业院校校企合作实务［M］. 北京：海洋出版社，2010.

［44］吴炳岳，等. 职业院校"双师型"教师专业标准及培养模式研究［M］. 北京：教育科学出版社，2014.

［45］吴金秋. 中国高校"融入式"创新创业教育［M］. 哈尔滨：黑龙江人民出版社，2013.

［46］吴茂昶，陈文. 高职院校健康教育教程［M］. 广州：广东科技出版社，2007.

［47］吴卫斌，段永田. 创业教育［M］. 东营：石油大学出版社，2007.

［48］肖秀阳. 高职院校图书馆的改革与创新［M］. 北京：华艺出版社，2006.

［49］易东. 高职院校科研激励机制构建研究［M］. 北京/西安：世界图书出版公司，2012.

[50] 詹先明. 高职院校创业教育与指导 [M]. 合肥：合肥工业大学出版社，2009.

[51] 詹先明."双师型"教师发展论 [M]. 合肥：合肥工业大学出版社，2010.

[52] 张铁岩，吴兴伟. 高职院校师资队伍建设研究 [M]. 沈阳：东北大学出版社，2004.

[53] 张蔚，石晓春. 高职院校大学生心理辅导 [M]. 大连：大连海事大学出版社，2007.

[54] 张旭，白鸿辉. 高等职业教育实训基地建设概论 [M]. 沈阳：白山出版社，2008.

[55] 张烨，王本锋，汪玉娇. 高职院校毕业实习与就业指导实务 [M]. 武汉：华中科技大学出版社，2012.

[56] 郑山明. 地方本科院校教师队伍建设研究 [M]. 北京：光明日报出版社，2018.

[57] 仲耀黎. 高职院校教育教学管理 [M]. 合肥：中国科学技术大学出版社，2010.

[58] 周萍，缪宁陵，宋扬. 高职院校内涵建设 教学质量保障研究 [M]. 苏州：苏州大学出版社，2015.

[59] 周兴国，李子华. 高校教学管理机制研究 [M]. 合肥：安徽人民出版社，2008.

[60] 朱其训. 实训基地科学建设论 [M]. 徐州：中国矿业大学出版社，2011.

[61] 邹松建. 高职院校教师人力资源管理 [M]. 成都：电子科技大学出版社，2009.

[62] 占德胜. 系统论视角下的高职院校专业设置 [J]. 职教论坛，2009（4）：68-70.

[63] 张镒民. 高职创业教育的内在逻辑、体系构建和深化路径 [J]. 教育发展研究，2013（19）：67-71.

[64] 张英杰. 共生视域下校企合作战略联盟机制研究 [J]. 教育与职业，2012（6）：13-15.